幸福學概論

Happiness

王駿發
王宗松、王巧燕
周嘉宜、林爵士、張日高
張靜尹、陳志賢、郭代璜
馮靜安、潘豐泉、盧耀華
蘇貞瑛、謝冠冕
謝鎮群

著

讀幸福書、養幸福心、學幸福力。

本書的誕生，一來可以做為各大專院校「幸福學」課程和幸福思維推廣的教材；二來可作為社會各界，推行幸福教育的參考。

Power
學幸福力

Heart
養幸福心

Book
讀幸福書

Happiness

推薦序一

　　科技的發明與發展，無非是為了人類的生活舒適，讓人們感到幸福。

　　科技部致力推動有關國人目前與未來生活上用得到的科技發展與應用，除了是促進科學研究與產業應用，更是希望讓國人在目前與未來都擁有科技發展所帶來的幸福感。

　　本人於二○一二年擔任行政院政務委員時，主管科技發展事務，推動的重點業務之一，便是引導科學學術研究落實在我國產業發展上面，讓產業所關心的議題準確地傳遞學術研究中，也讓科學研究成果能廣泛實際地裨益產業的生產發展。換言之，就是科學學術與產業實務能密切合作、互蒙其利。本人於二○一四年三月轉任國科會升格後的科技部首任部長的職務，工作的重點在加強產學合作並強調科研成果的「入世」效益，希望我國科技發展的成果能讓全國民眾都受益，更希望引導科學學術研究以滿足我國國民的需求為前提，不管是引進國外先進技術、發展本土特色科技、區域的科技發展平衡，以至全國均衡的科技觀念與技術提升，都能以此為前提。行政院所頒布的「黃金十年，國家願景」計畫，其總目標是建設一「繁榮、和諧、永續的幸福臺灣」，為達成此一目標，我們將努力加速推動科技的發展，藉由科技的工具與研發成果，提升民眾的幸福感。

　　本人來自科技產業界，長期觀察、關心科技發展對於促進人類福祉之關聯性。任何科技的發展，如果不能有效地促進人類福祉，成就國人的幸福感，這種科技不太容易獲得消費大眾的認可，對有限的科技資源而言，也非有效益之使用方式。其實科技發展本身是中性的，要如何應用，仍然要回歸到對人的關懷，科學研究成果要能夠服務人民，仍然要依賴學術界與產業界的創意，在既有的科技發展基礎

上，發展出讓國人幸福的應用。

　　王駿發校長早在成功大學擔任教授時，與本人就是舊識，也是我敬重的一位極富人文關懷的學術先進。他所倡議的橘色科技，首先呼籲學者專家與產業界共同合作，主張以能夠讓人感到溫暖的產品服務為科技開發與應用的基礎，國內外學術界與產業界響應的人也很多。王教授現任大仁科技大學校長，本諸該校大仁大愛的立校精神，主持編寫幸福學的大專教科書，實質地延續橘色科技溫暖人心的基調之外，更努力在教育機構展開科技幸福的落實布局事業。我個人欽佩之餘，更想藉此為出版作序的機會，呼籲與期待我國莘莘學子身體力行，勉勵學習累積科技發展知識，追求個人成就之外，更不要忘懷科技的目的是對於全人類的幸福承諾。

科技部部長

張善政

推薦序二

　　追求一個幸福的人生，是人的天性，也是每個國人的權利；而追求幸福的基礎在於健康。維護健康，每個人都有責任，對於自身健康的管理，應該要從每天的生活當中去實踐。如何讓國民能體認自我健康管理的重要性，是一件刻不容緩，也是一件不容易短期見到成效的艱鉅工作，但仍值得大家去嘗試與努力。

　　非常感佩王駿發校長與幾位學有專精的學者有此洞見，在大學校園中推動幸福教學，以實際行動培養學生務實追求幸福的認知與能力。個人認為此舉，在引領學生與社會大眾培養對自身健康自我負責的觀念上，會有很大的貢獻。而王校長進一步地將幸福學的教材編印成冊，除有利教學之外，也相信將有益於健康幸福觀念的推展。期待未來自主健康與幸福的觀念，能在校園與社會各界中開花結果，讓國人都能積極正向地共同追求健康、幸福的人生。

衛生福利部部長

邱文達

推薦序三

　　教育根本宗旨，在培育學生帶得走的能力，養成國家建設、社會幸福氛圍提升所需的各種人才。聯合國第六十六屆大會潘基文秘書長指出，社會、經濟、與環境幸福是永續發展不可分割的三大支柱，大會並宣告三月二十日為國際幸福日（International Day of Happiness），藉此凸顯幸福與福祉是全世界人類生活的共同目標。而經由不斷地觀察、假說、歸納、論證，人類的知識，透過教育與學習的機制，有效地將此寶貴的文化遺產代代傳承，也逐步構建各種文明。時至今日，人類可以富足地過著幸福快樂的生活，教育扮演不可或缺的關鍵角色。

　　幸福，是一種普世價值，也是人類所有活動的根本目標。教育部人才培育白皮書中所擘劃的人才培育藍圖，即以培育多元優質人才，共創幸福繁榮社會為未來十年的教育願景，可知國家的發展與社會幸福的根本在於人才之培育，而教育是最有效能的方式。教育部有鑑於此，長期投注資源在營造優質的學校與社會教育環境，讓各級學校學生與教師得以依照學校使命與任務，累積國民的基本學養、知識、技能，培育國人逐步邁向幸福。

　　國人受教育權利，是不分年齡、宗教、性別、地域，所不同的是每個人因其先天屬性與生活條件之差異，受教育的成果各有不同；幸福的權利也是如此，達成幸福的方式雖有所不同，但透過適當教育，培育個人基本幸福觀念，實屬達成幸福必要關鍵。正如聯合國對所有會員國與各類組織所呼籲的，要合宜地體察國際幸福日的意義，透過教育與公共關懷呵護國民的幸福。

　　大仁科技大學王校長駿發，早於個人擔任高等教育司司長時即已熟識，對他推動橘色科技，帶動一股關懷社會溫暖的學術研究風

潮，印象十分深刻。王校長後來於大學校園中推動幸福學，除開設幸福學課程之外，如今更進一步網羅學術界不同領域之學者專家，合力撰寫幸福學概論一書，以通俗語言，說明心理、社會、資訊、環境、醫療照護、經濟、智慧生活等面向之與幸福追求的關連與機制，內容深入淺出，作為教學教材，必能嘉惠學子。對王校長等學者，在繁忙的研究與教學負荷之下，仍願意勻出時間為推動國內的幸福學教育而努力，欽佩之餘，更樂於為其寫序，推薦給廣大的學子與關心子弟幸福未來的國民大眾。

教育部政務次長

陳德華 謹誌

103年8月6日

推薦序四

　　每個人對幸福的定義和感受不一，但是最粗淺的概念就是吃得飽睡得暖，其實幸福涵蓋著物質與精神、有形與無形的感受。事實上，台灣人真的還不是很幸福，連吃都很不安全，大家都過得很悶。有鑑於此，本校講座教授王駿發帶領的橘色科技團隊，研究以工程科學的方法引導人類如何走向幸福快樂的生活，多年來獲得國內外學術界與實務界的肯定，也引領許多相關的研究，成績斐然。王教授出任大仁科技大學校長之後，橘色科技的研究，更進一步落實在校園，逐漸在大學教育環境中發酵。王教授對於社會的使命感，也促成了幸福學概論這本書的問世。

　　個人與王教授都是工程背景，也都對社會上的許多不幸福現象有著很高的關懷：自從擔任成功大學校長以來，誠惶誠恐地努力在成功大學已有的優良、堅實的基礎上，建構優質的學術校園環境，也隨時提醒行政團隊同仁，本著愉悅的服務熱忱為教職員工生服務，讓每位教授每天都有好心情來授課、研究，讓學生都有喜悅的心來學習、生活，畢竟要有快樂的環境與心情才會有良好的效率與創新的成果。

　　所有人都想快樂過日子，心情愉悅快樂才會帶來健康，有健康，事業與人生才能有所發揮。我們期待學生在學校中可以幸福愉悅地學習，以獲取實用的專業知識及正確的人生觀，畢業後能實際應用到產業界，為產業創造生產力，自己也可獲得安身立命的資源，這是幸福的重要基礎。除此之外，學生在校時能學會明辨是非、感受並尊重人我之間特質的差異，感恩與欣賞人與人之間互動合作的價值，都會對其日後在職場、社會中生活與發展有幸福的感受。

　　教學是教師的本職，如何讓受教的學生獲得完整的專業知識和相關的學識，正是每位教師應再自我深思的問題，畢竟唯有優質的教學

環境與內涵才能滿足學生與家長的期待，而且也只有一流的教學才能培育一流的學生、才能邁向世界頂尖的一流大學。此外，與專業知識同等重要的，乃是學生健全人格的形塑，也是大學的基本要務，如果能同時教導學生幸福能力的養成，則更能讓學生們懂得利用所學的專業知識，致力於謀求個人、他人、社會的幸福，使人民能採取有益幸福的行動及生活方式，提高幸福指數，落實幸福的生活，對於我們的社會將會有更大的貢獻度。

　　王校長與他所率領的學者專家，合力撰寫這本幸福學概論的教科書，個人除表示敬佩與支持之意，更樂於向有心成就自己幸福能力的學子們推薦。個人相信，人不分愚智賢不肖，只要有心，事在人為，觀念與時俱進，必然可以獲得幸福。衷心希望，全國所有學生都能快樂學習，培養幸福能力，必能幸福生活。

黃煌輝

成功大學校長

推薦序五

　　每個人都有個夢，而且一定是個充滿幸福希望的夢。雖然，夢不一定會實現，但卻是個讓我們勇敢向前、不斷努力的原動力。在築夢與逐夢的行旅生活中，過往的人事物所建構的風景，有著酸、甜、苦、樂的點綴，也因此人生之所以多采多姿，這許多的風景，其實也正是讓人幸福的因素，因為幸福是在個人心中。

　　身為教育事業經營者，我也有一個夢，數十年來，個人持續努力落實這個夢。我的夢是建構一個「芳草鮮美，落英繽紛」的幸福學園，讓「黃髮垂髫，並怡然自樂」，是一所學習的幸福園地，讓年齡、種族、文化、語言、國籍不再成為人們彼此交往的唯一憑藉。個人經常思考，天地生養萬物，藉著自然的運作，讓萬物生生不息，生在其中的人類我們，該如何與自然和諧並存運作?個人認為答案就是大愛，就是關懷，正所謂大仁大愛，普世價值。

　　人類依憑自然而生存、成長，人類對於幸福夢想的追求，也需要運用自然的資源。環境對於一個人的影響實在很大，個人曾造訪中國大陸偏鄉廣西巴馬世界長壽村，居民普遍都是百齡高壽，主要原因仍在於其該地的生活居住環境所致。也曾與校長造訪全世界最幸福的國家-不丹，拜訪其總理，親身體驗當地生活，在偏鄉與遙遠的國度，居民沒有依賴電力與石油的現代生活環境，但是，他們可以很快樂或很長壽。環境很重要，人的心靈認知也是不可或缺。

　　個人長年經營大專學府，最重視的，無非是思考著如何讓一座校園可以讓身在其中的成員感到自在、幸福，如何可以讓一座校園成為淨化人心，散播愛與仁慈的基地。感謝上天賜福，感謝所有同仁努力，更感謝所有曾在此陶冶幸福能力的萬千學子們，這座校園已逐漸顯現出一番幸福園地的雛形。

王駿發教授，是橘色科技的創始人，他以科技專業的研究結晶，投入人本幸福關懷的應用，也獲得了相當出色的成果。大仁有幸聘請王教授來擔任校長，是學校師生之福。幸福人人喜愛，但，如果幸福只是一個人的幸福，一來幸福難以持續，因為你周遭還是不幸福的人或環境，幸福難以延續。二來若只是個人幸福，可能是因為不公平地使用了社會資源，對社會可能是個傷害。所以，我對王校長推動幸福教育、幸福大學的理念十分贊同。在王校長的帶領與推動下，邀請了許多與大愛幸福相關的學者專家，共同編纂了這本幸福學的專書，預備當作大學課程的教科書。我個人認為如此可以引領大學正視幸福這個議題，尤其是大學是年輕人進入社會之前的最後專業訓練，讓年輕人在進入社會正視就業之前，養成幸福導向觀念，培育幸福追求能力，提升個人正面思考的情緒智商，對於年輕人未來就業與創業，都會有正面提升的作用，所以，內舉不避親，樂於推薦給大家。

藉著本書作序的機會，個人也期勉大學年輕學子，勇敢作夢，務實築夢，永遠都不要放棄你的夢，永遠不要放棄你幸福的權利。

大仁科技大學董事長

黃國慶

讀幸福書，養幸福心，學幸福力　並序

　　工程學的園丁當了很久了，在個人所處的專業領域當中，感謝上天安排，讓個人有在成功大學作育許多國家英才的機會，培育出不少社會國家的棟樑。在大學教書數十年，與大部分大學同儕一樣地，我們都在大學裡很認真地做研究、把研究結果傳授給學生；在國際上，也很努力地與各國相關領域學者交流，略盡身為國際公民社會一份子的責任。有天，忽然自己問自己，讀書人讀聖賢書，做了這麼多的研究與教學，個人對社會的真正貢獻在哪裡？除了在大學裡傳授專業知識給年輕人之外，我們這些受到社會資源滋養的大學教授等知識分子，應該還可以為社會多盡一些義務，讓生我養我的社會更和諧，更快樂，更幸福。我們過去花了很多時間在學習、創造、延續知識，也獲得了一些成績，但是這些成績，對於一般社會大眾有真正的利益嗎？是真的讓我們的社會更幸福了嗎？於是，個人開始了將科技成果轉化應用在促進人類生活福祉應用的努力焦點，以「人本」為出發點，希望能運用科技成果讓人有溫暖、溫馨、和平的感受，就好比是陽光的「橘色」所帶給人們溫暖的感覺一般，這也是所謂橘色科技的由來。

　　大仁科技大學是個殷實穩重經營的學校，多年來已為國家社會培育出很多福國利民的人才。個人受到董事會「大仁大愛」精神的感召，因緣際會到本校擔任校長一職，在全校教職員同仁協助下，校務推展非常順利，也因此讓我可以勻出時間思考更多有利於學校與學生的發展事務。身為大學校長，深知本身風氣導引與教化風俗的責任所在，所以，在校園主持校務時，也經常到校園中與年輕朋友閒話家常，試著以無距離的角度了解現代年輕人，更思考如何能提升大學生

畢業後，在未來的人生當中能有著幸福的生活。二〇一二年與本校董事長黃國慶先生偕行前往不丹國訪問，實地體會幸福國度的人民生活，隨後又拜謁不丹國總理，聆聽其以幸福治國的理念，深受其幸福熱情感動。因此，我請人文社會學院林爵士院長協助，召集本校多位學有專精的教授，與本人於通識課程當中，上下學期各開設一門幸福學概論的選修課。兩學期下來，選修的學生都約在百人之譜，反應熱烈超過預期，討論也十分熱絡，可見學生對於未來的幸福生活是有著可觀的期待。身為學術與教育工作者，眼見年輕一輩對於未來充滿希望與熱忱，內心更覺責任重大。為更進一步思考能將此課程推展到臺灣以及華人地區，期待個人等的棉薄之力，可以造福更多年輕大眾，於是，而有這本書的誕生。一來可以作為各大專院校幸福學上課與幸福思維推廣的教材，一方面亦可作為社會各界，推行幸福教育的參考。

目前有關幸福學及幸福理念與實務上之推廣，國際上正方興未艾，例如哈佛大學開設幸福學之課程，聯合國委託哥倫比亞大學發表World Happiness Report之報告並宣布每年三月二十日為國際幸福日。國內馬英九總統也曾宣布建構幸福臺灣，也有國際期刊 *International Journal of Happiness Study* 探討幸福之學術研究等，其基本理念為：「幸福是大家所需，不但具有普世價值，也有現實意義。」因此若能及時規劃推動幸福相關政策，配合國際趨勢與潮流，實具有其國際觀、創新性、前瞻性與進步性。

基於長期對幸福之研究，要達到幸福社會，我們認為關鍵之一，是需要培養人民幸福基本素養，為了達到容易記住，我們分解幸福（Happiness）英文字元，歸納出幸福基本九大素養，以下簡單說明並建議日常生活之具體養成方法如下：

幸福九素養

一、Health：身心靈健康

　　古今中外，追求長生不老傳說不斷，中國秦代，秦始皇派方士徐福尋求長生不老藥，結果不知所終。科技發達的今日，科學家認為人類將來可透過科技與醫學，追求長生不老方法。健康顯然是個人追求生活幸福第一步，但體魄的康健只是健康的一面，全面性的健康須包括心靈的健康，唯有身心靈平衡，始能養成正常的人格發展，才能消弭社會種種扭曲現象。長保健康不困難，每日運動四十分鐘長保身體的健康。

二、Appreciation：感恩之心

　　陳之藩的〈謝天〉一文，臺灣的學生是再熟悉不過了，其中最為人耳熟能詳的名句：「因為需要感謝的人太多了，就感謝天罷。」〈朱子家訓〉也說：「滴水之恩，湧泉相報。」對人、事、物常懷感恩之心，我們講忠孝、仁愛的基本精神就是擁有一顆感恩的心，懂得

感恩即可達「仰不愧於天，俯不愧於地」。每天若能對身邊事物以感恩角度對待，心中即無悔。當內心充滿愛與關懷，人豈能不快樂呢？每天靜坐十分鐘，放空自己，這就是追求幸福心法。

三、Pleasure：歡喜心

陶淵明說：「富貴非吾願，帝鄉不可期。」活在當下，就是人生最歡喜的事啊！我們常說：「歡喜做，甘願受」也就是以歡喜心去做事。心不生憂愁罣礙、沒有人我是非，不生煩惱，日日以歡喜心完成每件事，就能成就心中的價值，心感受到收穫，就會滿足與快樂。心若歡喜就不苦、不累、不怨就有幸福。電影《總鋪師》中憨人師經典台詞：「你的菜煮得再好吃，也沒辦法滿足所有的人，心若歡喜，菜就好吃！」這就是歡喜心也是幸福心。若能每天大笑一百聲，就能消弭心中不悅，日日心歡喜。

四、Public Welfare：公益之心

常言道：「施比受更有福。」公益行動不僅是快樂泉源，還具有療癒心靈的功效。古有明訓：「助人為快樂之本。」每當國內發生天災時發起公益募款或送愛心到災區活動，當我們說出愛心不落人

後，有錢捐錢，有力出力，這個時候你付出的每一分力量都是真心與溫暖。我們也會感受到社會呈現祥和與團結，非常感人，公益於正面人心的力量是不可小覷。力行日行一善，古人云：「日行一善，勝造七級浮屠。」不因小善而不為，每日做一件好事，即使是小善舉也能積善成德。

五、Intelligence and International Visibility：有智慧與國際觀

　　大學：「物有本末，事有終始，知所先後，則近道矣。」追求道理滿足知識是幸福的要件之一。幸福是不能違背真理的。有智慧的人追求的是「道理」，真理永遠不變，處事以其道理為依歸，就容易有所成就。國際觀的具備是追求知識不可或缺的條件，現在我們處於網路無遠弗屆、資訊發達時代，跨領域，跨文化，全球化強度不斷提升，培養自己剖析事物須 寬廣的角度，隨時站在任何角落以真理來觀看世界變化，滿足「知」的須求又不被迷惑。閱讀古人智慧之書是增長智慧與培養宏觀能力的最佳途徑。

六、Novelty：創新創業能力

　　著名的政治經濟學家約瑟夫・熊彼得（Joseph Alois Schumpeter）指出：「創新是帶動國家經濟最重要的驅動力，而創業精神就是引發創新的關鍵。」經濟發展是建立幸福國家條件之一，近年來政府也建立創新創業平台，積極鼓勵將創新成果導向創業之激勵政策。以教育培養學生創新創業能力，勇於創新，洞察先機，積極行動，放眼國際，尋找經濟發展新利基點，貢獻社會經濟，此不僅創造自己的幸福經濟，也可提供他人就業機會，創造雙幸福，也是一股穩定社會祥和力量。觀看別人創業的故事，跨領域學習，是培養自己創新創業實力方法。

七、Economy and Environment：就業理財能力及環保素養

　　就業力（employability），依據英國學者Harvey的描述，是指個人在經過學習過程後，所能具備有獲得工作、保有工作，以及做好工作的能力，以及日後自我學習與成長的能力。就業能力是個人賴以為生之經濟力應具備的要件。環保素養是維護生活品質和環境品質之重要認知與技能。幸福生活是多面向的條件組成，就業理財能力展現出幸福經濟面，正向環境態度與價值觀的形成，可長期持續培育環保素養創造健康樂活的幸福環境。由就業能力到創業能力，最終發展人生的志業才是幸福人生。

八、Satisfaction：知足常樂、積極進取之心

《佛遺教經》：「知足之人，雖臥地上，猶為安樂；不知足者，雖處天堂，亦不稱意。」老子說：「禍莫大於不知足，咎莫大於欲得，故知足之足常足矣。」美國艾默里大學（Emory）傑出教授伯恩斯（Gregory Berns）於《滿足》（*Satisfaction*, 2006）一書中以比較醫學科學的角度指出，幸福更接近於滿足，而非享樂。滿足是情緒狀態，可見心念在幸福上的重要，也就是我們的老祖先經常說的「知足常樂」。知足常樂並非慵懶，慵懶是無法達到快樂幸福的層次，積極進取的態度完成心中的需求，才會有成就感，「恆順眾生，隨喜功德」（普賢菩薩），才能擁有幸福心。

九、Sustainable：可持續發展理念與能力

1987年聯合國世界環境與發展委員會的報告——《我們共同的未來》對「可持續發展」下的定義為：「既能滿足我們現今的需求，又不損害子孫後代能滿足他們的需求的發展模式。」所以這個理念須為正見正知，且須養成持續發展的能力。正念、正見、正解，可持續性的發展模式才能將幸福代代傳遞，要追求的不僅是人類的幸福

還必須是永續的幸福。「終身學習」是持續發展的重要行為，「終身學習」可拓廣我們眼光與眼界，須具備無限時間、無限空間，長遠規劃幸福。

　　幸福是自古以來人類生活追求的目標，它是被需求的，被渴望的，科技長足的進步，物慾的滿足已足夠，人類開始追求心靈的快樂，幸福學成為顯學，已是必然的趨勢。我們已洞悉其重要性，它可以安定社會、平撫人們心中的傷痛，要積極啓動這股改變世界的力量，讓幸福種子灑播全世界，處處開花結果。幸福其實距離我們不遠，等待我們去開發與珍惜。

大仁科技大學校長

王駿發

本書架構

　　本書的基礎在於前述的Happiness九大素養。全書共分十章，分成三大部分。第一部分基礎篇，以兩章之篇幅析解幸福的涵義，以華人觀點詮釋幸福，自古而今，討論幸福要素與人類永續發展的關聯；繼而評述幸福之指數與幸福的量測。

　　第二部分則深入以不同學門訓練的角度觀點，分別闡述各該學門與幸福養成的基本概念與達成幸福的方法。第二部分共有五章，第三章自心理學的角度解讀幸福的心靈，以心理學科學之研究為基礎討論正向心理學，兼論人類面臨逆境時的復原力，並以各該心理力量成就幸福感的方法。第四章是幸福經濟學，擺脫傳統經濟學以經濟成長為最終發展目標的窠臼，強調以國民幸福總值為發展極致的目標，並倡議廣設幸福銀行與特定目的之專業分行，有效收集與分配社會上善的力量，藉由幸福效用需求之滿足達到全民幸福。第五章介紹幸福科技，以代表溫暖的橘色科技以及代表永續發展的綠色科技的結合，討論橘綠科技在幸福所代表的意義與所扮演角色。第六章自人類所賴以生存的環境出發，討論環境保護與維護對於幸福之重要性，除可降低疾病負擔，以促進個人幸福感，更對後代的可持續發展能力具有關鍵性影響。第七章談一個國家軟實力之代表的文化創意之與幸福的關聯。以文化創意找回熟悉的幸福感，以文化創意協助社區各角落，將文化創意融入傳統產業，企業亦可從而大幅增加附加價值。

　　第三部分則以三章之篇幅，介紹幸福之實際應用，亦即幸福生活的落實。第八章討論健康照護產業，實質守護國民健康的醫藥照護與生物科技產業，其發展與成長攸關國民之健康，更是國民幸福之基礎，本章更提出以國民幸福為導向的發展模式，即所謂幸福健康照護產業。第九章介紹智慧生活與幸福，討論智慧生活之應用模式如何在

生活的各個面向，以有效率的方式促進國民的幸福感。第十章主題為幸福企業與評鑑，包括幸福企業的定義，幸福企業如可以讓員工幸福而又可增加企業之營運績效，幸福企業的塑造等。

　　本書各章之結構，臚列學習目標以供教師與學生學習之引導，章首的案例，以說故事的方式開場，以之塑造學習情境。各章之摘要，則以簡明扼要方式將各章主要內容主題清楚呈現，讓讀者在深入本文閱讀之前先具有本章完整概念。各章核心所在之本文部分，皆由各領域學有專精學者，就其多年浸淫之領域闡述幸福學，結構完整而明顯。本書之所有內容，除由同儕相互審閱之外，更委請大學數個不同系一年級學生進行試讀，並將試讀意見連同上課時之學生反映意見，回饋至編寫會議，進行目標讀者群調性之修改。各章之末，除傳統重要名詞、問題與討論以外，還提供「一分鐘觀念」，將全篇主要概念內容濃縮成一分鐘可吸收的精華，對於以忙碌為特徵之現代國民而言，個人認為這是一件幸福的事；此外，為促進學生的思考活化，各章也於篇末提供「腦力激盪」問題，期待能藉此激發學生更進一步深入動腦想幸福、動手做幸福。

　　財富不是一切、經濟發展不是一切。在忙碌鑽營的歲月過後，如果發現在生命軌跡上，留存下來的竟然只是無可回憶的空白，那麼，人，究竟是為何而來？如果我輩教育工作者能努力培育下一代具有幸福營造的能力，那應該是生命當中雖平淡但雋永的記憶。經過數年努力，此書終於要面世，我們對幸福學推廣的工作又向前進了一小步，若能獲得各位學術界與實務界先進的協助，共同為我國與華人地區與全人類的幸福而努力，則將會是人類幸福的一大步。

contents

Part I

基礎篇

幸福是什麼？

第一章
話解幸福

張靜尹、謝鎮群

學習目標

透過字源及主要理論的探究，引導同學探討何謂幸福、幸福的構成要素、幸福的獲得與實現等課題，並激勵同學致力發展幸福能力，及幸福九大素養，以實現幸福、營造幸福社會。

章首案例

1. 白雪公主幸福嗎？
2. 灰姑娘幸福嗎？
3. 《哆啦 A 夢》片中的大雄幸福嗎？
4. 陳樹菊女士勤奮、節儉卻也樂善好施，幸福嗎？
5. 德蕾莎修女到印度最貧窮的地區，服侍為人所忽視、遺忘的弱勢中的弱勢，幸福嗎？
6. 連加恩醫師放棄高薪舉家至非洲貧窮地區，協助防疫、醫療並興辦學校，幸福嗎？
7. 你幸福嗎？

摘要

幸福可以是心理的感受、追求的目標、狀態（境遇）的描述或呈

現，乃至國家的政策、願景等。幸福是在人類（主觀面）面對其所存在的可變動及不可變動的運、命、境、遇（客觀面）之對應中，所發展出的安、吉、順、遂。其構成要素包括個人主觀面，及其所存在的客觀面。主觀面包括：心理狀態（態度、情緒、認知等）、人格、品德、修為等。客觀面包括：一些自然世界和社會世界的基本生存條件。

　　這對應可以是個人的也可以是集體的，可以是暫時的、階段性的，也可是傳承的、開拓的或前瞻性的。這對應有不同的型態，對於幸福的追求與實現也有差異。這些差異及是否幸福的答案，涉及理想的人、理想的社會、生存的方式、生活的內容和生命的意義與價值等。因著這些理念和價值的差異，所呈現出的幸福狀態或目標、幸福的獲得方式、幸福的量測等，也就不盡相同。這些價值的呈現和實踐，也就是幸福理念的展現及實現。

　　就幸福的實現而言，涉及一定的實力和努力。沒有實力難以獲致和維繫幸福，沒有努力難以累積實力。幸福不是憑空而降，幸福不是偶遇，幸福亦非幻影。幸福的獲得與實現是努力的成果。

何謂幸福？

　　幸福一詞為日常用語，卻饒富深意。此一詞彙的使用包括當下經驗或感受的直接表述，一段經驗累積後的評量，以及慎密思慮後的規劃、願景等。幸福可以是心理的感受、追求的目標、狀態（境遇）的描述或呈現，乃至國家的政策、願景等。就幸福一詞的使用及相應的經驗而言，具有多重面向且互相關聯。幸福一詞還經常和快樂、幸運、滿足、安樂、美滿、置身天堂、桃花源等詞相伴隨或交互使用，其意涵也有交錯之處。

1. 幸福的理解和界定

就中文字源而言，若就幸福分說，東漢許慎在《說文解字》中解釋「幸」爲：「吉而免凶。」清代段玉裁註解爲：「吉者善也，凶者惡也。得免於惡是爲幸。」唐代顏師古說：「幸者，可慶倖也。故福善之事皆稱爲幸。」許慎在《說文解字》中也解釋福爲備：「福者，備也。」清代段玉裁註爲：「備者，百順之名也，無所不順者，之謂備。」依《中文大辭典》：「吉事也。凡富貴壽考，皆可日福。」依《現代詞彙》解釋「幸福」是爲：「運命安吉，境遇順遂。」意即：(1) 平安順利沒有不幸。(2) 使人心情舒暢的境遇和生活。(3) 願望、際遇等皆稱心如意。

「運、命、安、吉、境、遇、順、遂」此八個字可以並列、分列或各自獨立來理解，各有深意。就人的命而言，人是被生出的，在個人的生命開始之際即是被決定的。各人的命雖有命定部分，仍有人爲參造、開創、經營的部分。就人的運而言，不論是幸運、運勢、運氣均有其依待性，不是當事人可充分自主決定的。運和命對個人而言均有其限定性，但人面對少有自主性和自決性的命和運，也有參贊化育的部分。個人的參與、投入和努力，是使運、命實現不可或缺的一部分，若缺少當事者無以完成命定。而人如何面對運和命是人可自主決定，並仰賴人的自身修爲、能力和經歷。人生的境和遇亦然，人處在非人所造的自然世界，也非一己之力所決定的社會世界，生存環境和人生境遇皆非人可充分自主決定、心想事成的。但同樣地，人的參與、主動、創造，成就了現實的處境，也完成了現實的經驗。如何面對境和遇，如同面對運和命，個人有相當的自主性。而現實的處境、經驗和條件，又會影響或形塑個人對於運、命、境、遇的回應。

所謂「安、吉、順、遂」，可指人的經歷少有窒礙、鮮有凶惡且多有

可喜可賀之事。也可指人的心思意念、願望的實現、成就或期許（例如指人心想事成、稱心如意且滿意）。這兩方面都涉及個人面對可變動及不可變動的運、命、境、遇之對應，這對應決定人生經驗是否安、吉、順、遂。這對應關係包括運、命、境、遇給人的條件、限制、成果或便利。不僅非個人自願的運、命、境、遇，如出生、性別、膚色、機運等如此。即或個人自主的願望之實現，甚至心思意念及願望的生成及形塑，也依待於現實的條件、成果與限制。這對應也涉及個人主觀的感受、認知、能力、態度、德行或修為等（參見圖1-1，圖1-2）。例如有人清心寡慾，有人慾念繁雜。有人一生坎坷卻滿心歡喜與感恩，視磨難如祝福。有人一生平安滿有喜樂之事，卻鬱鬱寡歡，遑論稱心如意。在具有意念、感受、思慮、態度、德行的個人，對於可變動與不可變動的運、命、境、遇的回應及對應中，成就了安、吉、順、遂。這回應及對應可以是個人的，也可以是集體的，可以是暫時的、階段性的，也可以是傳承的、開拓的或前瞻性的。在這對應關係中，個人主觀面和非個人的客觀面，共同成就人生及人世的幸福。

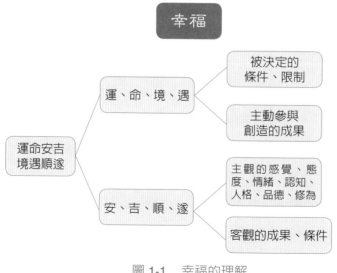

圖 1-1　幸福的理解

幸福：運命安吉，境遇順遂。

　　個人面對可變動及不可變動的運、命、境、遇之對應，這對應決定人生經驗是否安、吉、順、遂。

　　幸福可以是心理的感受、追求的目標、狀態（境遇）的描述或呈現。可以是當下的經驗，也可以是一段時間累積後的結果。

「幸福」

「運命安吉，境遇順遂。」

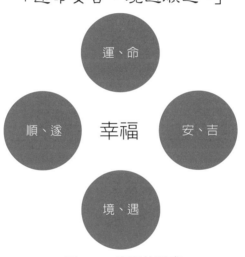

圖 1-2　幸福的界定

2. 幸福經驗的分類

　　除了字源和內涵意義外，就人生經驗而言，幸福可以是感受、狀態（境遇）或目標。就狀態（境遇）而言，可概分為心理（個人）的狀態和非心理（非個人）的狀態。心理（個人）的狀態包括心理的感受、反應、態度、情緒、思維等。例如某人感到幸福，或想像自身處於幸福，或冥想某一幸福境界，這些都可由個人自身尤其是心理或思想層面進行。個人主觀面是

構成幸福不可或缺的一部分，一個人可能一切平安滿有可喜可賀之事，但仍不覺幸福，可見主觀面的決定性。非心理（非個人）的狀態，包括自然環境和社會環境等客觀面。例如某人置身於迪士尼樂園，或是作為婚禮中眾人祝賀羨慕的主角，或是在沙漠中長徒跋涉後，進到滿有飲水和食物的綠洲，即覺處於幸福狀態，是幸福的實現。幸福的心理狀態和非心理狀態、主觀面和客觀面是相互影響共同構成幸福。例如一定的心理狀態、德行或修為，會影響一個人對存在及其條件的觀法、適應和接受度。而一定的存在條件和環境，也會影響甚至形塑一個人主觀面對於存在的感受和認知。

幸福作為狀態（境遇）可以是當下的經驗，例如收到意外的貴重禮物、獲得眾人祝福、關愛之時。也可以是一段時間累積後的結果，例如畢業或退休時的回顧。幸福作為狀態（境遇）可以是現實處境，例如婚禮。也可以是理想境界，例如桃花源。理想境界較當下經驗涉及較多的條件，包括主觀面的情感、信念、認同、認知、理想等。和非個人主觀面的制度、設施、自然環境等條件，以及生存方式和價值取向等因素。

幸福除了作為狀態，還可作為目標。作為目標可以是個別目標，例如幸福和財富、權力、功名、知識、博愛等，都可作為人所追求的目標，幸福只是其一。幸福也可作為非個別性的目標，例如作為整合其他目標，使其成一相關聯的整體之統整性目標。或是規約其他目標的追求、實現及相互關係的規範性目標。或是作為人生追求的終極目標。或是用以解釋說明各種目標及其基礎的後設目標。幸福也可和其他目標做不同形式的、有理序的排比或關聯。幸福作為目標涉及存在的目的、意義、價值和生存方式。不同目標間的關係安排，涉及信念、認知、價值判斷等。例如為何有此目標而非彼目標，即涉及這些課題。幸福作為理想境界也涉及價值、信念、

理念等（參見圖1-3）。例如大同世界和小國寡民涵蓋了不只是個人的生命意義、價值、目的，還包括社會群體的存在意義、目的和生活方式的規劃和安排。而這些目標和理想狀態（幸福）的追求與實踐，所關涉的條件和因素均超越了個人的心理狀態，還包括客觀面的物質條件和社會制度，甚或自然環境等（若幸福只作為個人當下的經驗或感受，則未必涉及價值、信念等成素，可能只是直接的反應或呈現）。

運命安吉境遇順遂作為幸福的內涵意義，其在經驗上的呈現是多面向而非單一模式。在個人主觀面和非個人客觀面的各式對應中，決定了運、命、境、遇是否安、吉、順、遂，也成就了人世的幸福與否。這對應有不同的型態，對於幸福的追求與實現也有不同的類型。這些差異中顯露了幸福的價值預設，例如理想的人、理想的社會、存在的意義、目的和生活方式。這些價值的呈現和實踐，也就是幸福理念的展現及實現。

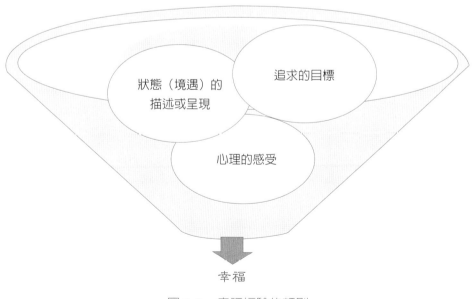

圖 1-3　幸福經驗的類別

幸福的構成要素

　　對於幸福的追求與表述，一直伴隨著人類的生活經驗。由上節可知幸福具有多重面向與意涵，不同的個人、社會、文化、傳統對於幸福也有不同的感受、認知與表述。然而幸福作為人類共有的語言與活動，仍有一些基本的構成要素（參見圖1-4）。上節已就中文字義探究何謂幸福，本節則以西方及當代的論述為主，繼續探討幸福的主要構成要素。

1. 有關幸福的主要論述

　　在西方及當代有關幸福的論述，可約略分為四大類：即享樂主義（Hedonism）、滿足理論（Satisfaction Theories）、客觀表列理論（Objective List Theories）及混合理論（Hybrid Theory）。就享樂主義而言，古希臘哲學家普羅泰戈拉（Protagoras）即主張「幸福就是愉悅的經驗（pleasure）。」近代的邊沁（J. Bentham）論述大自然把人置於苦與樂兩個律則之下，人的天性因而就是離苦得樂。但苦樂之間未必一直維持平衡，離苦未必得樂，得樂未必離苦（例如嗑藥）。邊沁因而修正其論述，以追求快樂（pleasure, happiness）為人的天性，獲得最大的快樂是人類追求的最根本也是最終目的。依此，所謂幸福就是獲得最大的快樂。在面對不同經驗的選擇時，邊沁以愉悅經驗（快樂）的持續性和強度作為判準，也以之為量測幸福的基本依據。密爾（J. S. Mill）則進一步論述，愉悅經驗還有質的區別，例如感官本能慾望和美感經驗即有不同。享樂主義的基本主張是為：「愉悅的經驗就是快樂，快樂就是幸福。」直到當代，享樂主義在倫理學、人性論及有關幸福的論述中仍深具影響。

　　針對享樂主義，諾濟克（Robert Nozick）提出一個經驗機器的反例予

以質疑。諾濟克指出，若有一機器可以讓人經歷到愉悅（最愉悅）的經驗，是否眾人皆願以此機器及其所產生的經驗取代眞實的經驗？答案是否定的。意即人所看重的所謂的幸福，不只是愉悅的經驗感受，還有實際的參與、個人專注的投入，及參與過程中的各種經歷等。除了對愉悅經驗的喜好外，人也還有慾望滿足的需求。對於某些慾望的滿足之需求，甚於獲得愉悅經驗的需求。愉悅的經驗或可使人感到幸福，但並不足以充分且明晰地界定幸福，以之作爲幸福的根本構成要素尚有不足之處。諾濟克的經驗機器之說能否成功的駁斥享樂主義，學術上仍有討論空間，但享樂主義的核心主張仍有不確定之處。例如愉悅經驗（快樂）是否就是幸福？而有些快樂有害身心（例如嗑藥，又如有人處在有傷害性的環境卻感到快樂、幸福，像是在吸菸室和好友忘情歡唱），這些快樂是否爲幸福？〔針對享樂主義的另一主要批評是爲享樂主義的兩難（paradox of hedonism），意即最大的幸福是不需要去追求、營造幸福。享樂主義主張人應追求最大的幸福，其實並非最大的幸福。〕

　　享樂主義之外還有滿足理論，滿足理論涵蓋甚廣，可再粗分爲慾望的滿足理論（Desire Satisfaction Theories）和人生的滿足理論（Life Satisfaction Theories）。就慾望的滿足理論而言，古希臘哲學家高爾吉亞（Gorgias）即宣揚「幸福就是心想事成」，正確的生活就是獲得最多的慾望的最大的滿足。近代的霍布斯（Thomas Hobbes）也宣稱，所謂幸福（和快樂）即是持續的獲得個人最多的慾望的滿足。慾望有不同的類型或層次，慾望可以是偏好，也可能是如奧古斯丁（St. Augustine）所宣揚的，上帝是我們所有慾望的最終目的。依奧古斯丁之意，還可有不同解釋。譬如基督教的上帝就是眞理，以眞理爲人類所有慾望的方向和依歸，對於眞

理的盡全力追求和充分實現（上帝的眞理 — 正義與慈愛），是人類最高的幸福。

慾望滿足理論至少涉及幾個問題：

(1) 構成幸福的要素是慾望本身還是欲求的對象？是欲求對象的價值使人在獲得、追求或意欲此對象時覺得、感受、認知或獲得幸福，還是指向對象的慾望本身使人幸福？如果沒有對象，甚至可能連慾望也不升起，何論滿足和幸福！但若沒有慾望，對象的任何價值也與自身無甚關聯。慾望和對象以及慾望滿足之間的關聯，須再多做說明和確立。

(2) 人有不同的慾望，彼此未必相和諧卻可能相矛盾或傷害。不同慾望間、個人和他人的慾望間的關係爲何，須做安置。在做安排時即預設和實踐某種價值或理念（有關幸福的價值、理念），此時幸福的根本要素是價值、理念而非慾望、滿足。

(3) 慾望源自於個人，個人的慾望和慾望的滿足感皆具可變易性。若以慾望的滿足來界定幸福，則顯歧異、紛歧。若自各種紛歧的慾望中抽離出，不論個別慾望而只聚焦於慾望的滿足，則顯空泛。

另一具代表性的滿足理論，是爲人生的滿足理論。此類論述涵蓋甚廣，各論述間重點不同，但也有交錯之處，邁近以心理學尤其是正向心理學至爲顯著。依此類論述，幸福的構成要素包括人的心理狀態（態度、情緒、認知等，各家重點不一）、人格、品德（德行理論、道德教育所著重）、修爲（靈性教育、宗教教育、新興宗教、類宗教所強調）等。主張以正向、肯定的態度、情緒、觀法、良好的德行、修爲等面對人生境遇，因而使人對人生滿足，感受、認知幸福。

慾望滿足和人生滿足理論同樣面對個人主觀性的問題，個人主觀的滿足或滿意是否就是幸福，是否足以界定或構成幸福？某些人雖然處於生存

條件極差，或是在被壓迫的處境中，卻仍覺幸福。某些人強於適應而覺得幸福（此時幸福與否的決定因素、構成要素，是適應能力而非滿足）。某些人即使處於優渥境遇，仍不滿足也不滿意。況且人的滿意或滿足也依待於自身的關心與否，和有無所關心的對象。若不關心，滿意與否的問題可能不會出現。關心對象不同，滿足的情形也有差異。而觀點（想法、思維）的改變，也會影響對事物的關心、對滿足的需求和滿足的程度。有人清心寡慾，簡單的心靈、思維與生活，有人欲求繁雜，滿足與否，如何滿足自然有別。而觀點、喜好皆非固定不變，所謂的幸福也就隨之變動。影響個人主觀認定的因素還不只如此，可能對某部分滿足，卻對另一些部分不滿足。如何評定是否幸福？不同的滿足或不滿足，相對於幸福其比重如何、關係如何？可能有人持續處於情緒低落的狀況，卻以正面的態度面對人生或自己的情緒，這是否幸福？而個人的主觀認定也可能有誤。因此若以滿足作為幸福的根本構成要素，所謂的幸福顯得歧異與不確定。

　　滿足理論的辯護者或可辯稱，只論滿足而不論滿足的內容和對象。但這並不足以有效的解決歧異與不確定的問題，同時所謂的幸福顯的空泛。若滿足理論也處理內容或對象的問題，那幸福的主要決定因素是滿足還是對象？由此可知，滿足不論是作為個人或社會整體的幸福構成要素，均顯歧異和不定，也因此更強化了客觀表列理論的主張。

　　依客觀表列理論，構成幸福的決定要素並非主觀感受（滿足或愉悅經驗）。例如有人可能處在有害身心的環境，卻很快樂和滿足。構成幸福的要素應是一些基本的生存條件，這些基本條件同時包括個人主觀面和非個人的客觀面。不同的論述有不同的表列和條件，一般而言包括關係（relationship）、專注致力於有趣和有挑戰性的活動（engagement with interesting and challenging activities）、心理和身理的安全（security）、具有

意義或目的感、自主性、知識（教育）、友誼等。不同的論述間或有差異，例如阿爾凱（Sabina Alkire）列出生命、知識、遊樂、美感經驗、社會化、實踐理性、宗教。努斯鮑姆（Martha Nassbaum）列出生命、身體健康、個人統整、想像力和思考力、情緒、實踐理性、正面肯定、遊樂、對環境的掌控。每一有效的表列均非任意排序、隨機選取，而是有其理論預設和目標。透過這些表列條件呈現何謂幸福，幸福的人和幸福社會為何，並指向如何達致幸福。

　　表列理論可能遇到的問題包括：

　　⑴ 誰決定表列的內容，如何決定？

　　⑵ 可能過度強調物質條件對內心感受的影響或決定性。

　　⑶ 物質條件較非物質條件易計算和評估，因此較容易被表列出，但也因此易形成偏見或偏差。

　　各理論都試圖對幸福做一明確的說明，但各理論均有其所面對的挑戰，因而有混合理論的提出。但如何整合就是一大挑戰，個別理論的問題在混合理論中能否被解決，或仍舊出現也是一大難題。

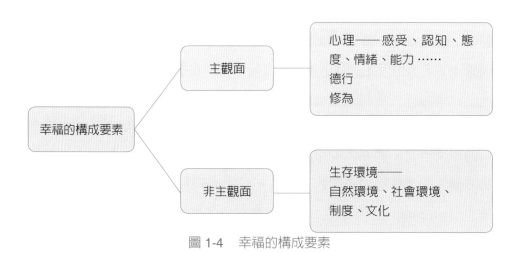

圖 1-4　幸福的構成要素

2. 幸福的預設

　　第一節從生活經驗和中文字源開始，探究何謂幸福，本節由西方和當代的有關幸福的主要論述爲探討對象。由這兩節的分析可知，幸福作爲人類（主觀面）面對其所存在的運、命、境、遇（客觀面）之對應，所發展出的安、吉、順、遂，其構成要素同時包括個人主觀面及其所存在的客觀面。不同理論對於幸福的主客觀面的構成要素，各有豐富論述。這些論述大都明確的列出個別理論所標舉的幸福構成要素，和幸福的達致方式等。其間差異除得以突顯各理論的特色外，也顯示各主要論述都或隱或顯的預設了一定的價值和條件，包括理想的人、理想的社會和理想（幸福）的生存方式等。

　　例如大同世界的幸福狀態若要成立或實現，須有具備民胞物與道德信念的個人（主觀面），和選賢與能、天下爲公的政治理念和制度，以及一定的物質條件和有效的資源分配（客觀面）。小國寡民和天下爲公的理念不同，是以與其相關聯的幸福也見差異。再以社會中的典範人物，如陳樹菊女士、連加恩醫師、德蕾莎修女等爲例，這些人幸福嗎？陳樹菊女士勤奮、節儉，也樂善好施。德蕾莎修女到印度最貧窮的地區，服侍爲人所忽視、遺忘的弱勢中的弱勢。連加恩醫師舉家至非洲貧窮地區，協助防疫、醫療並興辦學校。這些人幸福嗎？若社會中多一些這類人，社會（包括個人）會較幸福嗎？比爾蓋茲、歐巴馬、郭台銘幸福嗎？白雪公主、睡美人、灰姑娘幸福嗎？《哆啦 A 夢》片中的大雄幸福嗎？比爾蓋茲較幸福或連加恩醫師較幸福？白雪公主較幸福或陳樹菊女士較幸福？睡美人較幸福或德蕾莎修女較幸福？再以釋迦牟尼佛爲例，年輕時放棄王位，追求眞理及離苦的智慧。其苦行非常人所能承受，但其苦修來的智慧，卻帶給難以計數

的人幸福，至少減少了許多的不幸和苦難。耶穌亦然，自己無辜地被釘在十字架上，承受極刑和死亡，卻因此給世人希望、生命更新、脫離罪惡、活在愛中的可能和確信，以及與之相伴的不一樣的幸福。釋迦牟尼佛和耶穌自身幸福嗎？

上述這些人物呈現出不同的生活世界、價值和信念。他們是否幸福的答案，也涉及理想的人、社會和生活方式等。不論幸福是對某種狀態、目標，或處境的描述或呈現，這些描述或呈現都或隱或顯的預設或關涉某種理想的生活方式，其中包括理想的人、理想的社會、生存的方式、生活的內容和生命的意義與價值等（參見圖 1-5）。因著這些理念和價值的差異，所呈現出的幸福狀態或目標、幸福的獲得方式、幸福的量測等，也就不盡相同。而所謂的幸福，就是這些相關價值和理念的展現。

對於幸福的整全理解，須掌握幸福論述的價值預設和理念願景，否則不僅流於浮面，在眾多論述中還會雜亂無序，甚或矛盾茫然。

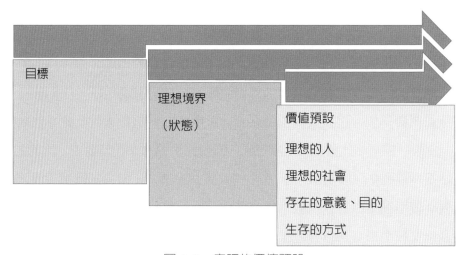

圖 1-5　幸福的價值預設

邁向永續發展的幸福素養

前已述及幸福的多樣性、幸福的構成要素、幸福的價值預設等有關幸福的核心課題。一個較完整的幸福論述須包括這些面向，否則可能失之偏頗，或根基不固，或只有片面、局部的功效。或可能只引起一些小確幸，難有持續及重大的貢獻。雖然不同的幸福論述，其重點或有差異，價值預設也不盡相同。但每一論述內在的一致性和現實的可應用性，可作為檢視其有效性的基本判準（至少是部分判準）。滿足此條件才可進一步穩固地發展，持續地引領或規劃幸福的追求與實現（以及幸福社會的營造）。

1. 幸福九大素養

以大仁科技大學王駿發校長領導的幸福團隊，所發展出的幸福九大素養為例，可說明一個邁向永續發展的幸福典範。此一幸福九大素養，是以中西方有關幸福的學理及經驗為基礎，加上人類文明所不可分割的科技貢獻。結合人文關懷與現代科技，以人為核心以科技為助力，涵蓋幸福構成要素的主客觀面向（條件）。巧妙地以當代通用的國際語言——英文中的Happiness 一字為切入點，描繪出幸福的九大素養。分別是：

⑴ Health 健康

⑵ Appreciation 感恩

⑶ Pleasure 歡喜心

⑷ Public welfare 公益、passion 熱情

⑸ Intelligence 智慧、individuality 個體性

⑹ Novelty 創新

⑺ Economy & Environment & Engagement 經濟、環境、專注

⑻ Safety 安全

⑼ Sustainability 可持續性

　　這九大素養包括了構成幸福的基本的主客觀條件，例如：Health 健康、
Economy & Environment 經濟、環境、Pleasure 歡喜心等基本的生存和美好
生活的條件。涵蓋了生理和心理的基本需求，以及個人和群體的面向。因
為務實的考量，也準確地掌握人類現實的基本生存條件，因此不同的理論
和經驗均可對這九大素養再加以理解、詮釋，或進一步發展。這九大素養
也因此得以與主要的有關幸福的論述具相容性（compatibility），至少不對
立。例如強調愉悅經驗（pleasure）的享樂主義，強調正向態度、思考的
心理的滿足理論（appreciation），以及重視客觀生存條件的客觀表列理論
（safety、health）等，均和這九大素養有一定程度的相容或交集。

　　因為立基於人類生存的基本需求和條件，不刻意突顯某一成素，這
九大素養因此具備了共通性，也因此具備了與其他論述的相容性，以及自
身的開放性和可調適性。這九大素養可因著理念價值的變異，社會文化
處境的發展和差異而調整，並發展出更具可應用性和可適用性的幸福論
述、幸福量測、幸福的具體作為等。例如：P 可以是熱情 passion，也可以
是公益 public welfare；E 可以是環境 environment、經濟 economy 或專注
engagement，也可是教育 education，可依現實需求及社會文化的脈絡、處
境而調整、發揮。因為這九大素養，具有高度的與他者的相容性，以及自
身的開放性，所以可以發展成為多元社會中眾多論述中重疊的共識之焦點
（the focus of overlapping consensus）。因而可成為廣為接受（acceptable），
也較易被證成（justifiable）的基本幸福素養，也因此在現實上更具可應用
性（applicable）。其可調適性也使得這九大素養更易成為幸福的永續發展
的基本成素。

2. 科技時代的幸福典範

　　大仁科大的幸福團隊，將幸福的研究與現代科技相結合，發展橘色（幸福）科技以促進幸福。雖強調 ICT（Information Communication Technology）和醫護，也重視心靈的護持與更新，因此可更務實、智性和整全地從事幸福社會的營造。此九大素養在立論基礎上兼顧主客觀面，在現實應用上結合現代科技，因而可開創出兼顧心靈健康和科技發展的現代幸福社會之願景與實踐。依此，心靈不因科技發展而被物化、異化，人我疏離，人物對立。科技因心靈的考量、關照和護持，而更正面的營造和開創幸福，貢獻人類文明的發展。

　　科技一直伴隨著，甚或主導著人類文明的發展，人類的生活和生存幾乎離不開科技。科技一方面給人類帶來便利、增進效益、提升效率和品質、減少災害和損失。但是另一方面科技也形塑人類的行為模式、生活作息乃至思考。例如當代的手機、網路的發展，給人類帶來許多便利，也增進效率、改善品質，但另一方面也形塑甚至限制人的生活與思考。我們即使不用手機和網路，仍然可以有幸福的生活。但現代人一旦使用了手機和網路後，大部分的人就離不開手機和網路。電力亦然，多數現代人已不知道如何過沒有手機和網路，或沒有電卻依然幸福的日子。即使是電子發票的推廣，也影響人們的生活，甚至公益事業的運作。試想如果停電或關機一週，結果會是如何？較幸福或較不幸福？科技雖為人類所發明、創造，但也有可能造成超乎人類所能承擔的負面後果。例如生化武器、基因改造、核能運用，以及因為科技發展而加速進行的對自然環境的改變。這是科技在人類文明中的一個弔詭之處，科技是人所創造，為人所用，人卻處處受限於科技。科技是人的 creation（創造），但也成了人的 cage（牢籠）。

科技改善及提升了人的生活品質，科技也能為人類生存和生命造成毀滅性
傷害或威脅。

　　在科技高速發展又幾乎失控的當下，幸福科技的提出，引導科技回歸
到對人類生存和生命的關懷，以人類的幸福為科技發展的圭臬。以人類基
本的生存條件，和美好生活的基本條件，作為科技發展的價值考量。依此，
科技是人類的成就與助益，而非牢籠與枷鎖。王校長所提出的幸福九大素
養，也就是幸福科技的核心價值和目標，這是引領人類科技和文明持續發
展而不失控的幸福指標。

　　王校長的幸福科技將科技與人文關懷相結合，這結合有異於 20 世紀
迄今的人文主義，而可更進一步開拓人文精神，並豐富人類智性及文明的
發展。20 世紀迄今，有三次國際性的人文主義宣言。人文主義在歷史上
的發展具多樣性，這三次人文主義宣言所呈現的，是對人類自身的高度甚
或過度自恃，對理性的獨尊，對科技的樂觀與充分的信賴。對宗教以及非
科學所能確定探討的部分之存疑或否定，並將宗教、靈性及超越性活動與
理性做區隔。其結果是人類的存在與超越性相割裂，人的心靈因為科學理
性與非科學的不和諧而顯得枯竭貧乏。缺少宗教和超越性對人類生存的指
引，隨之而至的是意義的虛無、價值的紊亂與茫然。弔詭的是，否定宗教
和超越性追求的理性內涵，卻容許意識型態、迷信、偶像等非理性的塑造
物入主、操控人類的生活。人類肯定理性及自主性，理性和科學高度發達
的結果卻出現了兩次世界大戰，以及今天的全球暖化。有識之士一直思考
可能的回應方式和處理方案，以期脫困。王校長的幸福科技（橘色科技）
在不否定科技，且仍仰賴科技的前提下，重新整合科技與非科技，理性與
靈性。這可為人文精神以及人類文明的發展，開拓另一可能性。

在教育上對此九大素養的開發、培育、教化，可強化並厚植獲得及實踐幸福的能力，促進幸福的實現。此九大素養中的每一素養（成素），均可有豐富的論述。其幸福論述如何有效的轉化科技爲幸福科技，並且避免幸福的混合理論之缺失，讀者可再做探究。此九大素養兼顧人類生存的基本需求，美好生活的主客觀條件，又具高度的開放性、調適性、可相容性和可應用性，已爲當代社會建立一個有效的幸福論述之典範。

幸福的獲得與實現

如前所述，幸福是由主觀面的個人或群體，面對客觀面的運命境遇之對應中，所出現的安吉順遂。幸福的構成要素包括了相互影響的主觀面和客觀面。因此要探討如何獲得幸福，就須面對幸福之構成要素，主觀面、客觀面、主客觀的相互影響和對應。即或有任何獲得幸福的巧門或捷徑，也無以超越幸福的構成要素（主客觀面）和對應關係，否則無以獲致幸福（或者對幸福無所論定）。

1. 幸福能力

如何獲得幸福的課題，是關聯著幸福而出現，因爲對於幸福的認定不同，如何獲得幸福的途徑或答案亦見差異。例如享樂主義致力於愉悅經驗的獲得，爲了達成此目標，至少須具備區別經驗、獲取愉悅經驗及維持愉悅經驗（包括障礙的排除）的能力。這能力也就是主觀面和客觀面相互關係中的對應能力，所謂的幸福或不幸福，即是相互對應的成果或結果。依慾望滿足理論，人對於某些慾望的需求，勝過對愉悅經驗的需求。爲了獲得幸福，須能夠發現與區別能帶來幸福的慾望，並致力於滿足某些慾望。

這發現與區別的能力，即是獲得幸福（慾望滿足理論之意）的基本對應能力。

　　依正向心理學，若能養成正向的情緒、正向的人格特質（才能、美德），即能以正向的態度、正向的思考面對人生。這些特質構成獲得幸福的（對應）能力。依此，對於過去的經驗，能夠寬恕和感恩，對於未來抱持樂觀和盼望。對於傷痛和不愉快，予以暫時性和特定性的解釋，對於愉快的經驗，予以永久性和普遍性的解釋（並建立和經營愉悅的生活、美好的生活和有意義的生活），因此能獲得並維持幸福。依客觀表列理論，則是詳盡地列出達致幸福的基本條件。例如：收入、知識（教育）、安全、健康等，並致力於實現這些基本條件。依此才具備獲得幸福的能力，或使獲得幸福的能力（對應能力）能適當的發揮，以獲致幸福。這些客觀條件和環境，影響著幸福能力（對應能力）的運作，其影響可能是促進、提升，也可能是阻礙或限制。

　　如何具備健全的對應能力（幸福能力）以獲致幸福，各理論或有不同，但都涉及主觀面和客觀面。主觀面（個人）和客觀面（非個人）相互影響，共同決定幸福的獲得。例如：享樂主義以愉悅經驗的獲得為幸福，但某人的愉悅經驗可能造成他人的不愉悅，而他人的不愉悅可能使自身難以持續獲得或維持愉悅經驗。而愉悅經驗的獲得，很可能必須仰賴現實的條件（包括現實條件對於愉悅經驗的獲得之助益、限制及形塑等）。因此愉悅經驗（幸福）的獲得，涉及個人對愉悅經驗的認知、要求、感受、獲取能力，以及如何建立與維繫一個使個人能獲得愉悅經驗的環境，包括自然環境和社會環境。

　　就慾望或心理的滿足理論而言，除了個人主觀的慾望和心理狀態是獲

得幸福的關鍵因素外，外在環境和條件對個人心理的影響，以及慾望滿足的限制或形塑，一樣決定了幸福的獲得。是以高舉正向的心理、行為外，也強調正向的組織與制度。就客觀表列理論而言，除了詳列促成幸福的客觀條件外，在個人主觀面是否有使用這些客觀條件的能力、自由、機會等，也是獲得幸福的決定因素。是以也列出較主觀面的一些基本條件，以之為不可或缺。主、客觀面或許在個別情境中比重不同，但就幸福的獲得而言，缺一不可。主客相互影響，決定對應能力的運作，也決定幸福的獲得（參見圖 1-6）。

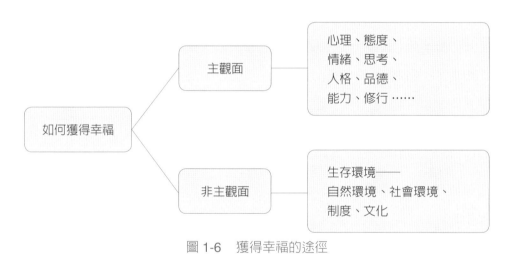

圖 1-6　獲得幸福的途徑

2. 努力與實現

　　由以上論述得知，不同的理論對於幸福的理解和界定不同，關於獲致幸福的能力（主客觀相互影響所決定的對應能力）、途徑，和所欲達致的幸福，也不盡相同。幸福雖是人類共有的語言、經驗或欲求，但其內容卻見殊異。但就幸福的實現而言，則涉及一定的實力和努力。沒有實力難以

獲致和維繫幸福，沒有努力難以累積實力。即使有人經常有幸運的際遇，經常有他人爲自己製造驚喜，營造幸福狀態或處境，但自己能否感受、認知、經驗和維繫幸福的狀態或處境，仍須一定的能力和實力（對應能力、幸福能力）。不論多幸運和優渥的境遇，若當事者不以爲意、不以之爲幸福，幸福仍未實現，也未被經驗。而當事者是否以之爲幸福，須仰賴自身的對應能力、幸福能力。這關涉個人的心理狀態（態度、情緒、認知等）、人格、品德、修爲等。這對應能力、幸福能力須經由一定程序的培育。這培育的過程中，經由努力累積實力，即幸福的能力。這努力培育幸福能力的過程，各理論雖有不同的方式，但皆以之爲必要。

以莊子爲例，莊子自由逍遙，無拘無束，無論處於何種境遇，皆不爲之所憂，不爲之所苦。莊子已超越苦樂區分，及運命境遇的條件限制與依待。莊子以大鵬鳥爲例，翱遊天際，無有拘束，自在逍遙。但在成爲大鵬鳥之前，卻經歷了艱辛的歷練與蛻變。不論自在逍遙是能力、目標、狀態或處境，均須經由一定的努力，才得以達致及維繫。德蕾莎修女在印度的服事雖然艱困，她卻甘之如飴，以之爲上帝的恩典、祝福。這樣的態度、思維或能力，是來自於德蕾莎修女將自身的信仰、價值，經過持續的努力修行，所累積的成果。在這過程中（不論是培育幸福能力，或追求、實現幸福的過程），都很有可能經歷了挑戰、磨難，甚或挫折與傷痛。陳樹菊女士、連加恩醫師、德蕾莎修女如此，釋迦牟尼佛、耶穌亦不例外，你、我亦然。

無論是主觀面的心理狀態（態度、情緒、認知等）、人格、品德、修爲的培育和涵養，或是客觀面的生存條件之開拓、經營和維繫（亦即幸福的主客觀構成要素），均須仰賴經由努力而累積的實力。經由努力實踐以

培育及厚植幸福能力，經由努力實踐以營造幸福的環境，包括生存世界中的自然環境、社會體系，乃至工作場域及日常的生活世界之經營。這過程未必盡皆平順，但這歷程也就是幸福及其所關涉的價值和理念實現的過程。其成果也就是幸福的呈現，和其價值與理念的展現。幸福不是憑空而降，幸福不是偶遇，幸福亦非幻影。幸福的獲得與實現是努力的成果。

一分鐘觀念

幸福

　　幸福作為人類（主觀面）面對其所存在的運、命、境、遇（客觀面）之對應，所發展出的安、吉、順、遂，其構成要素同時包括個人主觀面及其所存在的客觀面。

　　主觀面：心理狀態（態度、情緒、認知等）、人格、品德（德行理論、道德教育所著重）、修為（靈性教育、宗教教育、新興宗教、類宗教所強調）等。

　　客觀面：一些基本的生存條件，包括自然世界和社會世界。

幸福獲得與實現

　　是否幸福的答案，也涉及理想的人、理想的社會、生存的方式、生活的內容和生命的意義與價值等。因著這些理念和價值的差異，所呈現出的幸福狀態或目標、幸福的獲得方式、幸福的量測等，也就不盡相同。

　　就幸福的實現而言，則涉及一定的實力和努力。沒有實力難以獲致和維繫幸福，沒有努力難以累積實力。幸福不是憑空而降，幸福不是偶遇，幸福亦非幻影。幸福的獲得與實現是努力的成果。

重要名詞

• 幸福：運命安吉，境遇順遂。

　　個人面對可變動及不可變動的運、命、境、遇之對應，這對應決
定人生經驗是否安、吉、順、遂。

• 幸福能力：主觀面和客觀面相互關係中的對應能力。

Happiness：

• Health 健康

• Appreciation 感恩

• Pleasure 歡喜心

• Public Welfare 公益、passion 熱情

• Intelligence 智慧、individuality 個體性

• Novelty 創新

• Economy & Environment & Engagement 經濟、環境、專注

• Safety 安全

• Sustainability 可持續性

問題討論

1. 迪士尼樂園是幸福天堂嗎？

2. 桃花源是幸福社會嗎？

3. 你幸福嗎？

4. 你的幸福能力？

腦力激盪

　　依幸福九大素養，描繪出其所呈現的是何種理想型態的人、社
會、生存的方式、生活的內容和生命的意義與價值等。

第二章
幸福指數

盧耀華、蘇貞瑛

學習目標

從瞭解什麼是幸福，幸福涵蓋哪些要素，進而學習如何測量個人、組織及國家幸福指數。

章首案例

個人幸福的相關因素

小瑋今天又在 FB 上傳豐盛佳餚的相片，和朋友分享他的快樂心情，有人按「讚」又說：「好幸福！」小艾則上傳開心度假的相片，好多人按「讚」、「好幸福喔！」。小慧 Po 上結婚照，讚……、幸福喔！……。小甲生病了，朋友們紛紛表達關心、祝福。阿陵找到工作了，大夥兒恭喜她，為她高興。阿乙父親過世，十分悲慟，大家紛紛表達安慰與正向的支持及鼓勵。以上無論幸與不幸都讓人感受到社會支持的力量—與人們分享美好時光、陪伴著人們走過低潮的日子。因此「社會支持」常被認為是「幸福」的重要因素。

國家幸福指數

2013 年經濟合作發展組織（Organization for Economic Cooperation and Development, OECD）提出「生活過得如何？2013 年幸福測量」（How's Life? 2013 Measuring Well-Being）以下列指標測量其會員國家之幸福指數（well-being）：收入、工作、家居、

健康、生活與工作平衡、教育、社會聯結、公民參與及監督、環境、個人安全及主觀幸福。

http://www.keepeek.com/Digital-Asset-Management/oecd/economics/
how-s-life-2013_9789264201392-en#page1

摘要

個人幸福指數可以幫助我們了解個人是否幸福，組織幸福指數則幫助我們了解組織是否幸福，而幸福指數有主觀和客觀的指數之區分。自古以來人們就不斷提出種種對幸福的看法及定義，有關幸福的理論，各家的說法往往有其自成體系的依據，各有特色，也往往互有評價；每個人、每個組織如何應用這些幸福指數及理論實在是存乎一心；各自的價值觀不同很難有主觀幸福感的完全認同，然而同中存異或異中求同還是有相通之處，不妨從中自取各家之妙用！

自然的現象有其自然法則，人既為自然之一份子也就難置身事外。例如，造禍求福，豈有可能？追求短暫的快樂也不可能堆積成長遠的幸福！本章從談幸福開始接著介紹幸福指數之製作，從個人幸福、組織幸福到國家幸福指數，再輔以某科技大學學生幸福指數調查為例。最後也嘗試說明如果能盡一己之心，歸於自然本性，用心創造幸福的充分條件，不羨慕幸福的表徵（現象），這才是為己、為人謀幸福最可靠也是最可貴的方法，也才是最佳的幸福指數。願大家都懂得也願意在自己的心田裡播下一顆顆的種子，並且好好地耕耘自己的幸福人生。

本章每一種幸福指數均有實例或文獻供讀者參考。讀完此章後讀者可嘗試為自己或特定對象量身訂作主、客觀的幸福指數。

談幸福

有一首歌〈夢田〉（三毛作詞）：

每個人心裡一畝一畝田，每個人心裡一個一個夢。一顆啊一顆種子，是我心裡的一畝田。………

用它來種什麼？用它來種什麼？種桃種李種春風。用它來種什麼？用它來種什麼？

種桃種李種春風，開盡梨花春又來………

那是我心裡一畝　一畝田

那是我心裡一個　不醒的夢。

我們都有自己的夢田；一片心田，我們埋下一顆一顆的種子，用心呵護，期待開花結果。珍惜這一畝一畝的心田啊！想好了嗎？用它來種什麼？用它來種什麼？埋下平安幸福的種子並且用心耕耘照顧吧！祝福大家都平安幸福。

幸福是什麼？每人各自一片心田；答案眾說紛紜，每個人想法不盡相同，又好像可以異中求同，大家有共同認知之處。

主觀的幸福指標：每個人的主觀感受不盡相同；我知道自己這樣是幸福的但無法認定別人這樣是否幸福。例如：大部分的個人感受、美食享受、生活滿足感、快樂、理想抱負等均是主觀的。

客觀的幸福指標：我知道自己這樣是幸福的，別人若如此也會是幸福的。我知道這個組織這樣是幸福的，別的組織若如此也會是幸福的。

例如：大部分群體指標——平均壽命、教育年數、犯罪率（低）……。例如：腦生理指標 EEG（腦波圖）；中樞神經系統神經傳導物質 Endophin（腦內嗎啡）、DA（Dopamine）、5HT（Serotonin）等分泌狀況；腦部活動之影像變化——腦杏仁核活動情形、腦邊緣系統、腦額葉活動情形、獎酬系統（reward system）活動情形。

　　從國家層面來看幸福指標：一個平均壽命長、教育普及、失業率低、犯罪率低、環境清潔衛生、生活安全、人民快樂，這樣的社會可以受肯定是幸福的國家。

　　從個人層面來看幸福指標：一個人是否幸福是很主觀的，但是客觀指標還是有的；個人沒有經濟壓力、生活安全、有親朋的支持、遭遇困難時有支持的資源、對自己所面對的環境有掌控能力、人生理想逐步實現，這樣的個人可以說是幸福的。然而俗話說：「人在福中不知福。」還是有很多人在客觀指標上得到高分卻自認為不幸福！

　　幸福的相關理論甚多各有其特點，不同理論之間有些地方還是有相通之處。短暫的幸福未必能堆積成長久的幸福，但是在人生道路上，當我們處於低潮時，短暫的幸福可以扶我們一把，幫助我們從痛苦無助的深淵中抽離出來，這也是好事。

　　真實的幸福感往往來自自我生命價值的實現，從努力、專注、良善到自我完善的實現。

幸福的定義與相關之理論

　　幸福常見的英文字彙有 happiness、well-being、eudemonia，well-being 有時中文譯爲康寧、福利，西元 1946 年世界衛生組織（The World Health Organization, WHO）定義健康爲：完全的身體、心理及社會「康寧」狀態，不只是沒病或不虛弱而已（a state of complete physical, mental, and social well-being and not merely the absence of disease or infirmity）。以下介紹常見的幾個幸福的定義。

1. Wikipedia, The Free Encyclopedia（維基百科英文版），happiness（幸福）：是心理或情緒的康寧狀態（state of well being），其特徵是正面或愉快的情緒；從滿足到非常歡喜。各種生物學的、心理學的、宗教的和哲學的方法皆致力於 happiness 的定義並確定其根源。美國獨立宣言視生命、自由和追求 happiness 是不可被剝奪的權利。聯合國大會於 2012 年 6 月 28 日宣布每年 3 月 20 日爲國際幸福日（the International Day of Happiness）。well-being（幸福；康寧）：是一個通用術語，用於敘述個人或團體的狀況；例如在社會、經濟、心理、精神或醫學的狀況。高幸福感是指，在某些意義上，個人或團體的經驗是正向的，而低幸福感是負向的。

http://en.wikipedia.org/wiki/Happiness

2. 百度百科：幸福，是一種感受良好時的生活狀態。它不等同於快樂、快感，不是短暫的，易逝的，獲得並不簡單。幸福包含著對現在的滿足和對未來的希望。幸福劃分爲三個維度——快樂、投入、意義。每個維度的幸福都是好的，但是將淺層次的快樂轉化爲深遠的滿足感和持久的幸福感是一件益處更大的事情。對於幸福的理解涉及了哲學、心理學、社會學、經濟學、文化學等多個學科。

http://baike.baidu.com/subview/8334/6493311.htm

3. 達賴喇嘛：心安是最重要的，一個人如果心裡平靜，即便物質匱乏，這個人仍會是個快樂的人。幸福不是已做好的成品，它來自你的行動。—— Dalai Lama XIV

http://www.dalailamaworld.com/topic.php?t=94&sid=75f98a1885d304a039a48cd814ca977b

https://www.goodreads.com/author/quotes/570218.Dalai_Lama_XIV

4. 需求滿足理論：在需求得到滿足時感到幸福。依馬斯洛（Abraham H. Maslow）的需求層次理論（Need Hierarchy Theory）：人有生理、安全、愛與隸屬、尊重、自我實現等需求層次。

5. 人格理論：人格特質，會影響個人看待事物的心態，感受的幸福感。

6. 孫逸仙：「人有先知先覺、後知後覺、不知不覺者。」不同人格特質者的理想抱負有很大的差異，其對幸福感的必要條件與深度、廣度也不相同。

7. 動力平衡理論：幸福感固然與長期穩定的人格特質有關外，還會受到短期生活事件影響，呈現動力平衡（Heady & Wearing, 1990）。

8. 判斷理論：實際的生活狀況與個體的理想目標相比較後的結果，而比較標準會受情境影響（Diener, 1993; Veenhoven, 1994）。

9. 大仁科技大學謝鎮群、張靜儀老師：運命安吉，境遇順遂。

10. 大仁科技大學盧耀華、蘇貞瑛老師：生活品質、生命價值、理想抱負達成的程度與幸福感有正相關，未必每個人都是以幸福為人生追求之終極目標，但是它會是人生重要的過程，缺乏幸福的過程，往往終極目標也不容易達成。

綜觀以上幸福的定義，實各有特色。因此本章所提出的諸多主、客觀

幸福指標，供人人參考，其取捨與價值則存乎個人。讀完本章以後，讀者可以針對各種測試對象或目標嘗試提出幸福指數之測量構面。

幸福指數

指數的意義：為測量一個指標往往要考慮多個方面才能將指標適當地量化，此量化所得總分數即是指數。例如要衡量一個人的社會經濟地位可以用教育程度、職業的專業性、收入程度等三個方面之得分，再計算其總分而得。上述的三個方面就是研究法所稱的構面（constructs）。

幸福的構面（constructs）：衡量主觀的、客觀的幸福的程度常需要從多個方面來測量。

幸福指數（index）：綜合以上，衡量幸福指數常需要從多個構面來評估，每個構面又需要用多個可測量項目（題目）構成的量表（scale）來計算得分，所得之總分數是為幸福指數。以下圖為例，幸福指數量表由幸福構面 A、幸福構面 B、幸福構面 C 三個構面組成，幸福構面 A（次量表）由兩個項目，B 構面（次量表）由兩個項目，C 構面（次量表）三個項目組成。大多數測量構面往往包含多個測量項目（題目）。

本節將幸福指數區分成個人幸福指數、組織幸福指數並進一步再區分為主觀幸福指數及客觀幸福指數來介紹，以方便讀者應用。組織幸福指數涵蓋團體、企業、行業、社區、國家、地球村 …… 或任何您個人想要衡量的人群對象。

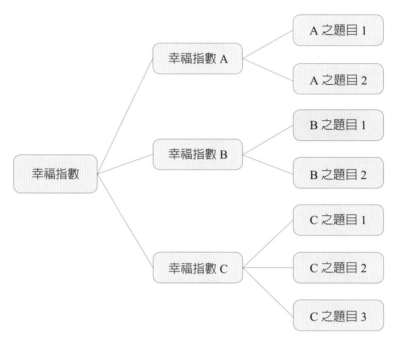

圖 2-1 幸福指數、構面及問題之組成

1. 個人的幸福指數

(1)主觀的個人幸福指數測量

例1 澳大利亞心理學家庫克提出個人幸福指數：包括個人的生活水準、個人的健康狀況、在生活中所取得的成就、人際關係、安全狀況、社會參與、未來保障等方面。

例2 幸福與生活滿意度的定位（Peterson, Park, & Seligman, 2005）：包括快樂的生活 life of pleasure、有意義的生活 life of meaning、投入與專注的生活 life of engagement 讓人從空虛的生活（empty life）邁向豐富的生活（full life）。

例3　①英國牛津幸福量表（Oxford Happiness Inventory, OHI）

（Argyle etc., 1989）：心理學家 Michael Argyle 和牛津大學

的 Peter Hills 以貝克憂鬱量表（Beck Depression Inventory）

為基礎所設計的，此幸福感量表具有正偏態量尺，包括 7 個

構面⑴ 樂觀、⑵ 社會承諾、⑶ 正向情感、⑷ 掌控感、⑸

身體健康、⑹ 自我滿足、⑺ 心理警覺。29 個題項均用逐漸

增強的 4 個差度語意句子表達，計分 0~3 分，讓受試者四選

一，再計算量表總分。舉一例說明如下：0. 我對未來並不特

別樂觀，1. 我對未來覺得樂觀，2. 我對未來覺得很渴望，3. 我

對未來充滿希望與指望。

此量表，可讓你了解你目前幸福（快樂）的程度，你甚至可

以在之後不同的時間或階段再測試一次，看看分數是否有變

化。

②英國牛津幸福問卷（Oxford Happiness Questionaire, OHQ）

（Hills & Argyle, 2002）：總共 29 題，其中有 12 題是反向

題。由牛津幸福量表而來。包括八個構面：⑴ 生活價值、

⑵ 心理警覺、⑶ 自我滿足、⑷ 看見事情美好的一面、⑸

生活滿意、⑹ 時間掌握、⑺ 有吸引力、⑻ 快樂的記憶。

29 個題目均由六個同意程度選擇作答（1= 非常不同意；2=

普通不同意；3= 有點不同意；4= 有點同意；5= 普通同意；

6= 非常同意）。http://www.meaningandhappiness.com/oxford-

happiness-questionnaire/214/

計算分數時，先將反向題分數逆轉，1～6 分轉換成 6～1 分，

再將 29 題分數加總後平均。

平均得分所代表的義意解釋如下：1~2 分表示不快樂，如果您已誠實作答，您的實際狀況可能更差喔！作者建議您要做憂鬱症量表測試（Depression Symptoms Test）；2~3 分表示有點不快樂，作者建議可以從事一些感恩練習（http://www.meaningandhappiness.com/gratitude-visit/268/）或看看有關「眞實快樂」（Authentic Happiness）的文章；3~4 分表示不特別快樂或不快樂，上述提到的一些練習會讓人更快樂一些；4 分表示您有點快樂或中度快樂，這是一般人的平均水平；4~5 分表示您比較快樂、很快樂；5 分表示您非常快樂，通常和健康、好的婚姻狀態、目標達成等有關；6 分表示您太快樂啦！研究顯示一些事情和最佳快樂水平有關，像工作、學校方面進展順利或健康良好，但是太快樂就和上述這些只有低度相關。

例 4　英國牛津幸福問卷應用於土耳其大學生與社區居民之信、效度研究（Doğan & Totan, 2013）

例 5　Ryff 心理幸福感量表（Carol D. Ryff）：Ryff 認爲幸福並不等同於快樂，認爲主觀幸福感研究對情感過度重視。心理幸福感從六個構面測量個人幸福：自我接納、自主性、掌控環境、個人成長、生活目標、與別人積極的關係。總共有 84 個題目，採用 Likert 六點記分尺度。

例 6　大學生幸福測量：（G. H. Chen, 2010; L. Chen, Tsai, & Chen, 2010; Duffy, Allan, & Bott, 2012; Piqueras, Kuhne, Vera-Villarroel, van Straten, & Cuijpers, 2011; Ratelle, Simard, & Guay, 2013; 吳明蒼，2013；陳志豪，2013）請參閱上列五篇參考文獻。

例7　兒童幸福測量：（The Good Childhood Report, 2013）提出六個重點：自我方面（self）——有正向的自我觀點及受到尊重。學習——學習與發展的條件。經費——足以因應情況所需。環境——安全合宜的家與地區。閒暇（leisure）——有機會參加正向的活動而成長。人際關係——與家庭、朋友有正向關係。（Holder, Coleman, & Singh, 2012）提出印度兒童的幸福與氣質。

例8　幸福程度之影響因子分析（朱信翰,2010）：以臺灣地區為例，對幸福有顯著影響之關鍵因素有家庭關係滿意度、工作狀況滿意度、健康狀況、對自身未來發展狀況、樂觀程度及性別。

(2)客觀的個人幸福指數測量

例1　腦部組織發生改變與心理狀況的關係：利用核磁共振攝影（Magnetic Resonance Imaging, MRI）測量邊緣系統、杏仁核的活動影像及其大小；科學家已經發現靜坐冥想使腦組織改變的證據。

標題：靜坐會改變大腦，發布日期：2013 年 5 月 3 日。「美國哈佛醫學院神經學家拉扎爾（Dr.Sara Lazar）接受國家衛生研究院 NIH 補助的研究結果—靜坐內觀冥想會改變大腦」

https://www.youtube.com/watch?v=W6WvLU5-Cu0

例2　中樞神經傳導物質測量：偵測 endorphin（腦內啡）、dopamine、serotonin 的釋放濃度。腦內啡透過抑制 GABA 對 dopamine 路徑的抑制，使 dopamine 分泌增加。腦內啡讓人覺

得痛苦減少和情緒愉快。dopamine、serotonin 與情緒、心理狀況有密切關係，有關身心科的治療用藥大都與之有關。運動、深呼吸、身體放鬆、特定穴位的針治均可增加腦內啡的分泌。源自胎兒的胎盤組織會分泌 endorphin 有助於調節母體供應營養給胎兒，母親產後缺乏這些 endorphin 和產後憂鬱症有關係，但是餵哺母乳給嬰兒的母親其腦下垂體會增加分泌 endorphin 而減少產後負面效應。

例3 電生理訊號測量：EEG 腦電圖、MEG 腦磁圖、EMG 肌電圖、GSR 膚電反應、HRV 心率變異分析、ECG 心電圖。透過量測與統計分析了解這些訊號的變化和情緒起伏之關係，累積大量的圖形模式可以嘗試解析人的心理和情緒變化。

例4 表情與聲音訊號量測：微笑偵測（PC & Mobile Phone Based）、笑聲偵測（PC & Mobile Phone Based）、人聲語氣及語意偵測（PC & Mobile Phone Based）。透過聲音與影像記錄，分析人的感情表現及快樂的呈現。應用於服務業，可以了解服務人員與顧客的互動情形。

2. 組織的幸福指數

例1 社會幸福指數測量：平均壽命、失業率、新生兒死亡率、犯罪率、未婚生子比率、離婚率等。

例2 環境幸福指數測量（參見本書第六章〈幸福的環境〉）

例3 健康城市指數測量：綠覆率、「空氣、水、土壤」汙染指標、人行步道公里數、住家與綠地距離、可以使用的公共設施數量、大眾交通工具便捷、地區特色指標等。

例4　幸福城市指數：(「幸福城市大調查」2013)——《天下雜誌》進行幸福城市「城市競爭力」調查，針對縣市的「經濟力」、「環境力」、「施政力」、「文教力」、及「社福力」等五大面向，將24縣市分為「五都組」及「非五都組」，為縣市競爭力進行體質檢定。

例5　校園幸福指數：學生幸福指數、教職員工幸福指數、校園安全設施與措施、學生生活輔導、幸福資源的可近性。

例6　產業幸福指數：依中華徵信所之產業幸福指數調查（http://www.credit.com.tw/happiness/news.asp）；六大構面包括工作薪資、工作升遷、工作福利、工作內容、工作成就以及代表企業營運成績的財務指標。（中華徵信所企業股份有限公司，2012）

3. 國家幸福指數

例1　不丹國幸福指數：1972年，旺楚克即位成為新國王。他在1980年代提出以「國民幸福毛額（Gross National Happiness, GNH）」以相對於「國民生產毛額（Gross National Product, GNP）」為施政的目標。1988年，不丹首相廷理（Jigmi Y. Thinley）提出「四大幸福支柱」——永續的經濟發展、環境保育、文化保存與發展及良政。

2005年，《紐約時報》、《英國經濟學人報》等國際媒體報導不丹國以「國家整體幸福（GNH）」為施政主軸已逾20年。2006年英國萊斯特大學公布「世界快樂地圖」，不丹國名列全球第八名，受到世人之關注——經濟落後的國家其國民幸福感卻名列前茅。2008年，不丹國國王宣布釋放統治權，變更百

年君主體制，首次依民主選舉機制產生總理，由前首相廷理
（Jigmi Y. Thinley）當選。2010 年，不丹國在聯合國千禧年發
展高峰會中，提案將「幸福」納入聯合國會員國之國家發展目
標中，至 2011 年聯合國通過了此項提案，將「幸福」納入聯
合國會員國之國家發展目標中。

（參閱 Happiness: A Shared Global Vision: By Jigmi Y. Thinley）

不丹國的四大幸福支柱：

(1)永續的經濟發展：不丹從健康與教育的基礎建設來奠定期
　 國家經濟法展的基礎，每年政府在醫療服務與教育約投入
　 國家四分之一的預算，國家提供免費醫療、免費教育。從
　 1985 年至 2013 年，不丹國的發展快速：醫療院所增加超過
　 一倍，嬰兒死亡率降低超過一半；平均壽命從 48 歲增加到
　 超過 66 歲；國內生產毛額（Gross Domestic Product, GDP）
　 增加了 45%

(2)環境保育：森林覆蓋率從 64% 提高到 80%，有一半國土被
　 列為保護區，善盡環境保育的責任。不丹採仰賴天然條件
　 的水力發電；發展無汙染的觀光業，但限制每日遊客人數，
　 以預防對環境產生衝擊；未來更致力發展有機農業。前總理
　 廷理指出，具有高附加價值，而且對環境及社會負面影響低
　 者，才是最佳的投資。

(3)文化保存與發展：人民外出時必須穿傳統服裝；建築物要
　 依照文化傳統建築；國民均信仰佛教，宗教信仰提供了重要
　 的文化發展、保存與維繫的力量。

(4) 良政：設置「國民幸福指數委員會」，由總理領導，教育、衛生、農林、財政、外交部等之部會首長皆為委員會成員，以確保政策的制定及推動和國民幸福指數目標一致。

在不丹的各級學校裡，每天在上課前的第一件事就是打坐，先把心靜下來，再學習知識。老師教導學生什麼是幸福，物質世界未必帶來幸福，能帶給你平安、幸福地方，才是最好世界！前不丹國總理，廷理（Jigmi Y. Thinley）認為：「幸福是：家庭成員間關係緊密；情緒低落時，有人關心；生病時，有人照顧；財務困難時，有人支助。」

例2 OECD（Organization for Economic Cooperation and Development）：經濟合作發展組織提出「生活過得如何？2013年幸福測量」（How's Life? 2013 Measuring Well-Being）用下列指標測量其會員國家之幸福指數（well-being）：收入、家居、健康、工作生活平衡、教育、社會聯結、公民參與及監督、環境、個人安全及主觀幸福。

例3 中華民國之幸福指數：（行政院，主計處，2013）並列國際指標及在地指標，以利於跨國評比及了解我國國情特性。第一部分：完全採用 OECD 美好生活指數所有指標——物質生活條件（居住條件、所得與財富、工作與收入）及生活品質（社會聯繫、教育與技能、環境品質、公民參與及政府治理、健康狀況、主觀幸福感、人身安全、工作與生活平衡）等 11 個構面，共計 24 項指標。第二部分：在地指標 38 項，呈現個別指標資料。例如居住條件構面中在 OECD 所列「平均每人房間數」、

「居住消費支出占家庭可支配所得比率」及「有基本衛生設備的比率」之外，另呈現「平均每人居住坪數」、「房價所得比」、「房租所得比」、「居住房屋滿意度」及「住宅周邊環境滿意度」等 5 項在地指標。

例 4　全球幸福指數：貧窮、戰爭、低碳能源開發、新生兒死亡率、教育普及率、地球暖化與氣候變遷、生物多樣性等指標。

4. 其他幸福指數之編製

例 1　家庭幸福指數：個人核心價值、家庭核心價值、良好的家人互動關係——關心、支持、幫助、成長。

例 2　職場幸福指數、企業幸福指數、社區幸福指數等等：只要將幸福的觀念及價值融入您可以自行建立其測量指數。

5. 某科技大學學生幸福指數調查

　　某科技大學近年以來非常積極地著力於建立幸福校園，為讓此校能愈來愈幸福，學校各方面的建設，其核心價值均融入幸福的觀點，學生的感受與意見對幸福校園的建構十分寶貴，故此校教學發展中心協同橘綠產學研究發展中心，在 102 學年下學期期末進行某科技大學學生幸福指數調查，以了解學生目前幸福感狀況及相關資料，本次調查結果已於 103 年 1 月 14 日學校行政主管會報提出報告，並提供相關之文件及數據予行政單位參考，使便於改善以增進學生幸福感。

(1) 研究對象：以全校四技班級名單為抽樣名冊（sampling frame）抽出各學系 1、3 年級班級之奇數座號同學為研究樣本，得有效樣本人數（sample size）849 人。

⑵ 研究方法：以結構式問卷採不計名方式進行調查，由受訪者自行作答。問卷內容：第一部分、有關幸福指數的個人感受與想法，第二部分、對校園及學校行政服務滿意度與使用情形。本次問卷有關幸福指數的構面，參考部分牛津大學幸福問卷、Ryff 心理幸福量表（Ryff's Psychological Well-Being Scales）之組成構面（constructs）及王駿發博士的幸福因子量表等，依中文語彙、本國文化及此校校園特性重新編寫。

⑶ 結果：學生在各量表之組成構面答題分數分布表（表 2-1），此校學生在自我接納、生活目標、人際關係、社會支持、牛津幸福感問卷、人格特質量表、王駿發博士 Happiness 量表等得分表現屬於良好的幸福感，掌控環境及個人成長量表之得分屬接近良好的幸福感。學生在各量表之組成問項答題分數分布表（表 2-1～2-3），為了便於衡量得分的相對高低，本研究將原始分數轉換為 0～1 分，例如 0.72 即為 72%。表 2.1 學生在參考 Ryff 心理量表之組成問項分數分布。表 2-2 學生在參考 Ryff 心理量表及社會支持量表之組成問項分數分布。表 2-3 學生在參考牛津幸福簡易量表及個人特質量表之組成問項分數分布。表 2-4 學生在王駿發博士 Happiness 量表之組成問項分數分布。

表 2-1　學生在各量表之組成構面答題分數分布表

Well-Being Constructs	Mean of Propotion（0~1）	SD	N	參考量表	0~1
自我接納	0.72	0.13	849		
自主性	0.67	0.12	848	Ryff's	0.70
掌控環境	0.69	0.12	848		
個人成長	0.68	0.11	848		

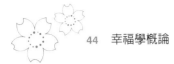

Well-Being Constructs	Mean of Propotion (0~1)	SD	N	參考量表	0~1
生活目標	0.70	0.14	848		
人際關係	0.73	0.14	847		
社會支持	0.70	0.14	845		0.70
happiness	0.70	0.16	846	Oxford's	0.70
人格特質	0.73	0.13	846		0.73
happiness	0.71	0.13	846	Dr.王駿發	0.71

表 2-2　學生在參考 Ryff 心理量表之組成問項答題分數分布表

Well-Being Constructs	Variables	proportion 正向0~1	Mean 1~6	SD	N	題號
自我接納	我對自己有信心	0.75	4.5	1.1	849	a1
	我了解我自己	0.77	4.6	1.1	848	a2
	我滿意自己做事的態度	0.73	4.4	1.1	848	a3
	我對自己的生活感到失望	0.72	4.3	1.4	848	a4
	和別人相比我覺得自己很不錯	0.70	4.2	1.1	848	a5
	我否定過去的自己	0.65	3.9	1.4	847	a6
自主性	我會勇於表達自己的意見	0.67	4.0	1.2	847	a7
	我的決定不受別人影響	0.64	3.9	1.2	846	a8
	我容易被有主見的人影響	0.57	3.4	1.3	848	a9
	我不想做的事別人很難說服我	0.69	4.1	1.2	848	a10
	我依自己的標準衡量自己	0.73	4.4	1.1	848	a11
	我能掌握自己的生活	0.72	4.3	1.1	848	a12

Well-Being Constructs	Variables	proportion 正向0～1	Mean 1～6	SD	N	題號
掌控環境	與人相處是一件困難的事	0.71	4.3	1.4	847	a13
	我的責任與承擔過重	0.63	3.8	1.3	848	a14
	我會努力改變現狀讓自己滿意	0.74	4.4	1.1	848	a15
	每天要做的事情讓我感到壓力很大	0.63	3.8	1.3	848	a16
	我會妥善安排時間完成工作	0.67	4.0	1.2	847	a17
	我滿意我的人際關係	0.73	4.4	1.2	848	a18

表 2-3　學生在參考 Ryff 心理量表及社會支持量表之組成問項答題分數分布表

Well-Being Constructs	Variables	proportion 正向0～1	Mean 1～6	SD	N	題號
個人成長	我喜歡嘗試新事物	0.76	4.5	1.1	847	a19
	我不想改變現在的生活方式	0.58	3.5	1.3	847	a20
	我和過去的我沒有太大差別	0.61	3.7	1.3	847	a21
	年齡增長我變得能力更好	0.71	4.3	1.1	848	a22
	我喜歡學習	0.70	4.2	1.2	848	a23
	我滿意自己的思想日臻成熟	0.74	4.4	1.2	847	a24
生活目標	我有自己的人生方向和目標	0.73	4.4	1.2	847	a25
	我過去定的人生目標，現在覺得無意義	0.66	3.9	1.4	848	a26
	我會積極去完成自己所定的計畫	0.71	4.3	1.1	848	a27
	我對自己的人生感到滿意	0.71	4.3	1.2	847	a28
	我覺得我的生活沒有目標	0.68	4.1	1.4	847	a29
	我的生活是充實的	0.71	4.3	1.2	847	a30

Well-Being Constructs	Variables	proportion 正向0~1	Mean 1~6	SD	N	題號
人際關係	我常與人保持良好的人際關係	0.75	4.5	1.1	846	a31
	很少親友能與我分憂	0.64	3.8	1.5	845	a32
	我喜歡與親友深談，增進相互了解	0.71	4.2	1.3	845	a33
	我會聆聽好友向我訴說煩惱	0.81	4.9	1.1	846	a34
	我對友誼感到失望	0.76	4.6	1.4	847	a35
	我很難敞開心胸與人溝通	0.69	4.1	1.5	846	a36
社會支持	親、友或師長會稱讚我	0.68	4.1	1.1	843	a37
	遇挫折時親、友或師長會關心我	0.71	4.3	1.1	844	a38
	遭遇困難時我知道如何尋求資源解決問題	0.72	4.3	1.1	845	a39
	我覺得社會是溫馨的	0.65	3.9	1.3	845	a40
	我覺得此校是溫馨的	0.66	4.0	1.2	841	a41
	同學之間會互相照顧與幫忙	0.76	4.6	1.1	843	a42

表 2-4　學生在參考牛津幸福簡易量表及個人特質量表之組成問項答題分數分布表

Well-Being Constructs	Variables	proportion 正向0~1	Mean 1~6	SD	N	題號
Oxford's happiness 簡易問卷	我的生活很值得	0.74	4.5	1.1	844	a43
	每天睡醒時感覺精神充足	0.62	3.7	1.4	844	a44
	對將來感到樂觀	0.71	4.2	1.2	845	a45
	我總覺得日子是美好的	0.72	4.3	1.2	845	a46
	我常開懷地笑	0.74	4.5	1.2	843	a47
	我很快樂	0.74	4.4	1.2	844	a48

Well-Being Constructs	Variables	proportion 正向0～1	Mean 1～6	SD	N	題號
個人特質	我覺得自己精力旺盛	0.68	4.1	1.2	844	a49
	我比同年齡的其他人健康	0.67	4.0	1.2	844	a50
	為了達成高遠的理想而辛苦努力是值得的	0.80	4.8	1.1	844	a61
	我覺得自己是有耐心的人	0.67	4.0	1.2	844	a62
	遇到挫折我會鼓起勇氣再努力	0.73	4.4	1.1	844	a63
	我會檢討失敗原因而從事改善	0.74	4.5	1.0	845	a64
	我願意努力開發自己的潛能	0.76	4.6	1.0	844	a65
	我處理事情時會冷靜思考	0.72	4.3	1.1	843	a66
	我尊重別人的感受與意見	0.80	4.8	1.1	844	a67
	我容易集中自己的注意力	0.64	3.8	1.2	843	a68
	我常心懷感恩	0.73	4.4	1.1	845	a69
	我的抗壓性很好	0.70	4.2	1.2	846	a70
	我願意從事公益活動	0.73	4.4	1.1	845	a71
	我關心永續環境的議題	0.70	4.2	1.2	846	a72

表 2-5　學生在王駿發博士 Happiness 量表之組成問項分數分布表

Scale	Variables	Abbr	proportion 正向0～1	Mean 1～6	SD	N	題號
Happiness	我比同年齡的其他人健康	H	0.67	4.0	1.2	844	a50
	我常心懷感恩	A	0.73	4.4	1.1	845	a69
	我很快樂	P	0.74	4.4	1.2	844	a48
	我願意從事公益活動	P	0.73	4.4	1.1	845	a71
	我認為智慧很重要	I	0.79	4.8	1.1	843	a55

Scale	Variables	Abbr	proportion 正向0~1	Mean 1~6	SD	N	題號
	社會支持量表	N	0.70	4.2	0.9	845	a37-a42
	我滿意我的經濟狀況	E	0.64	3.9	1.4	846	a56
	我覺得生活很安全不必擔心	S	0.67	4.0	1.3	845	a57
	我的生活很值得	S	0.74	4.5	1.1	844	a43

幸福的條件

1. 條件的邏輯

　　若 A 則 B，若非 B 則非 A。A 稱為充分條件，B 稱為必要條件。

(1) 充分條件：例如慈悲沒有敵人，智慧沒有煩惱。仁者不憂，智者不惑，勇者不懼。以上語句成立則慈悲、智、仁、勇是沒有敵人、不憂、不惑、不懼的充分條件。後者則是前者的必要條件，也是前者表現於外的表徵。

(2) 必要條件：例如幸福的表徵：幸福的人大都是健康、快樂、收入夠、休息時間充足 ……。

　　健康、快樂、收入足、休息時間充足是常見的幸福的必要條件。一般人沒有這些條件往往就沒有幸福。但是這些必要條件卻也因人而異。

2. 創造、投入幸福的充分條件

　　既然必要條件是因人而異，人的可貴就在能慎選必要條件，積極創造充分條件。幸福的充分條件往往是內心願意改變、內心的知足、內心的創造力與豐富的心理內涵。富有的個人、富有的國家未必是幸福的，往往

GNH 比 GNP 更重要。人常在失去幸福時才發現自己原來有多麼幸福！失去手的控制能力時才感受到，原來能順利用手開門也是一種幸福。說話說不出聲音時感受到，原來能說出聲音也是一種幸福。身體功能健全時沒有特別感受到幸福，當身體功能一樣又一樣喪失時，赫然發現原來身體健康與每一樣功能健全時有多麼幸福。

 ## 追求幸福——福慧兩足，然後幸福

1. 願意改變

請欣賞短片 *Change Your Words Change Your Worlds*

http://www.youtube.com/watch?v=zQNiXceG3hk

如果感到不幸福，不願意改變者往往沒有機會得到幸福。如果只靠自己是很難改變的，請不要再自擁愁城，要積極尋求資源來幫助自己，這時候社會網絡就很重要了；親、友、社團、機構甚至參加研習、活動都很容易增強自己的正向力量，活絡自己的思維。

參加感恩練習之旅（Gratitude Visit）：西元 2004 年，賽里格曼（Martin Seligman）指出，讓個人表達感恩是一種最有效的特別介入方法，可以用來幫助個人建立正向的心理。賽里格曼在美國賓州大學任教正向心理學課程，他讓學生計畫及執行感恩之旅（Gratitude Visit）的作業；在他的暢銷書 *Authentic Happiness: Using the New Positive Psychology to Realize Your Potential for Lasting Fulfillment* 裡，提到在他的課程教學評量中可以看見像「10 月 25 日是我人生最重要的日子之一」這樣的句子。他建議讀者做如下的練習：找一位這一輩子曾對你有正向重大幫助，你卻未曾對他表示衷

心感謝的人；你要寫滿一張紙來完整表達你的感謝（賽里格曼和他的學生發現，這件事需要用心地費數週時間才能完成，甚至搭公車、睡覺都會想這件事情）；邀請你的恩人或是過去拜訪他（不要提到拜訪的目的，只要簡單表達——我想要見您），面對面是很重要的，不可以只是寫信或打電話；學生要帶一些相關人等參加此一感恩之夜，一定要帶著您的感謝信當禮物；當一切妥當後，請您大聲、緩慢地唸出感謝信內容，唸信時要有表情，要眼神交會，讓大家可以有充分時間一起回憶起當時恩人所做的對您多麼重要的具體事情。賽里格曼表示，如果您深深地受感動了，而且您願意的話請與我分享，我會很開心地閱讀您的感恩信件。

Seligman, M.E.P. (2002). *Authentic Happiness: Using the New Positive Psychology to Realize Your Potential for Lasting Fulfillment*. New York: Free Press. p. 72-75.

Seligman, M.E.P., Steen, T., Park, N., & Peterson, C. (2005). *Positive Psychology Progress: Empirical Validation of Interventions*. American Psychologist, 60(5), 410-421.

2. 願意學習

玉不琢不成器，人不學不知義，向明師學習（不是名師喔），向每一個人學習，無論其身分地位。向大自然學習（例如，老子說：「上善若水」http://edba.ncl.edu.tw/ChijonTsai/LAO/lao-07.htm。例如，蘇東坡說：「山色無非清淨身，溪聲自是廣長舌。」從自然觀察中有所領悟）。

3. 心理基礎

⑴立志方向正確（不可造禍求福，願意增長智慧）。

⑵內心單純、清淨、安定（物以類聚；所相應者皆是清淨單純的因素、緣分）。

⑶理明、氣和：明理，和氣，靜心，養慧。

⑷懷感恩心：觀功念恩。

⑸不貪心、不嗔怒、不癡迷，對自己有所約束；有所為，有所不為。

4. 生理基礎

⑴《黃帝內經》：「恬淡虛無，真氣從之；精神內守，病安從來？」

⑵健康生活型態：

①適當的運動。

②營養（飲食適量、適當的進食時間與用餐間隔）。

③睡眠（充足且早睡早起），俗云：「子午眠，龜鶴壽。」

④避免不健康行為（菸、酒、檳榔、成癮性物質濫用、熬夜等）

5. 社會支持與互動

⑴善盡職責：身為組織成員，樂意主動付出。

⑵願意幫助別人（予人財物、教導人智慧、安頓人心）：幫助別人過程中，自己會有所學習、領悟、成長。自己或別人遭逢困難時：知道如何尋求資源來協助解決問題。

6. 事前定則不困

機會是給有準備的人，春耕，夏耘，秋收，冬藏。大學時期正是人生重要的春耕階段，一定要好好充實，打好基礎，無論人生哲學、學問、工作技能都要好好深耕。「一日之計在於晨，一年之計在於春。」凡事都要有準備、有所計畫；機會是給有準備的人，俗話說：「贏家——凡事皆有計

畫，所有問題都有答案；輸家——凡事都有理由，所有答案都有問題。」

結語

幸福指數有主客觀之分，被觀測的指數大都是必要條件，也就是多數人或人群易被察覺之幸福表徵。

內心的覺醒、清淨與安寧是可以提升幸福感的充分條件。積極的追求幸福者當增強充分條件，必要條件是幸福的自然的表徵，充分條件具足時自然水到渠成。我們對幸福指數之理解、理念及追求當融入充分條件，避免只對幸福表徵的追求。

一分鐘觀念

幸福是內心安寧、喜悅的狀態。主觀的幸福感：每個人感受與見解不盡相同。客觀的幸福指數：大部分的人對幸福的反應、感受與見解相似的部分。被測量對象包括個人及組織。組織小至家庭、班級大至企業、機構、社團、城市、國家、地球村。

研究學者們紛紛提出幸福的組成構面、相關因素，因此測量的幸福的指標與問卷十分地多樣化。

個人幸福指數，基於不同的哲學觀點、生活品質訴求項目及生命價值內涵，各家的幸福定義與測量指數各有擅長。

組織幸福指數，基於國際之可比較性，主要以客觀的指數測量；利用社會指標、健康指標、經濟指標等測量之，再輔之以主觀幸福感指標，人的感受固然是主觀的，卻是重要且不可忽略的。

重要名詞

> • 幸福 happiness, well-being, eudemonia
>
> • 指數 index（複數 indices）
>
> • 構面 construct（複數 constructs）

問題討論

依本章內容對幸福指數之說明，試著對以下幸福指數提出其主觀幸福指數、客觀幸福指數涵蓋之構面；各個構面可以透過哪些項目加以測量？

1. 校園幸福指數
2. 班級幸福指數
3. 社團幸福指數
4. 家庭幸福指數

腦力激盪

除了本文提出之個人及組織之幸福指數外，因應探討幸福的對象，您可以思考提出其他的幸福指數有哪些？

附錄1　常見幸福指數網站

1. 全球—— OECD《美好生活指數》Create Your Better Life Index

    http://www.oecdbetterlifeindex.org/

2. 全球—— OECD《兒童幸福指數》Doing Better for Children

    http://www.oecd.org/els/family/doingbetterforchildren.htm

3. 全球——世界快樂資料庫 World Database of Happiness

http://worlddatabaseofhappiness.eur.nl/

4. 英國—— ONS《國家幸福指數》Measuring National Well-being

http://www.ons.gov.uk/ons/guide-method/user-guidance/well-being/index.html

5. 英國——永續發展指標（幸福面向）Sustainable Development in Government

http://sd.defra.gov.uk/progress/national/key/68-wellbeing/

6. 蘇格蘭——心理健康與幸福指標 NHS Health Scotland

MENTAL HEALTH AND WELLBEING IN LATER LIFE

HTTP://WWW.HEALTHSCOTLAND.COM/TOPICS/STAGES/HEALTHY-AGEING/MENTAL-HEALTH-LATER-LIFE.ASPX

7. 英國——《美好童年》幸福指數 The Good Childhood Report 2013

http://www.childrenssociety.org.uk/wellbeing

8. 美國——蓋洛普 & 海斯威斯幸福指數 The Gallup-Healthways Well-Being Index

http://www.healthways.com/solution/default.aspx?id=1125

9. 美國——《永續西雅圖》幸福指標 The Seattle Area Happiness Initiative

http://sustainableseattle.org/sahi

10. 美國——加州兒童青少年幸福指數 The California Index of Child and Youth Well-Being

http://www.kidsdata.org/index/

11. 美國——人類發展指數圖示系統 The American Human Development Index

http://www.measureofamerica.org/maps/

12.澳洲——維多利亞《社區幸福指標》Community Indicators Victoria

http://www.communityindicators.net.au/

13.澳洲——維多利亞州幸福指標資源 Top Fifteen Data Sources for Describing Community Well-Being in Victoria

http://apo.org.au/research/top-fifteen-data-sources-describing-community-wellbeing-victoria

14.澳洲——維多利亞《社區優勢指標》Indicators of Community Strength

http://www.dpcd.vic.gov.au/home/publications-and-research/indicators-of-community-strength

15.加拿大——幸福指標系統 Indicators of Well-Being in Canada

http://www4.hrsdc.gc.ca/h.4m.2@-eng.jsp

16.加拿大——國民幸福指數 Canadian Index of Well-Being

https://uwaterloo.ca/canadian-index-wellbeing/

第三章
幸福的心靈

陳志賢

學習目標

1. 了解心理學對幸福感的研究成果與發展。
2. 了解正向心理學對幸福感研究的影響。
3. 認識挫折復原力之研究趨勢與應用。
4. 能運用心理學研究成果提高幸福感。

章首案例

事業之外的蓋茲與巴菲特

　　蓋茲（William Henry "Bill" Gates III）是微軟公司的創辦人，公司的產品 Windows 作業系統，是許多人不得不使用的軟體；巴菲特（Warren Edward Buffett）則是一個舉世聞名的企業經營者與投資專家。雖然他們的年齡相差很多，但這兩個人除了曾經是全球富豪排行前三名外，還有一個重要的共同特徵，那就是他們都是著名的慈善家。

　　如果你是一個事業成功的人，你會選擇把事業所累積的財富與人分享，致力於改善窮人的生活，還是把財富留給自己的子孫？蓋茲於 2008 年事業高峰時，離開了微軟公司，並捐出 580 億美元之個人財產給貝爾與梅琳達·蓋茲基金會（Bill & Melinda Gates

Foundation）。此基金會是由蓋茲夫婦共同資助成立，是全球最大的慈善基金會，基金會致力於資助全球疫苗與免疫聯盟、印度洋大地震賑災活動、兒童疫苗計畫、獎學金等。到了 2014 年，蓋茲辭了微軟董事長，完全退出公司經營，這時他年約 60 歲，賺錢不再是事業的重心，幫助弱勢、改善人類社會成為他的新事業。

巴菲特已經很老了，還是在波克夏公司上班，他熱愛現在的工作。巴菲特與蓋茲是一對忘年之交，也有共同的熱情，那就是增加人們的幸福。2006 年巴菲特創下美國有史以來最高的慈善捐贈紀錄，巴菲特承諾將大多數財產捐給慈善機構。其中有八成五捐給蓋茲所主持的慈善基金會。巴菲特與蓋茲的行為讓我們了解到幸福不只來自事業成就與財富，幸福也來自分享與感恩。

摘要

一個人快不快樂，決定於是否得到成就滿足感與人際關係滿足感，缺一不可。當生活中的成就感與關係滿足感得到適度的滿足，人就會感到幸福。人生的成就感來自工作的成果、高收入、有影響力、做有興趣的事、好成績、完成一件困難的事等，成就感會讓人覺得自己有價值；而關係滿足感則來自人與人之間的關係是否滿足，如親人伴侶的親密關係、好朋友的友誼、師生的情誼等。如果說成就感可以讓人覺得自己是有用之人，那良好的人我關係則可以讓人感到不孤單。

幸福感是一種主觀的心理感受，心理學家對於幸福感已經有許多的研究成果，除了研究幸福感的內涵，幸福感的現況與測量方式，也進一步研究影響幸福感的相關因素。除此之外，近年來心理學界還將正向心理學的研究成果，以及人在逆境中如何復原等研究，用來協助我們發展出追求幸福的能力，以及提升逆境中的挫折復原力。

　　本章將於第一節中，介紹心理學對於幸福感的研究方法、測量方式與成果；第二節接續介紹心理學的新趨勢，正向心理學對幸福感的啓示，除了就相關的理論加以說明，亦提出一些提高心理幸福感的建議；第三節則是介紹逆境復原力研究，說明人們如何在逆境中得以復原；第四節則提出如何提升逆境復原力的建議，給讀者參考。

幸福感的心理學研究

　　長期以來，幸福感的研究在經濟學的領域上並不是主流，一個國家的進步也多是以國內生產總值（Gross Domestic Product，簡稱 GDP）成長率來加以評估。直到近年，人們才開始反思：社會發展的核心目標到底是金錢與物質的獲取，還是人民的幸福感是否增加？而有了所謂幸福指數的編製與幸福經濟學的出現。近年來，幸福感的研究在心理學的領域中，雖非主流研究，但是卻持續有相關的研究成果產出。

　　研究幸福感這樣的概念並不容易，主因是不但每個文化對幸福的定義不同，同一社會的不同世代間對於幸福的定義也不同，事實上不同個體對於幸福的看法可能就有很大的差異存在。可見，幸福感確實是一個主觀的心理感受，總歸來說幸福感的定義與內涵會因個人、文化、社會不同而有所差異。

1. 幸福感的定義與內涵

　　國內外對於幸福感的研究主題，包含快樂（happiness）、主觀幸福感（subjective well-being）、滿足感（satisfaction）等，其定義雖然略有不同，但都是相近的概念。研究的對象除了個人的整體幸福感外，又以婚姻與家

庭幸福感的研究較多，近年亦有工作幸福感的研究出現。

　　多數研究都指出幸福感是個人對於生活品質的主觀心理感受，除了認知上的評估外，也包含正向情緒與負向情緒的總合（Diener, Lucas, & Oishi, 2002）。也就是說，個體對於生活的滿意度愈高，正向情緒愈多（快樂、愉悅、享受等情緒），負向情緒愈少（不高興、沮喪、悲傷、挫折等情緒），個人的幸福感就愈高。

　　上述幸福感的定義主要是以歐美社會中的個人來建構，但也有研究者認為華人的幸福感不只是個人的生活滿意度的高低，也包含了家人、朋友等人是否也同樣感到幸福。西方社會是傾向個人主義的社會，較強調個人的自我實現。華人社會則強調個人在群體中的關係，個人的幸福是要放在群體中來評量的。這也是為何有些華人父母會以子女的幸福取代自己幸福的原因。

2. 幸福感的測量與現況

　　多數幸福感的研究是以主觀的自陳量表的方式加以評量，也就是以編製量表作為幸福感測量的工具。目前臺灣的研究多數是以修訂國外現有量表的方式來進行研究，也有部分研究者加入了符合華人社會狀況的題目。

　　刑占軍（2005）認為對華人主觀幸福感進行研究時，必須考量文化的差異，對於國外的主觀幸福感測量工具必須採取謹慎的態度。有些臺灣研究者已經開始嘗試對華人幸福感的測量進行本土化的研究，陸洛（1998）以陸洛和施建彬於1977年所進行的訪談資料所歸納出來的質性研究成果，進行華人幸福感內涵之初步建構，並據此編製出中國人幸福感量表。此量表的內容包含：自尊的滿足、家人與朋友關係的和諧、對金錢的追求、工作上的成就、對生活的樂天知命、活得比旁人好、自我控制與理想實現、

短暫的快樂、建康的需求。

在政府主導的研究方面，以往臺灣並無官方的國民幸福感調查，但是隨著國民幸福感日漸受到各國重視，行政院主計總處（2013）也依經濟合作暨發展組織（OECD）所發展出來的美好生活指數（Your Better Life Index），來進行臺灣的國民幸福指數調查，並在 2013 年首次公布結果，綜合指數為 6.64 分（0～10 分），臺灣在 37 國中排名第 19 名，整體的幸福指數並不差，在亞洲則優於日本與韓國。國民幸福指數區分物質生活條件及生活品質，其中生活品質部分有一個次指標是主觀幸福感。主觀幸福感可以讓我們了解，人們主觀知覺的幸福程度。行政院主計總處（2013）調查結果顯示：在「自評生活狀況」方面，平均僅 5.2 分（0～10 分）；在「生活滿意度」方面，我國自辦調查結果之平均分數也只有 5.26 分（0～10 分）。可見國人在主觀幸福感的兩項調查結果，都位居中等偏正向，尚有進步的空間。由綜合分數與主觀幸福感得分之差異可知，心理的主觀幸福感與客觀指標未必會是一致的，這樣的結果值得政府在施政時參考。

此外，調查結果亦發現不同性別與年齡在生活滿意度上具有差異性，女性較男性主觀上對生活感到較滿意；有趣的是 15～24 歲及 65 歲以上民眾滿意度較中間年齡層為高，這表示 25～64 歲之間的人們的主觀幸福感較差（行政院主計總處，2013）。國外調查結果也發現不同年齡在生活滿意度上有 U 字形變化的現象，對此導致出現 U 形變化原因的探討有很多，但是尚缺乏實證研究加以驗證。有些人認為老人生活滿意度高，可能是老人對生活的期望較低、比較容易滿足於現狀，或是老人較年輕人更能適應不佳的環境。也有人認為人們進入社會工作之後的壓力增加，尤其是中年面臨工作與身體狀況的挑戰，讓生活滿意度下降。

除了臺灣政府的調查結果外，目前學術界對於臺灣成人幸福感的研究也發現，整體而言，臺灣成人的主觀幸福感尚可（黃郁婷、李嘉惠、郭妙雪，2011），而且多數研究指出女性較男性幸福感要高（行政院主計總處，2013；陸洛，1998），但也有研究發現不同性別在主觀幸福感上並無差異存在（黃郁婷、李嘉惠、郭妙雪，2011）。

就研究對象而言，目前臺灣的主觀幸福感研究集中在以學生和教師為對象居多，但近年來也漸漸增加以老人、成人、新移民女性、婦女等為對象的研究。未來，整體幸福感與家庭幸福感、工作幸福感之間的關係，也是值得進一步探討的議題。

3. 大學生幸福感現況

臺灣大學生幸福嗎？有一些現有的研究結果可以提供參考。就大學生的主觀幸福感的調查研究結果發現，多數研究指出大學生的幸福感是中等偏正向，也就是尚佳，也有部分研究結果是顯示大學生有中高程度的幸福感（鄭博真、王怡文，2012）。曾文志（2007）研究發現臺灣大學生生活滿意程度與韓國大學生相近，但得分都略低於同一量表 31 國大學生之平均得分，可見臺灣大學生的幸福感相較於其他國家還有進步的空間。

到底哪些變項會影響大學生的幸福感，鄭博真、王怡文（2012）研究發現：就性別向度來看，大學女生比男性的幸福感要高；就學習的層面來看，大學生學習投入程度與幸福感之間為正相關；就社會服務意願來看，擔任志工的大學生也較未擔任志工者幸福感要高。可見大學生除了投入學習之外，如果能夠在課業之外，擔任志工幫助別人，反而可以讓自己受益，對大學生活感到更幸福。

正向心理學與幸福感的結合

　　近百年來，精神醫學、心理治療、心理諮商等心理學應用有非常顯著的發展。傳統上大多數的心理學研究都是以精神病理學為主要焦點，研究人的心理疾患、異常行為等，並據此提出處遇與介入的方法。直至 1990 年代開始，一群不滿足於傳統心理學研究典範的學者，提出名為正向心理學（Positive Psychology）的新典範，強調不要以病態的角度來進行心理研究，而是重視人的復原力，強調人類的正向生命力。在心理學的理論上，不再只是著重在事後的治療，而是強調預防重於治療的觀念，以及對於正向生命力的積極開拓（Biswas-Diener & Dean, 2010）。

　　正向心理學的發展正好可與現代幸福學的思潮相結合，作為幸福心靈的理論基礎，發展出提高生命品質的方法。以下本節就正向心理學的發展與內涵加以進一步說明，並試著就正向心理學研究的重要成果，提出對於個人如何在生活中提高幸福感的建議。

1. 正向心理學的發展與內涵

　　正向心理學之父賽里格曼（2002）認為，正向心理學研究可分為三大範疇，包含正向主觀經驗（the positive subjective experience）、正向個人特質（the positive individual traits）、正向組織（the positive institution），這三個範疇之間具有相互影響性。正向主觀經驗是研究人的正向情緒（positive emotion），如希望、快樂、樂觀、滿足、心流（flow）等正向情緒；正向個人特質是研究個人的長處與美德，包含智慧、勇氣、人道與愛、正義、修養、心靈的超越等面向；正向組織則是研究如何在組織中讓人獲得正向情緒經驗、強調正向特質，並達成組織的目標。賽里格曼認為藉由

正向心理學研究，有助於人們追求快樂生活、美好生活與有意義的人生。

正向心理學以科學的方式進行研究，但是研究的範疇則強調正向的人類經驗、特質與組織，進而與傳統心理學研究做區隔。正向心理學強調：

⑴ 樂觀積極發展個人優勢。

⑵ 正向思考（positive thinking）與正向情緒習慣的養成。

⑶ 提高個人挫折復原力。

⑷ 強調內在動機。

⑸ 強調追求個人價值與正面意義。

目前，正向心理學已在心理治療、諮商輔導、教育與教練服務上廣為重視（Biswas-Diener & Dean, 2010），臺灣也引進了許多的書籍與方案可供參考。

2. 如何運用正向心理學提高幸福感

幸福不只是一個口號，幸福的心靈、幸福家庭、幸福組織、幸福城市、幸福國家的建構，都需要我們以行動去將幸福一點一滴地落實在生活之中。而正向心理學對於正向經驗、正向特質與正向組織的研究，有助於我們在生活中一步一步建構出幸福感受。以下本節就正向心理學研究對於我們發展幸福心靈的可能助益加以說明。

⑴ 積極進取，實現理想：幸福心靈的追求不只是修心，更是快樂的正向提升。人本心理學家羅傑斯（Carl. R. Rogers）（1961）指出人有自我實現的本能，一個自我實現的人能對自己的經驗開放，信任自己，發展對自己的內在自我評價，以及積極成長的習慣。可見擁有幸福心靈的人，不只要對自己的生活感到滿意，還要對自己的內心感到滿意。所以幸福的人不只是知足常樂的人，更要積極地追求自己的夢想與自我實現。

人生而有選擇的自由，我們可以選擇幸福的人生，也可以唉聲嘆氣地過一生。林莉芳（2006）研究發現設定具體可行生活目標對於提升正向情緒有助益。可見要達成自我實現的幸福人生，找尋人生的目標與設法達成目標就是一件重要的事。

(2) 正向思考，智慧深思：人是習慣性的動物，我們在思考的時候也常有慣性存在。有些人慣於客觀思考，有些人卻習於情緒反應；有些人遇見困難、挑戰或是衝突，慣於積極正向思考，有些人卻是悲觀負向地回應。習於積極正向的思考習慣，有助於面對問題，解決問題。生活中不順利的事情少了，心理的幸福感自然也高了。

雖然思考的方式有習慣性，但是對於人們而言，還是可以藉由學習來改變原有的負向思考習慣。首先我們要先覺察自己的思考習慣是哪一種，例如：我會不會過度要求完美，苛求自己與別人？我會不會誇大事情的後果，誇大其詞。我會不會不知變通，思考中充滿了「我應該……」、「我一定要……」。如果能覺察到自己的非理性信念（irrational beliefs）與認知扭曲（cognitive distortion）的想法，才能漸漸以正向合理的思考習慣加以取代。

除了積極正向思考的習慣外，幸福心靈在心理的認知層面上，還需要心存善念與正念（mindfulness），以善念、正念為本，以智慧取代小聰明，自然就能自在的生活在社會之中。目前除了正向心理學對於正念有所研究外，諮商心理學中的理情行為治療法（Rational-Emotive Behavior Therapy）與認知行為治療法（Cognitive Therapy）對於非理性信念與認知扭曲的改善，已提出許多有效的方法可供學習。

(3) 正向情緒，影響眾人：傳統心理學研究通常比較重視人類負向情緒的

形成、影響與克服（例如：研究現代人的焦慮感、憂鬱的心靈等），但是希望、幸福快樂等正向情緒卻少人研究。正向心理學的研究讓正向情緒對於人的幫助重新受到重視。正向情緒的維持除了有助於身體健康之外，經由情緒的感染，也會影響到周遭的人們，讓自己的人際關係變得更好。除此之外，正向情緒更可以引發身心的幸福感，使人愉快，保持青春活力。

正向情緒比負向情緒更具有預防的功能，而且正向情緒有助於我們積極自我實現、正向思考，以及採取正向的行動克服困難。人們可以經由自主控制的策略來提高自己的正向情緒。對於情緒的覺察是培養自己正向情緒的第一步，許多人對於自己的情緒並不自覺，只有覺察於自己當下的情緒，才能採取行動改變自己的負向情緒。我們的情緒不只會表現在表情、姿勢與肢體動作上，也會呈現在說話的口氣、內容上，其實很容易覺知，但是我們通常對自己的情緒不自覺，而對別人的情緒比較注意。許多方法都有助於發展正向情緒，例如：練習放鬆、多笑容、做自己喜歡的事、傾聽、交好朋友、運動等。現在坊間有許多的書籍都在教導人們如何保持正向情緒，大家可以參考學習。

⑷ 感恩助人，幸福機構：林莉芳（2006）研究發現引發青少年的感恩經驗有助於提升正向情緒，降低負向情緒，讓人對生活感到比較有意義，感恩傾向是影響幸福的重要指標。華人的幸福感除了自己的幸福之外，群體中其他人的幸福也是自己幸福與否的影響因素。近年來臺灣對於生命教育的重視，志工團體蓬勃發展，都是臺灣社會重視感恩助人的具體實現。臺灣社會已由確保生存的社會漸漸提升到追求幸福心靈、幸福家庭、幸福企業、幸福城市、幸福國家的幸福社會。

幸福社會由無數幸福心靈所組成，透過教育的過程，讓感恩助人在大
眾的心理生根，透過具體的行動，幸福由個人到社會擴散。目前在大
學中除了生命教育的課程外，許多學校都有服務學習課程，教育部也
補助大專生至海外擔任志工。

除了哈佛大學有幸福學課程外，部分臺灣的大學也增設了幸福學選修
課。大仁科技大學除了上述課程活動外，還將幸福學列為必修課程，
並以學校資源，結合社區與地方政府需要，合作開設幸福機構與課程。
例如：大仁科技大學與高雄市政府社會局合作設立仁武公共托嬰中心
暨育兒資源中心，以幸福企業的理念，提供社區弱勢家庭托嬰服務，
以具體行動協助解決家長育嬰與工作的衝突。除此之外，育兒資源中
心提供幼兒遊戲館，讓家長可以帶孩子至遊戲館免費使用遊戲教具與
繪本書籍；並透過家長諮詢服務與社工辦理親職教育活動，提升教養
知能與家庭功能，讓更多家庭成為幸福家庭，更多家長成為幸福的傳
播者。

圖 3-1　仁武公共托嬰中心暨育兒資源中心於 2013 年 12 月 22 日進行開幕啟用
　　　　儀式

圖 3-2　托嬰中心提供寶寶適齡適性、溫馨、和緩、具彈性的高品質托育服務

圖 3-3　育兒資源中心每個月辦理多場次有趣的親子活動與親職講座，豐富育兒
　　　　生活，也增進育兒的技巧

復原力與幸福感

　　人生無常，生命中也的確充滿了許多的挫折與險阻，在追求幸福人生的同時，如何面對挫折，提高自己的正向適應能力就非常的重要。自 1970 年代起，人們對於人在逆境之中，為什麼有些人還可以保持正向的適應狀態，有些人卻受困於逆境之中，感到好奇。相關的研究提出了所謂復原力（resilience）的概念。

　　個體經歷了重大的逆境，還能維持正向適應的動態歷程就是復原力（Luthar, Cicchetti, & Becker, 2000），而有助於復原力發揮作用的影響因素就稱之為保護因子（protective factors）。近年來復原力的研究已被視為正向心理學的一個範疇，正向心理學與復原力研究都是以正向適應的觀點來看待個體的發展，發掘個人的優勢資源與內在能量，而提高自己的挫折復原力，有助於個體幸福感的提升。

　　早期的復原力研究著重在了解人在逆境時有哪些因子可以協助人克服逆境，也就是著重在復原力因子（resilience factors）與保護因子的發現，以應用在協助人們提高復原力。但後續的研究發現，除了保護因子外，人們有一些危險因子（risk factors）會讓人們陷入逆境之中，或是讓人們在逆境中，降低保護因了的作用，而導向不良適應。例如：能接觸到毒品來源是吸毒行為的危險因子。但是是否接觸得到毒品來源者就一定會吸毒呢？答案是並不一定，因為有些人有保護因子降低此危險因子的作用。因此釐清保護因子與危險因子的作用，以發現當個人處於壓力情境時，如何能夠發展出健康因應能力之個人特質或能力就成為研究的重心（請參閱圖 3-4）。

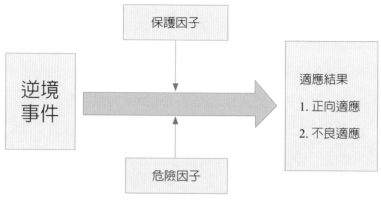

圖 3-4　逆境復原歷程示意圖

現今的研究則更為強調復原力（resilience）是一種動力過程，重心轉移到復原力的因子如何與環境相互作用，以了解其變化歷程（Rutter, 1993）。甚至有學者認為以復原性適應（resilience adaptation）來界定復原力會比復原力因子（resilience factors）要適切（Curtis & Cicchetti, 2003）。

1. 復原力因子與運用

到底復原力因子是哪些因素？如果我們能了解復原力因子的內涵，找到這些因素，那就能夠培養自己具備這些復原力因子，放大這些復原力因子，進而提高自己的復原力。瑞維琪（Karen Reivich）和夏提（Andrew Shatte）（2004）指出具有下列特質的人會有較高的挫折復原力，例如：具有同理心、能依自己的價值觀生活、能發現自己與眾不同處、知道如何增加自己的抗壓力、能設立合乎現實的目標與期望、能由成敗中學習具有溝通與人際能力、具有解決問題能力與技巧、對社會有貢獻等。

許多的研究對於人們在不同的逆境中的復原力進行了研究，所得到的復原力因子並不相同，但是也有一些共同之處。蕭文（2000）歸納國外研

究結果指出復原力因子有下列七種，包含：⑴ 具有幽默感並對事件能從不同的角度觀之；⑵ 雖置身挫折情境，卻將自我與情境做適度分離；⑶ 能自我認同，表現出獨立和控制環境的能力；⑷ 對自我和生活具有目的性和未來導向的特質；⑸ 具有向環境／壓力挑戰的能力；⑹ 有良好的社會適應技巧；⑺ 較少強調個人的不幸、挫折、無價值／無力感。這些復原力的因子，都是屬於個人內在的復原力因子，如果我們能夠在平時養成這些好習慣，在面對困境時自然就會發揮作用，提高自己的復原力。

2. 復原力保護因子與運用

　　曾文志（2006）分析 1970 至 2004 年國外兒童與青少年復原力保護因子的研究發現，復原力的型態會與逆境的類型有關，雖然這些重大逆境可能對於個人造成相當程度的重大衝擊，但是許多人還是能維持良好的適應狀況。

　　由於曾文志（2006）分析的研究對象並非成人，而是身處逆境之兒童與青少年研究，因此除了內在的保護因子外，外部環境的保護因子也很重要。研究結果發現有助於兒童與青少年在逆境中維持正向適應的保護因子，除了個人特質保護因子外，家庭聯結與外在支持是另外二種保護因子類型。在個人特質保護因子方面，包含了挫折忍受力、個性氣質、正向情緒、自尊、智能、人際技巧、內控信念、自我效能、未來期待、積極因應問題、自我知覺。家庭聯結保護因子則包含親子關係、父母親心理健康、家人支持、教養一致性。外在支持保護因子則包含同儕社會性、家庭與外在聯結、成人支持、社會支持網絡、學校興趣等。

　　因此，對於兒童與青少年而言，要建立個人的保護因子，除了揚高自己的挫折容忍度、自尊與正向情緒等之外，其實家庭與外在支持系統的保

護因子的獲得是非常重要的。只依賴自己一個人，沒有家人與朋友等外在支持是無法有效適應社會生活，獲得幸福人生的。

3. 家庭復原力與幸福家庭

復原力的研究不只是以個人在逆境中的復原過程爲研究對象，有些研究亦以家庭爲研究的對象，研究爲何有些家庭在面對家庭困境時，能夠克服困境重新復原，例如：爲何有些家庭一樣在天災中面對親人死亡與財產的損失，卻得以比其他家庭復原得要早。

巴納德（Chester I. Barnard）（1994）指出如果家庭能具有一些特質，例如家庭凝聚力愈高、家人平日有共同活動、家庭彈性愈高等，家庭面對壓力事件時復原力就愈高。在臺灣的研究中，蔡素妙（2004）以「九二一」地震中房屋損毀及家人過世的家庭爲受訪對象，研究發現受創家庭的復原歷程會隨著時間的發展而變化。在受創的初期家庭外部的協助很重要，包含物資與人力之援助等。但是隨著時間的發展，家庭內部的復原力機制的作用才是決定受創家庭未來發展是否良好的關鍵因素，例如：是否能聯結家人情感與改善溝通互動，是否能重建家庭生活秩序、互助合作、肩負起新角色責任等。

這些研究結果，都有助於我們在經營婚姻與家庭生活時參考，只有提高家庭復原力，婚姻與家庭的幸福才不會因逆境事件而不保。

4. 如何面對逆境

現代社會，人們除了重視智商 IQ 高低，也重視情緒控制的能力，也就是情緒商數 EQ。近年來，隨著社會的高度發展與競爭，個人面對逆境時的處理能力也開始受到重視，於是又出現了測量個人挫折忍受力的逆境商數（Adversity Quotient），也就是 AQ。

　　如何提高自己在逆境中的處理能力，除了個人內在原有的心理強度外，也可以經過不斷地累積克服逆境經驗，而獲得提升。以下本節就如何面對逆境，走出逆境提出下列建議：

⑴ 靜下來檢視自己的負向情緒：當身處逆境時，我們往往會有許多負向情緒（恐慌、孤獨、焦躁不安等）與身心反應上（心神不寧、失眠、注意力不集中等），靜一下，仔細覺察自己的情緒與身體反應，讓自己的心神穩定下來，才能有效思考問題出在哪裡。

⑵ 正向思考：在逆境中，我們心中常會出現許多負面、誇大的想法，例如：「不可能」、「沒用」、「沒救了」等想法，也可能會怨天尤人、自我放棄。此時可以用正向內在語言，來取代這些負面想法，例如：「或許還有辦法沒有想到」、「雖然狀況很不好，但最差就是這樣了」，這樣才能化不可能為可能，重新再出發。

⑶ 分析自己的處境：以客觀的方式分析自己的處境、事情的前因後果、各種可能的做法，以及可能的阻力與助力，都有助於讓自己頭腦清晰，找到突破點。

⑷ 諮詢顧問：平常就要有自己的諮詢顧問群，好朋友、老師、親人都可能提供一些協助與建議。如果一時沒有人可以支持你，許多志工團體或是諮詢電話，也可以求助，如學校輔導老師、民間助人機構（生命線、張老師等單位）皆可。

⑸ 找出可能的策略：從自己與他人所想出的一些策略中，找出可能的方法來進行突破或調整。

⑹ 展開行動並檢核效果：不要急，而是按部就班地依步驟來進行，並依實施效果加以修正，最終必可走出逆境，並由逆境中，學習成長。

提升逆境復原力的方法

綜合上述個人復原力、保護因子與家庭復原力因子的研究成果，本節提出一些提升個人逆境復原力的方法，說明如下。

1.培養正向特質

⑴ 培養自我覺察習慣：Thinley（2012）認為「自覺」對於獲得解脫與自在是很重要的，它更是幸福人生的基礎，「自覺」不是過度地關注自我，而是透過「自覺」來獲得內心的自由，更了解自己、超越自己。

⑵ 提升自我效能與挫折容忍力：增進自我效能，提高自己的挫折容忍力，有助於轉化對逆境的認知、適應與改變。有自信的人在面對挫折時，挫折復原力比較高，比較不會被困境打倒，或因一時的挫折就認為自己什麼都不行，引發更多挫折事件與惡性循環。了解自己的優缺點，增進自己的覺察能力，在挫折時告訴自己：「雖然我在這件事情上失敗了，但是我還是有很多的成功經驗。」再進一步問自己：「在這次失敗中，我學到什麼？」讓自己在挫折中成長。

⑶ 具有人生方向與自我認同：勇於做自己的主人，對內能促進自我認同，對外能表現出獨立和控制環境的能力。一個自我認同的人，對於人生有自己的想法，會在成長的過程中找尋自己的方向，對於自我成長和生活具有目的性和未來導向的特質，也比較能自我尊重與尊重別人，提高自己的自尊感。

⑷ 培養自己的幽默感：幽默感是一種自我解嘲的能力，而不是嘲笑別人。幽默感是可以培養的。美國前副總統、諾貝爾和平獎得獎人高爾先生曾經參選美國總統，結果以些微差距落選，後來高爾先生致力於環保

議題，更製作了有名的紀錄片《不願面對的事實》，引起全球對地球暖化的重視。他的幽默感是中年之後才培養的，每次他上台自我介紹時常以「我是高爾，我曾是下一任美國總統」來作為開場白，通常會得到台下的歡笑反應。可見幽默感不只可以提高挫折復原力，也可以帶來歡笑，化解尷尬。

(5) 培養正向思考與正向情緒的習慣：思考是一種習慣，有些人習慣正向思考，有些人卻習慣負向思考，並常常口出怨言，言語內容都是自己有多不幸，都是別人的問題，都是社會造成了自己的困境。一個人如果習慣於負向思考，又喜歡鑽牛角尖，就無法換個角度面對問題，更不用說創造性地找到解決問題的方法了。人的能量是有限的，如果能量都花在抱怨，哪還有能量用在解決問題，開創新局上呢？

2. 發展個人優勢能力

(1) 評估與發展自己的優勢能力：評估自己的優勢，培養自己的專業能力，才能發展出在某一方面的優勢能力。優勢能力不只是先天的天份，更是個人長時間用了很多心思，長期投入在一件事務或專長上而得來，股神巴菲特長期投入在投資與企業經營上，才成為富豪，臺灣的吳寶春師傅也是長期投入餐點麵包製作，才能在世界比賽得獎，發展出連鎖店系統。

優勢能力的培養，並非進入職場才開始獲得，而是在求學階段就可以開始累積。還沒有找到自己的方向與興趣前，要抱持好奇心，多方嘗試新事物，從中發現自己快樂所在，做有興趣的事才會快樂，才會有工作上的幸福。現在的大學教育很重視職涯的探索，除了生涯性向測驗與生涯諮詢外，還有實習課程的規劃，同時在課程上也推動業界講

師與學校教師的協同教學，讓學生在大學所學能在職場上發展出職涯優勢。

(2) 培養問題解決與社會適應能力：積極地面對問題、解決問題是提高挫折復原力很重要的習慣。遇到問題往解決問題的方向思考，而不沉溺於問題原因的歸咎，以及培養向壓力挑戰的意志，視壓力為學習的難得經驗，就可以有效提高挫折復原力。除此之外學習其他的社會適應技巧也有助於克服逆境，例如：時間管理技巧、學習技巧、領導技巧、人際技巧、溝通能力等，能使個體在因應不同問題與挑戰時，幫助自己與他人找到實用的方法穿越逆境。

3. 建立自己的支持系統

(1) 經營幸福的人際圈：人際關係對於人的逆境復原力，具有極重要的關鍵影響，人際關係包含個人、家庭、師生、朋友等，其中最重要的是個人與家庭的關係。家庭是我們生長的地方，也是我們遇到困境時最可以信任、最重要的支持力量，因此，經營幸福的家庭對個人的成長與發展就非常的重要，舉凡夫妻關係、親子關係與幸福家庭氛圍的經營都是我們必須努力的課題。除了家庭之外，好的師生關係、朋友關係，是我們遇到困難時，另一個可以得到安慰、獲得建議的對象，找到友直、友諒、友多聞的朋友，能讓我們獲益一生。

(2) 建立自己的人脈支援：在求學的學習場域與工作的職場上，建立自己的人脈資源相當地重要。人脈的經營不是繼承父母的關係，或是討好上司而來，社會人脈的建立，來自自己良好的工作態度、工作表現與是否能夠幫助別人。在人際互動過程中建立的關係經常是一種選擇，你把同學和同事視為競爭對手，還是視為以後可能的合作對象，會影響到自己在未來是多了一個敵人還是一個朋友。如果能先讓自己成為

一個體貼關懷、對別人有幫助的人，有一天，當我們處於逆境之時，就會有人願意伸出溫暖的手來幫助我們。

結語

作為一個有智慧的人，我們有權利選擇幸福與快樂，但要成為一個高幸福感的人，只有知足常樂是不夠的。人生活在社會之中，生活中有許多意外、逆境與挫折，我們不只要培養自己正向的人生觀、積極追求理想、養成正向思考習慣、保持正向快樂情緒、提高自己的逆境復原力，更要進一步在生活中，將幸福傳染給身旁的人們。

只有自己幸福不會是真幸福，幸福心靈的追求源於個人的內在，但是要使幸福感扎根並自然地持續，則需要以行動實踐於家庭、社會之中。臺灣是一個幸福之島，因我們有全世界最發達的志工組織，愛心助人是臺灣除了民主與經濟發展之外，成為幸福社會最重要的資產。讓大家一天為自己的幸福做一件小事，也為別人的幸福做一件小事，幸福就會不請自來。

重要名詞

- 幸福感（Happiness Perception）
- 主觀幸福感（Subjective Well-Being）
- 正向心理學（Positive Psychology）
- 逆境商數（Adversity Quotient，簡稱 AQ）
- 復原力（Resilience）
- 正向思考（Positive Thinking）
- 正向情緒（Positive Emotion）

問題討論

1. 試說明正向心理學與傳統心理學的差異。

2. 試說明何謂復原力與保護因子。

3. 試說明何謂逆境商數 AQ，並說明如何提高自己的挫折復原力？

一分鐘觀念

幸福是會傳染的

只有一個人到底可不可能幸福，正確的答案可能是否定的。如果身旁的人不幸福，自己也不會感到真正的幸福，這就是幸福感染力。現代許多人在追求自己幸福心靈的同時，也在力求讓周遭的人更幸福。於是許多人用行動來幫助別人，有錢出錢，有力出力，讓家庭成為幸福家庭，讓企業成為幸福企業，進而發展出幸福城市與幸福國家。幸福不只是個人的感恩惜福，更要利他助人。總之，幸福是會傳染的，讓我們一起把幸福傳播開來。

腦力激盪

如果您要邀請朋友一起去當一日志工，您會邀請誰呢？要幫助對象是誰呢？您可以協助對方的方式又是如何呢？這樣的方式可以和您的專長相結合嗎？請您想一想，寫出一個小小一日志工計畫，化想法於實際可行的方案。

Part II

進階篇

如何得到幸福？

第四章

幸福的經濟

張日高、謝冠晃、潘豐泉

學習目標

1. 了解幸福經濟學之精神。
2. 理解傳統經濟學與幸福經濟學之異同。
3. 感知幸福經濟學之內涵。
4. 了解與實踐幸福新生活運動。
5. 了解幸福銀行與幸福貨幣的意義。

章首案例

　　經濟成長，等於國民幸福？經濟發展的背後，我們有比較幸福嗎？

　　紐西蘭（New Zealand），地理位置在太平洋西南偏僻的一角，靠近南極洲，距離最近的澳大利亞約 1600 海里，人口約 440 萬人（2011 年），大約臺灣的五分之一，國土面積 268,021 平方公里，約臺灣的 7.4 倍。根據世界貨幣銀行的資料，紐西蘭人均 GDP 為 40,481 美元（2013），約為臺灣 20,930 美元的一倍。2008 年 0 歲預期餘命 82.4 歲（女）和 78.4 歲（男），臺灣為 83.24 歲（女）和 76.69 歲（男）。紐西蘭前總理海倫‧克拉克說：「我們 …… 離全球市場非常遠 …… 必須自給自足 …… 必須找到一個辦法，讓人民 …… 可以表現得很好。」

　　除了紐西蘭，全世界還有許多地方小或人口少，卻有物產與天然資源不足的國家地區，在自然環境不佳的狀況下，有的克服萬難，創造不少經濟發展的奇蹟，有的則謹守本分，努力在大自然下面樂天知命地過著安貧樂道的生活。數十年的努力過去，有些國家經濟突飛猛進，有些則經濟發展興衰更迭，有些差強人意。

　　我們想要關注的，是在經濟發展的背後，我們有比較幸福嗎？

	臺灣	新加坡	日本	紐西蘭	美國	不丹	丹麥
[1]幸福指數	6.22 (42)	6.54 (30)	6.06 (43)	7.22 (13)	7.08 (17)	(1)*	17.69 (1)
[2]人均 GDP	20,930 (37)	54,775 (8)	38,491 (24)	40,481 (21)	53,101 (9)	2,665 (126)	59,190 (6)
[3,4]平均餘命	82.6/ 75.9	84.6/80.1 (5)	85.8/79.5 (1)	83.1/79.4 (19)	80.9/76.1 (37)	69.3/65.8 (130)	81.5/77.4 (33)

( )內為世界排名

1. 聯合國《世界幸福報告》（World Happiness Report），不丹未列入調查。
2. 國際貨幣基金會（International Monetary Fund）World Economic Outlook Database-April 2014.
3. 世界衛生組織 (WHO) World Health Ranking. http：//www.worldlifeexpectancy.com/country-health-profile. 表內數據為2011年
4. 行政院 2010年全世界主要國家零歲平均餘命排名

　　聯合國首度發布 2013 年《世界幸福報告》，是聯合國與紐約哥倫比亞大學（Columbia University）從 2005 年到 2011 年合作的研究報告，針對全世界 156 個國家進行評估，以 1 到 10 量化出一國國民的「幸福指數」。研究報告同時指出，薪資所得和幸福無絕對的關聯，即使過去 30 年來，國際間的經濟繁榮發達，生活水平大幅提高，各國的幸福感只有些微變動。其原因，有些是國家的政治環境問題，有些則是屬於個人的身心與家庭的影響。一般而言，

盲目的經濟高度成長，有可能因為資源的誤用或不公平地使用，反而可能造成更多社會與人際間互動的問題。

　　經濟發展讓人們擁有財富，但是似乎並未同比例地為人們帶來幸福。不丹（Bhutan）是個隱藏在喜瑪拉雅山中的小國家，人口大約只有 80 萬，是個什麼資源都沒有的國家，但是許多的報導與研究都顯示這個國家的國民幸福指數高達 98%。與此同時，不丹這個國家的人均所得，只有區區的 2,665 美元。且讓我們看看其他富有的國家，如美國，這個擁有二億人口的世界超級強權，其財富排名世界第 9，但是幸福指數只有第 17；再看看同樣也是富裕國家的丹麥，人均收入世界排名第 6，其幸福指數也是世界第 1。

　　歐美國家的生活環境與社會文化習俗或許與東方不同，但是財富不等於幸福，則是確定的。再來看看同屬亞洲傳統東方文化社會的新加坡與日本。日本，近年來因為天災人禍不斷，企業創新能力不足，國民的人均所得滑落到世界第 24，但是其國民的幸福指數，卻是落後於臺灣，排名世界第 43 名，另一個亞洲國家新加坡，也一樣是小國寡民，物產缺乏，但是其人均所得高達世界第 8 名，國民幸福指數卻是不成比例的第 30 名。再看同樣是小國寡民的紐西蘭，人均所得是世界第 21，遠遠落後在新加坡與美國之後，但是國民的幸福感，世界排名第 13，卻又是美國與新加坡望塵莫及。

　　再回頭看看幾乎一無所有的不丹，人均收入世界排名第 126，雖不至於赤貧亦不遠矣，但，幾乎所有有關不丹的報導，都曾經對不丹國民的高度幸福感讚譽有加。如果，財富可以讓人幸福快樂，如果財富可以買到幸福，那麼，美國人、新加坡人應該要感到很幸福才是，事實不然。

摘要

　　傳統經濟學講究以有效手段營造有利於經濟活動之環境，已達成經濟收入的極大化。經數十年之發展後，發現經濟發展並不一定會為國民帶來快樂與幸福，於是，以國民之幸福為主要發展依據的國民幸福總值（Gross National Happiness，縮寫 GNH，也稱國民幸福指數[1]）開始萌芽，目前已蔚為現代最重要的國家與社會發展議題。幸福經濟學，與傳統經濟學不同的，不是排斥經濟發展，而是不以經濟成長為唯一或主要目標，而是以能帶給國民幸福的成長為發展目標。本章分成五小節，第一節先詮釋何謂幸福經濟學，並解釋幸福經濟學與傳統經濟學的主要差異。第二節，則進行幸福經濟學與傳統經濟學的詳細比較，於此，我們對於幸福經濟學的內涵，自經濟學供應與需求之原理為角度，進行比較清楚詳細的討論。幸福經濟學的相關實證研究，未必以幸福經濟為名，本章第三節做一簡單介紹與回顧，並接此提出幸福新生活活動。第四節則延伸個人幸福效用之需求，討論為滿足此種個人幸福需求的供應事業，並推論此市場之遠大發展的可能性。第五節我們提出幸福銀行與幸福貨幣的概念，仿照現代銀行之經濟功能，本小節討論幸福銀行與特定服務功能之不同分行的儲蓄、提領、帳戶、存摺，與交易機制平台之設置，讓幸福可變得比較具有形性、可近性、可持續性、可交易性，與可儲存性。

 幸福經濟意涵

1. 幸福經濟

　　幸福經濟（The Happiness Economics），一般是指以國民幸福總值

（Gross National Happiness，縮寫 GNH，也稱國民幸福指數）作為評價生活品質的指數。GNH 比完全強調經濟生產結果的國民生產總值（Gross National Product, GNP）更具國民生活的全面性，也更注重國民精神上的領受與知覺。

依據傳統經濟發展之假設，經濟之發展極大化是人類活動最終目標。經濟理性的基本假設，是人類之活動，是經過審慎的利益計算的結果，所以對社會福祉最大利益的公倍數，就是經濟的發展。問題是經濟的極大化發展，是否真的讓人感到幸福、快樂？如果是，那經濟愈發達，國民就會愈快樂？事實不然，有很多根據各國實際狀況的調查研究，顯示經濟發展與快樂不是直線相關的關係。也就是存在有所謂「所得矛盾」（income paradox）（Diener & Oishi, 2000）。於是，各界才逐漸從獨尊經濟的焦點，轉移到幸福至上的價值觀念上，也有所謂的 GNH。

GNH，於 1972 年首先由不丹第四代前國王旺楚克（Jigme Singye Wangchuck）提出。旺楚克國王藉由這個術語，解釋其為建立一個能夠服務不丹之以佛教精神價值觀的特殊文化為基礎的經濟環境。該國因此成立一個「不丹 GNH 委員會」，不丹所有政策都須經此委員會審查對 GNH 的影響。

不丹國以佛教教義精神所主張的 GNH 的四大支柱，是永續發展、文化價值保留與推廣、自然環境保護，與建構優質的治理等，其後更將此四支柱轉化為更具體的 8 個幸福因素：身心靈健康、時間平衡、社會與社區活力（vitality）、文化活力、教育、生活水平、優質治理，與生態活力。

按照傳統發展模式，經濟發展成為最後的目標。而 GNH 的理念強調人類社會的真正發展是物質和精神同步發展的，並且相互影響。

2. 幸福經濟的總體角度

　　總體經濟的概念，最重要的在於國內生產毛額（Gross Domestic Product），是一國國內在一定期間（通常為一年）所生產的最終財貨和勞務，經由市場交易的總價值。其下有所謂所得的概念，包含有個人所得，家庭所得與分配，以之衡量與表示所得在個人間或家庭間分配的情形，即研究個人或家庭實際所得的大小。

　　經濟學的基本假設，在於經濟理性，亦即是人類所有行為活動，都是透過改善本身物質生活之條件的計算，選擇採取有利的方式。是以，理論上經濟之發展極致，應該會對一國國民之客觀生活福祉有最大助益；至於國與國之間的生產條件不同，則可透過比較利益為基礎的國際貿易來落實各相對國家的福國利民政策。政府在此當中所扮演的角色，即是透過各種經濟、財政、貨幣政策，塑造一個適合經濟發展條件的環境。近代經濟學發展，確實為人類社會帶來空前的經濟發展與物質生活的富足。但是，免不了的是貧富不均，以及不幸福的情形，卻未必是隨著經濟的發展而獲得改善。

　　幸福經濟學的基本假設，則是在於所有人類行為活動的前提，應是在於達成幸福，經濟實質提升則退居次位。過去經濟學所發展的理論與技術，都具有很好的實證證據，幸福經濟學未必要一視同仁都予以摒棄，反而可以善加利用，借用傳統經濟學的理論與方法，透過類似的機制，以達成國民幸福之目標。例如，不丹國的幸福委員會，對於國家政策之把關，不論是經濟、社會、環境、貨幣、財政政策等，即是以該政策之推動是否會促進國民幸福指數為標準。我國行政院與近年來廣受輿論討論的「小確幸」、「大確幸」等也是。

幸福經濟學與傳統經濟學比較

1. 傳統經濟學與幸福經濟學之需求效用偏好

傳統經濟學的需求效用函數，主要討論的包括有收入、就業、升遷、名位、權力、財富等的需求。任何可以滿足這類需求的效用供給，都會出現在人類的活動當中。此其中則透過交換的機制在公開的市場中運作，市場的供需交換運作，則以一雙方認可之價格作爲調節。

幸福經濟學需求與傳統經濟學因爲目標達成標的不同，所以，其需求自然有些偏好之處。也就是說，不再獨尊物質經濟，而是提升到任何可以促進個人與社會幸福的需求。例如，某些比較社會性傾向的期待、社交、公益、愛心、利他及社群等需求，社群則包括家人、親戚、同事及老闆等；或是比較屬於個人情緒紓緩與安定的滿意、教育、知識、愛情、放鬆、休閒、夢想、旅遊等的需求。也就是，幸福經濟學是超越傳統經濟學原本所追求的經濟發展，而進展到將經濟發展當成幸福目標達成的條件之一。

正如諾貝爾經濟學獎（1998）得主阿瑪蒂亞‧沈恩（Amartya Sen），在其福利經濟學的社會選擇理論中明白指出，所得分配的根本問題是在於權利（如交換權、生產權、勞動權、繼承權）的分配；產生福利的不是一個人所得到的物質財產，而是能得到的機會或能力，收入的意義在於它創造的機會或者能力，同時也依賴健康等其他因素。而這些都不是傳統經濟學所獨尊的物質追求所可達成的。因此，我們或許可以期待在不久之未來會更以幸福需求之滿足爲導向的愛情產業、社交產業、休閒產業、視聽產業、旅遊產業、公益產業及宗教產業。

　　依照幸福經濟學的觀點，傳統經濟學發展下，存在很多人們無力改變或選擇的制度性因素，因而阻礙了個人對於幸福的追求，反而造就更多的不平等與不幸福，例如，不公平制度、自然與社會環境惡化、通貨膨脹、失業率等。以下列傳統經濟學與幸福經濟學的最大差異爲表 4-1，以供讀者參閱。

表 4-1　傳統經濟學與幸福經濟學差異

	傳統經濟學	幸福經濟學
個人	以追求最大化貨幣滿足	以追求最大幸福
廠商	以追求最大化貨幣利潤	以追求廠商最大企業幸福
總體財政政策	以擴張或緊縮性財政政策追求GDP成長或物價穩定目標	以財政政策追求個人、企業、國家及社會最大幸福
總體貨幣政策	以擴張或緊縮性貨幣政策追求GDP成長或物價穩定目標	以貨幣政策追求個人、企業、國家及社會最大幸福

2. 幸福感的多重因素

　　所謂幸福經濟學，並不是要完全放棄或取代傳統經濟學以收入和財富爲基礎的福利衡量方法，而是要以符合科學精神的經濟學理論架構，以個人幸福極大化爲目標的論述。本小節聚焦在幸福經濟學的效用需求。

　　自經濟學所關注的角度來審視幸福的因素，大致可以歸納爲兩類：一是個人特徵，二是制度。

(1) 個人特徵：例如個人性別、年齡、受教育程度、健康狀況、經歷、背景、價值觀、性格、婚姻狀態，以及對於環境社會與未來的期望值等。例如，一份對美國和英國不同人群幸福感水平的研究，即發現總幸福感水平下降，黑人的幸福感上升，白人婦女的幸福感反而下降；該研究同時

指出，幸福與年齡呈現 U 型曲線關係。

⑵制度：此為個人所無法單獨選擇的總體面的制度與運作機制，例如客觀自然與社會環境，一國之經濟與貨幣政策、通貨膨脹、就業率與失業率、制度的公平性、公共貨品的數量與質量等。

　　以下就一些經濟學所經常討論的議題，討論傳統經濟學與幸福經濟學的不同觀點：

⑴分配之公平性：研究文獻發現在不同國家中，公平和幸福感之間都具有密切的正向關係，也就是分配愈公平，人民的幸福感愈高，正所謂「不患貧，而患不均」的意思。傳統經濟學十分重視分配的問題，但更集中在所得分配的效率上面；幸福經濟學則比較重視包括所得在內的所有權利分配的過程與結果的公平性。幸福經濟學不只重視公平分配，分配的標的更擴及攸關個人幸福的所有資源與權利，也更重視分配的過程與實際分配結果對於個人幸福的影響。

⑵失業：失業，除意味著個人經常性經濟收入之減少之外，在無法以經濟方式衡量的精神層面的損失，會與經濟收入之減少共同導致嚴重的不幸福。即使政府或社會存在有失業救濟的經濟措施，對於幸福感的負面影響，依舊是存在的。

傳統經濟學理論顯示如有足夠生活的失業救濟，人們可能會主動地選擇失業。其實不然，幸福經濟學更進一步探討，失業所代表的除收入之外，也是一種社會的聯結與對未來的預期的喪失。其他如不同地區之職位與失業供需不符的摩擦性失業，其實也並不像傳統經濟學家假設的那樣無害。只要是有失業的問題，對於幸福感就是一種負面影響。就幸福經濟學而言，就業給人們帶來的幸福，除了收入還有其他面情

緒；有了幸福感，人在工作中的投入會更有效率，業績也更好，因此也更容易進一步獲得更高的收入，更容易獲得幸福，是一種良性的循環。

幸福經濟學比傳統經濟學更重視失業所帶來的經濟損失以外的負面效果，因為，失業對於幸福的影響，不會只是單純的經濟收入層面而已。

(3) 所得：幸福經濟學承認收入確實是帶來幸福的重要因素，但並不是唯一或者充分與必要因素。個人收入在滿足個人基本的需要之後，對於幸福感的增強，會逐漸遞減，收入或財富以外的其他因素，即開始突顯出其對幸福的重要。如本章章首的案例，以及我們經常聽到的有很多高收入者，常自認不幸福；但是，反而很多經濟貧困或居於經濟弱勢的人，卻認為自己很幸福。也證明足夠的收入，可能是幸福的基本，但是，收入與財富以外的因素，可能才是促成幸福的必要因素。

根據心理學家的研究，人們對不同來源的幸福感，具有不同的適應性；而收入與財富所帶給人們的幸福感，通常持續性較短，幸福遞減速率較高，相反地，非由經濟收入與財富所獲致的幸福感，則幸福感的遞減速率較為緩慢，通常幸福感可以持續較久。

過去許多經濟學家的研究，已經指出人類的日常生活體察，即可以有幸福的感受。例如，在歐美先進國家以外的墨西哥的一項研究，已經證實已婚的人比未婚或離婚者更幸福；每週至少上教堂一次的人比較幸福；對於幸福貢獻最大的是健康與情緒指標；日常生活中，和家人相聚在一起時最感到幸福，其次是和朋友，單身一個人時最不感到幸福（Garcia et al., 2007; Kahneman, 2007）。臺灣的調查也顯示，有意義地忙於做自己喜歡的事、通勤時間縮短、拉平弱勢地位、環境安全、政府保證將稅金有效地幫助窮人、擁有一群志趣相近的朋友，以及虔誠的信仰等，都會有助於個人感到幸福。

3. 幸福經濟學的公共政策內涵

　　公共政策，是政府爲達成某些有利於國家整體發展目標所採行的原則性做法，透過公權力的行使，與公共資源的運用，以期能長治久安，照顧整體國民生活的福祉。

　　傳統經濟學對於政府政策的假設與期待，不論是對大有爲政府的無事不管，或是把經濟發展交給市場自然運作的小而美政府的期待，都是以經濟成長爲衡量的依據。幸福經濟學的最大改變，則是對於政府在於促進國民幸福的期待，期待政府藉由公權力的行使與公共資源的開發等手段，發展、維持社會與個人的幸福，而不單只是經濟。

　　與傳統經濟學不同的，幸福經濟學在衡量社會發展和經濟成長上，需要一些比 GDP 、收入、財富更加全面的指標，進而以一個更加廣泛的指標體系來代替 GDP ，以反映個人幸福和社會福利的變化。這類廣泛的幸福經濟指標體系，可能會包括人類發展指數、國民幸福帳戶、國民幸福總值（GNH）等。

　　就幸福經濟而言，教育是不可或缺的一環，而國民教育也是國家公共政策之一，是政府對公民進行教育的義務。政府應透過各級學校與社會教育的體系，清楚教育民眾幸福的眞正意義，獲取眞正幸福的途徑，養成獲取該等幸福的方法與能力。傳統經濟需要政府利用公共政策發展巿場經濟，並尊重個人選擇，但在幸福經濟的引導下，政府體系更負有引導並教育人們追求高尙幸福（所謂可持續的幸福），避免低級享樂（即所謂短暫快樂）的責任。

　　舉鄰國新加坡爲例，新加坡是個地寡人稀的小國，但是脫離馬來聯邦之後，政府的一連串有效公共政策，造就今日的海角一樂園，經濟發展人

民也普遍感到幸福，也具有很高的國際視野。該國前總理李光耀認爲新加坡政府效率高，社會秩序井然有序，國民都有良好教育。他的政策重視節儉，廣泛滿足教育、醫療需求，在社會制度上，極力推展敬老愛老的社會互助合作精神。對於經濟發展方面，新加坡除鼓勵國民節儉之外，更強調不要過度消費和盲目地經濟成長。具體而言，新加坡照顧到每一個市民的基本需求，以獎勵方式鼓勵人民購屋，解決居住問題，保障社會安定；其教育政策是以鼓勵自我進步爲基礎，讓每個人有機會接受高品質小學、中學，和大學教育；社會政策則鼓勵國民努力工作，對貧窮人民給予「工作福利」，讓人民可以透過工作（釣竿）賺取基本生活所需，而非單純給魚的純社會福利。此外，也透過國家公共資源推動文化藝術的植根與推廣，提升人民對於藝術文化的欣賞水準，此亦有助於社會之和諧與安定，更進一步提升人民的精神滿足與幸福感。

　　其他政府能做的，還可能包括提供更多友善安全的社交空間、限制工作時間、資助藝術活動、鼓勵多運動或步行、提供孕婦家庭更長的產假與育嬰獎勵、疾病預防篩檢、指導青少年正常交往與避孕等。

幸福經濟學的實證研究

　　金融海嘯於 2007 年發生，亞洲國家的經濟與金融受到嚴重衝擊，時至 2009 年，臺灣人幸福感卻由 59% 提高至 66%，也就是經濟蕭條時，臺灣人民的幸福感卻顯著提高。本章強調，幸福未必與經濟發展呈直線相關，幸福經濟學強調的，是以幸福爲依歸，個人與政府的做法，在很多方面是可以清晰容易達到的。

1. 家庭的重要性

過去研究顯示，婚姻是幸福感重要來源。幸福感最強的人，不是最有財富的人，而是可以忙裡偷閒陪伴家人與孩子的人。家庭是個人成長的最重要場域，也是家庭成員的精神寄託所在，也是個人社會化人際關係培養的最初現場。家庭的穩定是社會安定的基礎，進而保障國人人身安全。一般研究指出，為家庭的付出，可以滿足自我的社會期許，讓人有餘力去幫助他人。志工，是幫助他人的一種形式，而擔任志工無償服務他人，不是為了經濟的收入，而是可以藉由滿足自身社會價值的期許，而獲得更多的幸福感。

每個人在很多不同情境下，都有可以感受到幸福（或小小幸福）的可能，例如愛情、放鬆、禱告／拜神／冥想、享受美食、運動、欣賞影視與藝術、閱讀、逛街、烹飪、講電話、照顧小孩、做園藝、遊戲、玩電腦、閱讀郵件、網路漫遊、整理家務等等不一而足，都可以擁有幸福感產生的元素。這些與經濟發展沒有直接關聯，而可能與個人想像力或者個人對於幸福的認知能力有關。

家庭除了是個人重要成長場域，在執行上述活動以獲取幸福感，家庭也是最基本與最容易的場所供應者。既然，幸福的認知是一種能力，是可以培養與教育的，除了學校教育可以透過政府的訓練之外，在家庭教育中養成更能收到早期教育的成效。

2. 工作與社交活動

人是群居的動物，考古學研究顯示，人類自從發展出群聚生活的型態以來，已有數千年的時間。群居的好處多多，自不待言，其中十分重要的一項，是人類情緒中很重要的「被愛」、「被接納」的感覺，亦即是社交

與陪伴的需求。一項對於墨西哥人的研究，社交生活對幸福的影響非常明顯。該研究指出一天當中多達六至七小時的社交活動，大大提高個人的幸福感。

工作，就傳統經濟學看來，是個人在經濟活動的生產投入，是單純的生產要素。表面上看來，是個人謀取生活所需資源的手段；其實，工作所代表的不只是賺取生活所需，更重要的是工作所提供的群體感覺，更是個人展現本身以及與社會成員互動與被接受的舞台情境。現代管理學中所謂的工作豐富化、工作擴大化、工作賦權等，不只可以提升工作效率，個人獲得成長，在職場尋找並創造工作意義和樂趣，個人更可因此獲得工作滿意而感到幸福。個人在工作上的成長，又讓其可以獲得更好收入以及更有工作成就感的幸福正向循環。

工作以獲得金錢的報酬，以滿足個人在物質生活上的需求，是人類生存的必需；但是在工作中獲得穩定與豐富的社交關係，享有社會群體的愛，才是真正能讓人感到幸福的根本。

3. 幸福新生活運動

要幸福，生活的小改變是必要的，最重要的仍然是心態上要如何能讓自己幸福的生活方式。本章以以下小小段落，闡述以幸福為依歸的生活運動，姑且名之為「幸福新生活運動」。

研究指出生活型態對於人是否幸福有顯著影響。例如住家環境的宜居品質，如社區人行道、安靜程度、社區與住家之治安與安全程度、購物商場可及性、工作交通便利性、社區居民公平友善程度、有興趣社團的參與有無、居住場所陽光照射程度；又例如個人與家庭的生活方式，如對個人外表之重視、婚前同居價值觀、婚姻諮詢、讚美他人、信用消費、金錢價

值觀等。

　　自幸福經濟學的觀點，以上有關住家環境與生活方式，可以自以下途徑達成個人的幸福：

⑴ 做讓自己感到幸福的事：購物商場、工作交通便利性等，讓人可以隨心所欲進行自己感到興趣的事，方便自己有效地平衡工作與家庭生活需求。

⑵ 讓自己感到安心，可以安居樂業：社區人行道適度隔離噪音與汙染，讓人可以隨心在參與和自我之間轉換；公平友善安全的社區，讓人可以無須擔憂生命財產的威脅。

⑶ 健康身心靈：規律運動，在社區周圍尋找容易進行戶外運動的場所，結識可以一起運動的友人。太陽可提供維生素 D，幸福維生素能提高腦中血清素，讓人感到幸福，充足的陽光照射對於幸福感是必要的。乾淨的空氣與生活用水，除有益生理健康之外，個人感官感覺的接觸，更是幸福與否的判斷。另外，個人避免不必要地享樂沉迷，適度地控制金錢物質慾望，都有助於個人心情平靜，感受幸福。

⑷ 陪伴與心靈分享：除了家人，社區成員與社團，是個人紓解壓力、提升自我價值的重要情境。社團與社區參與之方便程度，可以提供成員成長與交流的場域。

幸福事業

　　幸福是一種感覺，也是一種需求。根據交換理論，需求可以一定價格的支出予以滿足。也就是說，有這麼一個需要幸福的市場，市場上有許多

等待被開發、等待被滿足的需求,而任何可以滿足此種需求的商品或服務效用,都可以一定價格在此交換。此類供應幸福效用的事業組織,即是幸福事業。須說明的,是前段所提之一定價格,是指需求者所提供的具有交換價值的回報,不一定是金錢。

供應商開發製造產品,以提供效用滿足人的需求,並獲取適當金額的報酬。消費者購買任何產品或服務,購買的本意在於產品或服務所帶來的利益或效用。在經濟理性的驅使下,提供人們幸福效用的提供者,或至少打著提供幸福旗號的,除非是透過公權力之介入,不容易形成獨占或寡占。依據競爭法則,最能讓消費者感受到幸福效用的供應者,就能在市場上持續存在。

幸福感是一種主觀感覺,但是能創造、開發具有高幸福效用的商品服務,更可創造出高價。為了享受幸福,消費者願意投注本身之時間與金錢資源來購買。幸福事業之幸福商品,只要能觸動或激發消費者的幸福感神經,就可能增加接受度,以及本身事業或商品的競爭力。幸福經濟學的觀點,提醒事業體研究服務業中未被開發或低度開發的幸福感價值,以迥異於以往傳統經濟學只重視經濟效用的基礎,改以幸福為導向,研發具有幸福感效用的產品、服務,並以此與目標消費族群溝通,以全新的角度,重新審視本身在幸福經濟學之下的環境機會以及本身優勢,培養本身在幸福競技環境中的核心競爭力與可持續的競爭優勢。

幸福銀行

銀行,是近代為因應商業交易等經濟活動所發展出來的一種協助交易

的機構，承擔支付現金、支票兌現、支票託收責任，也提供其他資金融通借貸以收取利息與手續費爲服務費用的業務。

現代銀行，收受存款、定期存款，發行支票或債券等類憑證作爲借貸款用途。因爲銀行可以提供所有收款與付款，以及借貸服務，在現代生活當中，對個人與組織而言，一個或數個銀行的帳戶是生活上的必需。

銀行的經濟功能，大致上包含：

1. 貨幣發行：以鈔票，和依據客戶指示兌現支票的形式存在。這些因爲都可以進行轉讓或依約償還，其價值和交易效果都視同紙鈔、支票。

2. 款項淨額交割和清算：銀行同時身爲客戶的託收機構與付款機制、參與銀行間的清算委託人或代表，以及付款工具。

3. 信用中介機構：擔任背對背借貸款的中間人；

4. 強化信用品質：銀行的貸款對象通常是組織和個人，一般而言，其信用品質都比這些貸款對象好。

幸福銀行不處理金錢，但可以發行具有支付、兌換、借貸幸福的貨幣，稱之爲幸福貨幣，或幸福元。幸福元可以是當下交換的現金紙鈔，也可以是憑票兌現的長短期支票，用以支付購買幸福需求之長短期債務。

幸福銀行的交易機制平台，是可以透過政府機關與民間社會之合作，逐步依照當地社會與環境，配合個人當下與未來需求，而進行與現代銀行相類似的交易與借貸。在此制度下，每個組織與個人都可擁有一本幸福帳戶與幸福存摺，可以依照個人之幸福信用，在此一交易機制下，進行即期儲蓄與提領，以及長短期的借貸流通。

以幸福之多元性質立論，許多非經濟性之活動都會是幸福之基礎，例如利他行爲之志工服務，即爲一例。可以成爲幸福銀行之志工服務分行。

以新北市之「高齡照顧存本專案」，即是志工分行的概念。

志工分行，以時數登記，日後再以 1 比 1 方式存取。工作者經 3 至 18 小時的訓練，成為合格「布老」或「世代」志工，經社工媒合（交易機制），提供簡單易行的照顧活動。朱立倫市長呼籲大家一起付出，使用志工存本，除了給未來的自己及家人使用，還可用於資助其他有需要的組織或個人長輩。早期臺灣農業社會的「換工」交易型態，大約即是此種服務的雛形，幫忙解決很多農村勞力不足的困境。

此種儲存時數以備未來提領的服務或活動，當然不會只限於長輩之照顧與服務上，還可以擴及到嬰幼兒或學前兒童之照顧上，透過此類幸福銀行特定服務分行的交易平台機制，可以互通服務之供需問題，讓有此效用需求者獲得生活品質提升，幸福就在其中。

其他又如血液基金會捐血中心之幸福銀行捐血分行，年輕且健康狀況佳，血液再生效率高，可以定期捐血，除救助當時有輸血需要的人，滿足自身社會性的利他需求之外，日後也可自血庫提領，滿足本身需要輸血的需求。

一分鐘觀念

> 幸福經濟學：幸福經濟學有別於傳統經濟學，幸福經濟學不以經濟成長為唯一目標，而是以國民的生活幸福總值的國民幸福總值（Gross National Happiness，縮寫 GNH）之成長為目標。幸福經濟學主張以國民之幸福為本的國家發展政策，透過政府政策之制定與國民之教育培養，了解國民的幸福需求，以有效率的方式，制定國民幸福政策，讓國家可用的資源，開發與維持可讓國民之幸福效用需求獲得滿足的建設，讓國民都可以在生活中享受幸福感。

重要名詞

- 幸福經濟（Happiness Economics）
- 幸福銀行（Happiness Bank）
- 國民幸福總值（Gross National Happiness）

問題討論

1. 請比較幸福經濟學與傳統經濟學的差異。
2. 你認為 GDP 與 GNH 最大的差異在哪裡？
3. 所得增加幸福會增加嗎？
4. 何謂幸福新生活運動？
5. 幸福銀行如何建立？

腦力激盪

1. 你認為幸福經濟學比傳統經濟學更能讓你獲得幸福嗎？為什麼？
2. 請舉出 1～2 個你認為幸福的事業？
3. 幸福銀行還可開設哪些分行？
4. 認為設立上述幸福銀行特定服務分行的障礙，可能有哪些？
5. 如果你在幸福銀行存有百萬幸福元，你會如何使用？你認為這樣的使用方法，會讓你更幸福嗎？
6. 如果你的幸福存摺不足以支付你的幸福需求，你會如何應付？

第五章

幸福的科技

王宗松、王駿發

學習目標

1. 了解幸福科技。
2. 認識綠色科技與橘色科技。
3. 認識幸福科技之研究構面與範疇。
4. 了解幸福科技之應用。

章首案例

科技帶來幸福──科技的新寵與新趨勢

　　時代在進步，科技更是日新月進，新科技已帶來一場工作、教學與學習的革命，今日的科技發展顯然為我們的生活帶來一些改變，且技術的更新已為人類帶來更加舒適、更加幸福的生活。如今，科技已經直接的或間接的影響人類的思想模式與生活型態，人類確實正在享用科技所帶來的成效與便利。在此同時，究竟科技的演進，會有那些新趨勢，其接踵而至的發明新寵將又會帶來多少震撼，且讓我們拭目以待。

1.科技資訊普及化

　　日後科技的發展趨勢將趨向在地化、個人化。APP 的應用將擴及各領域，包括：消費、醫療、餐飲、通訊、娛樂、交通……等，

可見人們對於行動資訊服務的迫切需求，預料在 3 年內人們的日常生活各面向都將出現改變。Chasen 指出目前定位系統 GPS、穿戴裝置與線上雲端資料庫的妥善結合，經過資訊交叉比對的結果便能夠取得最即時人、事、地、物的完整資訊。一些業者例如：微博於近期就開始測試（Nearby- 附近）的功能，這項技術是利用資訊尖端讓使用者可以知道在周遭有誰正在使用他們產品來發佈訊息。此外，蘋果也推出新功能 iBeacon，此技術是應用「低功率藍芽」之即時偵測並快速配對周遭的電子資訊，讓使用者一進入當地商店，便可以即時收到該商店之客製化促銷電子傳單，達資訊傳達之普及與透明化。

2. 媒體平台「暫留」功能

　　當智慧型手機逐漸取代電腦，成為人們最重要的上網裝置，也逐步減少數位落差。目前智慧型手機 APP 之應用系統中，Snapchat 近來漸漸成為年輕族群最愛用的應用程式之一，最主要該程式提供生動又隱私的社群互動功能，讓使用者可以上傳影片、照片至雲端，並加以文字、塗鴉來做附註說明，透過社群來分享。另外，Snapchat 最大的功能在於，使用者可以設定上傳物件的「存在時間」，換句話說，在用戶看到訊息之後，便有類似自動銷毀的功能。此功能在 LINE 之「限時聊天」也有異曲同工之妙；在 Wechat 之「刪除已發話」功能中也如出一轍。Chung 指出，Snapchat 的成功，代表大眾在現今溝通的管道中，希望有更具隱私的溝通方式，能在與人互動的同時不受到傷害。而且「在人類的歷史中，人類的溝通方式大部份皆是透過口語，而口語溝通便擁有短暫、無確切記錄的特性。」

3. 網路募資創投平台

　　由於產業規模的兩極化，規模大的公司不斷併購變成巨型企

業，剩下的新創公司，因其規模愈來愈小便從中小型企業走向微型企業。近來於網路上開始出現募資網站，創投不區分早期、晚期，而會逐漸整合往大型、回收期的投資為主，因而早期、創建期的投資將會以群眾募資為主。美國 Kickstarter 公司透過網站進行募捐活動，提供民眾進行創意專案計劃的集資，資助者則可能收到非金錢、實物或獨特經驗的回饋。由於此網站的影響深遠，使欲經營小型事業的創辦人，在募資時有新的方向可以參考。群眾募資並非創新模式，它的邏輯與傳統互助會（標會）之運作非常相似，屬於民間金融的一部分。風險投資機構NEA的合夥人Patrick Chung表示：「網路募捐就像是新的樂透彩，不論民眾所資助的事業是否有賺錢，一旦成功引起注意，資金便會不斷地湧入，時間可能長達 10 年或更久。」如此一來，創投平台的設置將會是一種創新事業發展新趨勢。然而，此網路募資模式在高速成長之市場並不適用，因其取得資金的管道太多，即使資金取得成本高，其相對獲利機會亦增加，因此就沒必要透過群眾募資取得資金（如：大陸）。相對地，反而是在經濟成長趨緩、沒有動能的市場比較有發展機會，如：美國、日本、歐盟……等先進國家，而台灣也不例外。

4. 多元付費系統

由於行動商務的普及，多元付費模式也跟著更新，提供使用者多種付費方式。經過系統整合開發，不同之付費方式均會連接其相對應知金融機構，以順利完成付費交易。SocialRadar 公司創辦人兼執行長 Michael Chasen 表示：「非經由政府授權的貨幣將來會受到愈來愈多認可，並引發熱烈討論。」多元付費系統提供信用卡付費、金融帳戶付費及晶片金融卡付費等多種功能與包括網際網路、電話語音、行動通訊、實體通路等多通路之服務管道，例如：交通刷卡購票系統、加油站刷卡加油系統、電子化政府付款系統。

此外，像網路上出現比特幣這種虛擬貨幣，或許將有可能漸漸普及。在現今信用貨幣時代，現有的貨幣系統也會更進一步的改善，例如：Coin卡，讀卡機只要接上智慧手機，就能讀取信用卡的資訊。手機內可儲存無數張信用卡的資訊，用戶從中選擇8張儲存在Coin卡上，卡片上有個小螢幕，可以顯示目前選擇使用的卡片名稱。在不久的未來便會出現一個電子裝置，同時儲存所有的信用卡資料，便捷地完成多筆交易模式。

5. 穿戴式科技

穿戴科技裝置在2013年逐漸奠定基礎，這技術的興起不僅已開始吸引半導體大廠積極投身此戰場並布局全世界，在2014年已漸成爲市場上的主流，甚至逐漸被大企業所採用，預計在2015年將對電子產品造成兩極化的發展。紐約科技顧問公司Icreon Tech的執行長Himanshu Sareen說：「根據我們的推測，企業可能會因採用穿戴科技而大幅受益，並非使用在與消費者相關範圍，而是讓自家員工穿戴，尤其是在工業、高科技業、安全健康爲重的環境中更是需要。」目前Google也在市場上推出大家耳熟能詳的Google Glass，這產品已漸漸展露頭角，將可能成爲市場產品新寵。

此外，至於消費者端，當人們將習慣以此裝置隨時偵測紀錄自己身體的各項指標，例如：血糖、血壓、心跳、脈搏……等，根據統計顯示有高達40%的人想爲自己身體每天的各種變化做上記錄。

參考資料：【鉅亨網】「薛景懋」（2013）、2014產業眺望新趨勢、新聚焦、新產業（工研院IEK）

摘要

　　本單元所探究之幸福科技乃希冀科技為人類之生活品質帶來更幸福的感覺，科技向來是用來提升人類生活品質的一種方法，使用者或消費者也期待感受到科技創新後，帶來的生活便捷與幸福。

　　首先，必須先了解幸福科技的定義，究竟科技與幸福是否劃上等號呢？有這麼一句大家耳熟能詳的一句話：「科技始終來自於人性。」是當前許多科技產品的訴求，但科技發展的速度顯然已超乎原先人類想像中的迅速，也因此對於科技衝擊倫理時，人們顯得有些措手不及；該如何找出雙贏的平衡點，則是另一個探討的議題，畢竟科技帶給人類生活的便利是不可否認的，如何在這樣的生活中仍不違背一些象徵傳統的倫理道德，是當前值得我們去思考的方向。

　　其次，探討綠色科技與橘色科技之內容與差異，進一步認識幸福科技之研究、範疇與探討議題，最後了解幸福科技之應用。因此，了解幸福科技及如何以幸福科技探索人們幸福需求、衡量身心狀況，並針對客群設計，以科技達到幸福、便捷、關懷感受，促進產業的服務創新與轉型，達到高整合、高互動的情境，進而跨產業整合創造幸福有感，皆是本單元幸福的科技所要探討研究的重點。此外，本單元內容尚包括一分鐘觀念、重要名詞、問題討論、參考文獻、腦力激盪與活動設計。

幸福（Happiness）與科技（Technology）

　　你幸福嗎？這可能是最近最熱門的幾個問題之一。你想知道自己的幸福程度嗎？世界上哪個國家人民最幸福？為尋找答案，近年來幸福研究機構紛紛應運而生，對幸福程度的衡量方法層出不窮。各國政府也愈來愈

重視提高民眾精神上的幸福感。幸福影響範圍的多寡，表示除了滿足自己
能創造幸福感，同時間愈多人感到幸福，也會在貢獻他人、社會、世界的
過程得到幸福，這份幸福不僅存在個人，而且將幸福感綿延不斷地向外蔓
延，若每個獨立的個體不論是被動性或是自發性地將幸福向外延展，則我
們的幸福感也會提升。

　　科技教父愛迪生創造世界上最富革命性的發明——以玻璃燈泡把黑夜
變成白晝的電燈；芬蘭因天候造成技術上的困難，無法有效地架立電線及
鋪線的工作，進而發明了無線行動技術的通訊方式；賈伯斯創建蘋果，發
明 iPod、iPhone、iPad，上述種種技術的演進與科技的不斷創新發明，為
人類之生活帶來了莫大的便利性與產生重大的影響。

1. 幸福科技

　　科技＝幸福？科技是否帶來幸福？科技究竟是否與幸福劃上等號呢？

　　「科學的唯一目的，在於減輕人類生存的艱辛。」布埃斯特
（Bouesste）曾這麼說過。因為需要，所以進一步地發明，幫助人們用更
簡便迅速的方式達到要求，用科技使人的生活符合需求，追求更美好的生
活。

　　「生活給科學提出了目標，科學照亮了生活的道路。」科學與人性的
需求亦是相輔相成的。賈伯斯曾提出人性化思考、完美主義、減法藝術，
這些都是因為他的想像與需要的現實所結合，並且創造了更簡約、便利、
有效率的電腦與許多科技產品。

　　「科技的發展又確實是一柄雙刃劍」，它帶給我們快速又便利的生活，
但卻讓我們開始探討高科技與親人性的問題。在以往沒有手機的時代，
每個人都是日出而作，日落而息，但現在卻因此變成「7-11」的超商，

二十四小時待命，全年無休，我們的生活習慣在不知不覺中被改變。另外，以往上課都是用心聽講，現在卻是聽見此起彼落的電話聲。科技影響人性自然的習性，現在手機著重華麗炫彩的外表，卻忽略了對使用者貼心的考慮與親人性的設計，科技始終在「生活便利性」打轉，並沒有出現拯救環境的科技，只會講一些毫無解決現況的方法，在乎的僅是利益的多寡，並沒有想過是否能用於環境的維護，反而持續地破壞，還有不少人會拿科技新產品來進行智慧型犯罪。尤其為戰爭所發明的武器，更是危害到人類，難道這是真正的幸福嗎？

2. 科技始終來自於人性

　　「科學有點兒像你呼吸的空氣——它無處不在。」古代的印刷術與造紙術亦是如此，改變以前抄寫的辛苦和厚重的竹簡書，為書本的發行有所深遠的影響——我們確信「科技始終來自於人性」，在於減輕人類生存的艱辛，科技發展的最終目的應該是帶給人類更便利、美好、幸福的生活。因此，科技與人性在產品設計中是非常重要性。

　　「科技」是「設計之本」，但「人性」是「設計之始」；「科技」必須源自於「人性」，才能營造和諧的人造世界。讓科技帶給人們更多的便利與幸福感，用科技幫助人們追求更美好的生活，科技始終必定能夠變成對人類有利無弊的好東西。

　　一部最耳熟能詳的知名卡通《哆啦A夢》，影片中有一項非常有名的道具，叫做任意門，又名隨意門、如意門、出入門，是哆啦A夢最常用的道具之一，打開之後可以到使用者想去的地方，為一扇可至十光年內任何地方的門。而這任意門加裝了特殊旋鈕，更可以設定時間，只要扭動其門柄，門另一邊的時間便會改變。這是一項未來科技的產物，若能真正實現，

則人們可免除往返兩地之舟車勞頓，更節省寶貴的時間，對人類而言，這項科技的發明將帶來無比的幸福感。如圖5-1大仁科技大學的圖書館，就仿效任意門的觀念，任何人只要推開任意門就可轉換空間到溫馨安靜、充滿關懷的幸福書坊，享受一天浪漫的閱讀饗宴。

圖 5-1　　幸福書坊

3. 以科技支援文創、以文創豐富科技

　　設計創意源自於文化，設計的目的在於改進人類的生活品質，提升社會的文化層次，並且追求個性化、差異化的產品，尋求具有文化認同、表現文化特色的產品。我們從「科技與文創」觀點，逐漸探討如何經由「人性科技」與「感性設計」的融合，營造一個具有「文化創意」的人性化生活環境，提升幸福的居家生活品質。再者，使文創設計與互動科技元素相結合，構成所謂的軟硬結合來啓動大創新時代，強調科技與服務導入及創新，著重跨領域整合並激發在地創新創業潛力，運用資訊科技來展現多元的創意發想，而源源不絕的創意發想豐富了科技產品的日新月異。

　　以故宮導入科技與文創爲例，故宮主要職掌在典藏、研究中國歷代文物，一般大眾可能以爲裡面都是老學究，但事實上這些文物實在太珍貴

也太脆弱，往往需要高科技來協助保存。例如展覽及庫房也都必須保持恆溫、恆濕。故宮的第二個職責是推廣，推廣需要舉辦展覽、活動、宣傳，這些免不了需要拍攝、複製、出版這些歷史文物，而且必須在不會傷害歷史文物的前提之下實施，這也是需要高科技來協助，而會動的《清明上河圖》就是科技與文創結合的最佳典範。

4. 幸福方程式

　　日常生活中，我們消費的目的是為了獲得幸福。然而這所謂的幸福，美國的經濟學家薩繆爾森（Samuelson）用「幸福方程式」來概括。而這個「幸福方程式」即是：幸福＝效用／慾望，從這個方程式中我們看到慾望與幸福成反比，也就是說人的慾望愈大愈不幸福。但我們知道人的慾望是無限的，那麼再大的效用不也等於零嗎？因此，我們在分析消費者行為的時候，我們通常假定人的慾望是一定的。

　　作者梁小民在《微觀經濟學縱橫談》中提到，在社會生活中對於幸福，不同的人有不同的理解，一般而言，政治家把實現自己的理想和抱負作為最大的幸福；企業家把賺到更多的錢當作最大的幸福；老師把學生喜歡聽自己的課作為最大的幸福；一般平民百姓往往覺得平平淡淡衣食無憂當作最大的幸福。幸福是一種感覺，自己認為幸福就是幸福。但無論是什麼人，一般把擁有的財富多少看作是衡量幸福的標準，一個人的慾望水準與實際水準之間的差距愈大，他就愈痛苦；反之，就愈幸福。

　　「知足常樂」「適可而止」「隨遇而安」「退一步海闊天空」，這些說法有著深刻的經濟含義，我們要為自己最大化的幸福作出理性的選擇。

綠色科技與橘色科技

相信大家對「綠色科技」這個名詞並不陌生，是用以描述維護自然環境與資源，以減低人類活動所帶來負面傷害的科技。由於人類在追求更富裕、便利生活的同時，破壞了所生存的這片土地，因此綠色科技的發展應運而生。綠色科技著眼於對地球生態的保護議題，強調科技的發展應考量對環境的友善性。綠色給人的感覺就像大自然，就像看見一片綠油油的草原使人身心舒暢。然而，科技發展至今，影響的不僅是我們所生存的環境，由於社會與經濟進步，無形中也加深了人與人之間的疏離感，因此開始注重以人爲本的「橘色科技」。

橘色給人的感覺就像太陽般的溫暖，因此，橘色是紅色與黃色的整合，使人有溫暖、健康、幸福、關懷的感覺，橘色科技也被稱爲溫暖的幸福科技。隨著科技不斷地進步，經濟蓬勃地發展，人們的生活變得更加便利與富足，但也造成了物質主義的結果，貧富差距與全球暖化等問題，因此許多知識分子開始提倡人文關懷之提升，在科技發展的同時，也必須注重人文的發展，並期望科技能帶給人類健康與幸福。

1. 綠色科技

綠色科技以字義來說，包含象徵自然環境的綠色，以及象徵繁榮發展的科技，意即將科學發展與環境保護策略相結合，以謀求人類在地球的永續發展。人類在 20 世紀科學技術的發展令人振奮，但環境汙染問題隨之出現、加劇，並迅速蔓延全球。雖然在同期，汙染防治與處理技術有大幅進展，但全球性的溫室效應、臭氧層破洞與物種消失等危機，促使環境價值觀逐漸滲入各個科學技術領域，發展綠色科技也漸成爲人類永續發展的

共識。

(1) **綠色科技的內涵**：發展綠色科技是希望在提高生產效率或優化產品效
果的同時，能夠提高資源和能源的利用率，減少有毒物質使用與廢棄，
注重可回收與重複使用的設計，減輕對環境的汙染負荷，以改善環境
品質。因此，須先分析與了解經濟發展過程中的環境風險，才能針對
各項風險，確定發展綠色科技的重點領域。

臺灣地狹人密，能源多仰賴進口，近年更以發展科技島為目標。因此，
綠色消費科技與綠色生產科技均不能偏廢。綠色消費科技方面，與能源
耗用相關者應優先發展，例如：綠色能源、綠色食品、綠色交通、綠色
建築、綠色照明、綠色材料與綠色家電產品；綠色生產科技則應優先
推動高科技產業的清潔生產技術，以及國際環境管理規範 ISO 14000，
再加強傳統產業的減廢與回收再利用技術。

(2) **綠色科技的層次性**：綠色科技的發展涉及國家產業結構規劃、企業經
營策略與生產製程技術三個不同的層次。國家的產業規劃應從永續發
展原則和地區環境狀況做一衡量，以求經濟發展與環境保護的協調，
聯合國世界環境與發展委員會所推動之「21 世紀議程」，即是希望預先
將綠色科技思維，納入國家發展規劃。

企業經營策略層次，應將企業的商業策略與環境策略結合，執行整體
環境品管計畫，對產品設計、原料與能源選用、製程改進與管理最佳
化等融入綠色度的評估。其次，生產製程技術層次，應推行清潔生產
技術，包括節約原料與能源，不用有毒原料，並減少排放廢汙的量與
毒性，減少整個產品生命週期對人類及環境的影響。

2. 橘色科技

橘色科技（Orange Technology）有別於綠色科技以環保為議題，加強人本及人道科技之研究，發展人文關懷與健康照護等相關科技產業為主要訴求，而科技研發應該朝向帶給人類健康、幸福的方向邁進（王駿發，2011）。

橘色科技主要包括健康科技、幸福科技，以及關懷科技。若再細分，則包括老人健康安全照護與疾病預防、兒童健康安全照護與疾病預防、受災戶天然災害防治與救援、低收入家庭照護與關懷、身心靈障礙照護與關懷，和人文素養的提升。例如：推門式無障礙浴缸的科技產品，讓老人家洗澡時不用跨越高起的浴缸壁，浴缸內也多了坐椅和安全扶手以及底部防滑等設計，減低長輩洗澡時的恐懼，並且能享受泡澡的優閒感。

在我們的生活中有許多像這樣的一般生活用品，只要多加點巧思，多去了解特殊使用者的需求，就能讓需要的人使用得更方便，這樣的創意就能成為一個橘色科技的產品。未來，對於橘色科技的推動發展，有以下幾個目標：加強健康科技、幸福科技，以及關懷科技方面的教學、研究與應用，使人類在享受科技的方便之外，還能感受到科技傳遞的溫暖。在未來的世界，不僅注重科技發展，還需要能使身心靈和環保共同提升，橘色科技果能帶給人類更多的健康和幸福。

橘色科技已整合現有健康科技、幸福科技、關懷科技，具有整合、創新、進步之特性，是臺灣原創也是世界原創。健康科技產業包含醫療衛生、生物科技、健康照護等，目前已經有相當之研究及發展；而在幸福科技及關懷科技之相關產業發展應用，則有待進一步之研究與開發。

幸福是人生共同需求與生命價值，需不同領域的資源挹注。幸福科技

主要以科技探索人們幸福需求、幸福感度量測，提供幸福感度的服務項目或模式，使人民能採取有益幸福的行動及生活方式，提高幸福指數，達到幸福的社會。

2013年幸福科技與幸福臺灣高峰論壇以探討「幸福科技、幸福臺灣」議題為主要訴求，並且討論幸福政策白皮書，希望藉由學術專家經由論壇可以進一步了解幸福科技之真正含義，進而如何創造幸福社會，讓科技真正帶給人類健康、幸福與人文關懷。

幸福科技之研究、範疇與探討議題

科技創新乃是增進人們生活幸福的手段，因為技術的創新是為增進人類生活的便利和進步，進而感受到創新所帶來的幸福感。近年來，不管在醫療、建築、交通、居住……生活領域上都與科技做妥善的結合，舉凡智慧屋的現代科技建築結合綠色環保節能的住宅、高速公路全面採用 ETC 智慧型長距離 RFID 之科技產品、醫療設備的科技化有效率地協助醫生對病情之精準診斷。因此，科技的新發現為人們的生活品質帶來更便捷、更幸福的感覺，幸福科技這一名詞之關鍵字索引也愈來愈被重視，相關領域之研究也愈來愈廣泛。

1. 幸福科技主要相關研究領域

整理目前幸福科技領域之發展，主要相關研究如下：

(1) 幸福探測之情緒運算（Affective Computing for Happiness Detection）

(2) 長期之正向情緒探測（Long-Term Positive Emotion Detection）

(3) 笑臉與笑聲之探測（Smiling Faces and Laughter Detection）

(4) 來自心理學與生理學生物訊號之快樂探測（Happiness Detection from Psychological/Physiological Bio-Signals）

(5) 對促進快樂之系統設計（System Design for Happiness Promotion）

(6) 總體國民幸福指數之理論與測量 Theory and Measurement of Gross National Happiness（GNH）Index

(7) 在總體國民幸福指數之文化上差異（Cultural Difference and Cross National Comparison in GNH）

(8) 對增進國民幸福指數之國家政策制定與策略（National Policy Making and Strategies for Enhancing GNH）

(9) 幸福企業相關資訊科技系統及服務（Related Information Technology System and Service for Happiness Business）

(1)量測科技探測幸福程度

　　透過聲音、影像、生理訊號得知客觀的數據進行分析及辨識，可以讓我們得知目前透過服務後受測者的心理狀態，得到一個實際的幸福感程度衡量的評測結果，讓使用者隨時隨地都可以得知目前是否感到快樂與幸福，目前量測科技可分為下列幾項：

① 行為辨識技術（表情、肢體、腦波、眼球）

② 生理訊號量測技術（血壓、脈搏、體溫）

③ 社群觀感探測雷達技術

④ 行徑流主動追蹤辨識判讀技術

⑤ 微笑偵測

⑥ 笑聲偵測

⑦ 人聲語氣＆語意偵測

⑧ 腦波幸福偵測系統

(2)幸福指數之相關研究

　　幸福指數是測度國家或地區居民幸福程度的指標體系，是把主觀幸福感作爲一項指標，通過運用專門的測量工具去獲得人們主觀幸福感的數量化結果。以下爲研究幸福指數國家的主要方法有三種：

　①主觀指標體系：不丹、英國、OECD 等，均採用此種方法，其主要透過調查問卷和訪談形式，測度被訪問者的生活滿意度（收入、就業、健康、休閒等），以及對社會、生態環境、政府治理等方面的主觀評價。

　②客觀指標體系：聯合國的千年發展目標、聯合國開發署的人類發展指數、荷蘭社會研究所的生活狀況指標等，主要通過客觀統計指標計算公式的客觀評價法，反映居民的生活條件狀況，如衛生、教育、環境、壽命、生活質量等。但統計指標資料很難反映出如對工作的滿意度、對婚姻的滿意度、對政府治理的滿意度、生活安全感受等等。

　③主觀與客觀指標結合：法國經濟發展與社會衡量委員會的幸福與經濟發展測度、中國民生指數等，採用主觀與客觀結合評價法，這種方法彌補了前兩類方法的不足，但是存在著主觀評價與客觀評價之間的權重協調問題。

　　其他有關幸福指數之研究上包括：國家與城市幸福指數研究、企業幸福指數研究、家庭幸福指數研究及個人幸福指數研究。要在社會生活中獲得切實的幸福體驗，關鍵要從自身的實際情況出發，努力創造獲得幸福體驗的條件，同時還應注意培養體驗幸福的意識與能力。研究幸福指數學者們爲人們提供一些相對完善的幸福指數測量工具，透過這些測量工具，人們能夠對自身的主觀生活品質狀況加以理性地把握和認識，發現自身主觀

生活品質方面的優勢和不足，分析可能導致自身持續的幸福與痛苦體驗的各種環境和個人因素，幫助人們對自己的人生走向加以反思，從而更好地實現自我、享受人生，過上更加美好的生活。

(3)幸福科技之主要探討議題

①探討個人幸福指數及國家幸福指數的定義。幸福指數有很多種，周朝《尚書》記載五福臨門的內涵，說明五福包含壽、富、康寧（health and peace）、攸好德（love of virtue）、考終命（good ending）。（王駿發, 2011）

②探討各種主客觀方法量測幸福指數。有關快樂幸福的量測方法，在文獻探討上主要以正向情緒及正向動作為快樂的量測目標，包含：愉悅、投入、關懷。

③探討如何應用科學與技術包含工程、管理醫學、社會科學、人文科學等，提升個人及國家幸福指數。

資料來源：http：//web1.nsc.gov.tw/ctpda.aspx?xItem=13989&ctNode=76&mp=8

(4)幸福科技研究之相關期刊

IEEE Transaction on
Affective Computing

Journal of Happiness Study

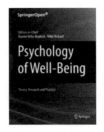

Psychology of Well-Being

2. 幸福科技之範疇

　　此外，幸福科技的範疇是什麼呢？如何應用工程科技、社會科學與人文科學以提升幸福感，如老人住宅的環境控制、無障礙空間設計、行動載具設計、居家護理服務等日常生活照護設備，都是未來健康照護產業需要投入改善的範疇。老年人健康照護的科技產品或服務，經過適當地修改也可適用於弱勢族群的健康照護。

　　至於幸福科技之範疇，首先要定義什麼是幸福快樂，其次要建立幸福指標，並量測幸福指標，最後要能提升幸福指標。以下是針對幸福指標之量測內容加以說明，並用以檢測幸福程度。

幸福科技之應用

　　幸福科技之應用，應以科技探索人們幸福需求、以科技衡量身心狀況，並依服務領域屬性提供虛實整合的人本服務技術及載具應用。可以採用多元方式，找尋可提供較高幸福感度的服務項目、模式，最終創造消費者高等級的身心愉悅滿足。

1. 幸福科技在醫療照護上之應用

　　根據內政部戶政司於 2014 年 3 月統計，臺灣老年人口（65 歲以上）約 248 萬人，占總人口 10.74%，早已達到聯合國世界衛生組織所定義老年人口比率 7% 的高齡化社會。隨著高齡化社會的來臨，人口結構變化衍生而來的是醫療及健康照護等的迫切需求，因此發展健康幸福的橘色科技也成為必然的趨勢。

　　此外，臺灣地區 65 歲以上人口失智症之盛行率在社區方面平均約為

4.48%，在機構方面，安養機構為 24.54%、養護機構為 61.17%、護理之家為 65.70%，此盛行率在臺灣地區 65 歲以上老年人口 248 萬人來估算，則社區中約有 101,796 位失智老人。調查資料顯示過去 13 年來，每年增加 3,700 人，未來 20 年，每年將增加 5,800 人，亦即今後 20 年失智老人人數將增加一倍，因應失智症的照顧模式也已經成為包括我國在內的先進國家老人福利政策的重要課題。

為因應失智症人口逐年增加，照顧之迫切需求，如何藉由科技之輔助，如規劃並模擬一個情境，兼具一套安全照護資訊平台、室內型 RFID 安全照護系統、戶外型 RFID 行動照護系統等功能，以支援各公私立機構或家庭，協助掌握被照顧者的位置，分擔負起健康醫療照護之重責大任。

目前國內大專院校亦有投入相關建置之應用研究者，例如：大仁科技大學建置有「行動健康 U 療實驗室」，該實驗室結合行動資訊網路化、行動網路運用及資訊科技即時化之特色，將醫療技術之層面擴及至 RFID 行動醫療領域，使兼具無線寬頻、智慧交通、科技生活、數位醫療……的「數位內容生活科技」，將資訊科技落實應用在醫療照護上。

⑴幸福科技醫療應用之系統範例

RFID 結合 GPS 之照顧系統

以 RFID 之科技技術為基礎結合 GPS 系統來建置一套針對社區老人、幼兒及失智老人安全照護系統為基礎，不僅可以降低照顧者的負擔，同時可以有效提升整體安全照護的品質，失智老人監控及幼兒安全。整個照護系統之建置包含 Web-Base 失智評量系統、室內安全照護系統、戶外行動照護系統及戶外環境追蹤四個部分，主要是擔負起利用科技技術來協助社區機構照護者或是病人家屬得以輕易地了解病人的失智狀況及追蹤。

　　安全照護資訊平台（包含失智老人、老人、小孩）之運作方式，包括失智評量與安全照護兩個部分。在失智評量服務流程方面，照護人員從與失智老人及其家屬訪談中，取得患者的病徵資訊，透過失智量系統分析嚴重程度，並透過資訊管理平台將分析資料與結果傳送給專業醫生，作爲診治患者的輔助資訊。

　　在安全照護方面，主要是以 RFID 技術建構室內與戶外兩套系統。

① 室內安全照護部分：當老人獨自走出門口、進入倉庫或是接近廚房等危險區域，RFID Reader 會立即感應到此異常事件，並啓動警示機制（閃燈、蜂鳴或是手機簡訊）通知照護人員（如圖 5-2 的 Path A）。

② 戶外行動照護部分：是預防失智老人與照護者走散情況。當被照顧者與照顧者因爲遮蔽物或是獨自走遠，照護者配帶的 RFID Reader 無法感應到時，系統即在照護者手機顯示有異常狀況的病人 ID（如圖 5-2 的 Path B）。

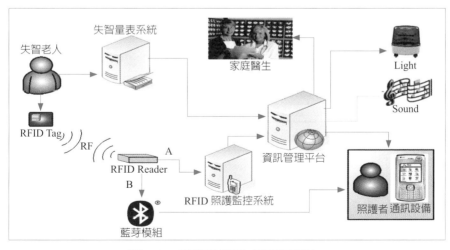

圖 5-2　系統架構圖（作者自製）

室內型 RFID 安全照護系統

　　每位被照顧者隨身帶有儲存個人資料電子標籤（Tag），同時在室內活動區域出入口或危險區域，設置主動式活動感測器，用以偵測所設定區域是否有人員靠近。

　　此系統之運作方式，首先共定義三種異常狀況，讓系統進行偵測。

① 第一種情況：是當老人單獨出現於危險區域時，設計一個區域型感測器（Regional Reader），用來感應老人是否在門口、廚房或是倉庫等區域單獨出現。

② 第二種狀況：為老人不在應該出現的地方出現，例如此刻老人應該在指定的活動區域活動，設計一全域型感測器（Global Reader），來偵測是否有感應到所有老人的 Tag，若沒有感應到所有老人的 Tag，不論原因是老人不在應該出現的地方出現，或是老人的 Tag 沒電，皆為異常狀況。

③ 第三種狀況：為照護系統異常，我們在每個 Reader 放置一個參考標籤（Reference Tag），用來判斷此區域感測器是否正常運作，若無法讀取此參考標籤，則會發出警示訊息給照護者立即檢視系統。一旦發生上述三種異常狀況中的任何一種，室內活動區域感測器將感應到的老人 Tag 資料透過 RS485 傳輸介面傳送回服務管理平台進行分析與儲存，並啟動警示燈（Light）與蜂鳴聲發出警示，同時透過不同網路架構（如：GSM 網路、WLAN 網路）將此異常狀況顯示到手機與 PDA 顯示器上，提醒照顧者注意（如圖 5-3）。

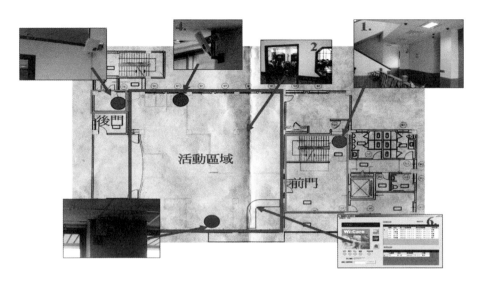

圖 5-3　室内型 RFID 安全照護系統（作者自製）

戶外型 RFID 行動照護系統

　　此照護系統是考慮到照護者常常需要陪伴失智老人、老人、小孩到外活動，為避免在照顧者不注意的情形下走失所設計。此行動照護系統之步驟如下：

①當老人因環境阻隔或是獨自遠離使得照護者隨身 RFID Reader 無法感測到 Tag 時，照護者所攜帶之手機或 PDA 將立即顯示警訊，讓照護者採取必要之預防措施。

②RFID Reader 為了能達到可移動式偵測的目的，RF 傳輸模組每隔 0.5 秒，會接收到老人身上 Tag 所發出的訊號，經過編碼處理後，再以 Bluetooth 模組將老人 Tag ID 傳送到手機（或 PDA）。

③照護人員出手機上的監控程式掌握所有狀況，當手機沒有接收到老

人 ID 資料時，監控程式就會立即顯示警訊，提醒照顧者注意。

全世界即將進入高齡化社會，人口結構之變化衍生而來的是醫療及健康照護等的迫切需求，高科技之研究發明是為人類帶來更安全、更有保障之生活防護與保障，有效來安全照護及適當引導、輔助老人生活參與及管理，並且可以因應緊急狀況之發生。輔導建立及協助社區及老人福利機構利用現有空間轉型設置失智症老人照顧專區，以落實失智照顧政策，先以小規模、多機能的服務模式，滿足老人及失智症老人的多元服務需求，再來建立失智專區照顧可行性模式，提供失智症老人優質的照顧服務，減輕家庭照顧負擔，最後制定個別照顧計畫，幫助老人安心地過正常的生活。如此一來，便可藉由科技的日新月異，帶來幸福快樂的居家生活，彰顯幸福科技之重要性。

2. 幸福科技在創新產品應用

從人文思維出發，運用技術來創新，目前主要應用資通訊科技、醫學、工程科技及人文社會科學以提升人與人之良好互動關係和幸福感，讓人感受溫暖幸福，奠定幸福科技創新產品發展的基礎，藉由創意思考所發想的創新產品應用有以下幾項：
⑴ 居家睡眠品質分析與診斷。
⑵ 幸福健康枕頭。
⑶ 促進幸福的心靈撫慰雲端互動網站與手機 APP 設計。
⑷ 銀髮族適用之幸福感資通訊裝置與家電整合。
⑸ 多啦 A 夢之幸福感動麥克風。
⑹ 促進企業幸福感之資通訊軟硬體整合系統開發。

3. 幸福科技對個人、家庭、城市、國家幸福提升應用

　　幸福科技對個人、家庭、城市、國家幸福提升，需要結合政府教育和環境的支持，使人民能採取有益幸福的行動及生活方式，並透過幸福科技使人們能夠強化其掌控並增進自身幸福，並可提高改善幸福狀態，達到藉由個人創造幸福、家庭分享幸福、城市與國家提升幸福感的過程。幸福科技應用說明如下：

⑴ 對個人：可以應用在滿足日常生活需求，達成自我成就。

⑵ 對家庭：可以應用在居家老人及小孩安全照護，遠端監控，陪伴照護及親子互動。

⑶ 對城市：可以應用在提供便民服務，如景點推薦系統及使用者喜好推薦。

⑷ 對國家：可以應用在提升整體經濟，如加強國家福利及保障制度的便利性。

4. 幸福科技在幸福認證之應用

　　透過幸福認證讓人民有幸福感並被認同，人民或企業都能透過政府與專家的評鑑與認證，打造「溫馨歡樂」的幸福環境，進而縮短人與人的距離，讓幸福的人民，臉上總是掛滿著由心中發出的幸福笑容。幸福認證的優點對於各種不同的標的皆可以適用，不論大至企業、國家，或是小至單位部門、家庭；不論真實觸碰得到的硬體設施，或是虛無但是純粹的感受。人們可以藉由幸福認證很輕易地做出抉擇，或是促使同類型卻尚未得到幸福認證者，調整至趨近或是達到幸福狀態。幸福認證主要以可達到身心靈皆感到幸福，可以由以下三類進行評估：

⑴ 環境：安全、天然無害。

⑵ 氣氛：在空間中，令人感到愉快和諧。

⑶ 培育：提供可以成長的資源。

一分鐘觀念

橘色設計之幸福科技創意加值

　　有別於綠色科技以環保爲議題，橘色科技以強調人本關懷爲中心，發展人本關懷健康照護相關科技與系統產業爲訴求，藉以關懷高齡化的問題、提升老人、弱勢族群的生活品質，使健康照護科技備受重視，也間接帶動健康照護產業的發展。根據色彩學，橘色是紅色與黃色之組合，分別代表明亮健康、幸福與溫馨。今日有一群對橘色設計與橘色科技有熱忱的研究團隊已經開始耕耘這一領域，在開放式跨領域創意加值平臺上互動協作，集結具相同屬性之社群來共同打造未來的橘色設計產品。

　　以科技帶給人類健康幸福爲目標，幸福科技往往需要透過橘色設計來展現。因橘色設計的概念乃強調人性關懷的產品或服務，優質健康照護服務，以維護個人尊嚴並講求溫馨、體貼、安全原則爲主要考量。設計的靈感往往來自周遭環境的人事物且以滿足人們對生活的期望或需求，其目的就是解決問題或滿足需求，以提升幸福感。

　　從創意發想到產品實現，這一過程並非易事，舉凡一些核准專利申請到參與世界設計大獎，在這眾多研發成果中能實際產品化，甚至能獲利的實在是屈指可數，探究其原因，主要在於跨領域知識整合能力薄弱。過去科技的創新很多來自單一技術本身，然而，在環境快速的變化下，憑藉單一專精技術很難滿足目前市場需求，可以想像未來科技產品的創新將來自多個領域的技術整合，使得跨領

域知識技術的整合，儼然成為研發競爭力的成功關鍵。今後，技術的整合及應用必須朝向深度的探討與廣度的相互配合。跨領域團隊的形成與合作最好從「創意方案」、「可行性評估」，到「原型製作」這一連貫知識整合協作的創新研發模式，來評估具關鍵性的科技創意加值服務。

　　為了要讓創意實現，除了提出具有明確應用需求的創意是產品化的開始，再來必須透過跨領域知識的整合與運用，才能成就一個相當受歡迎的創意產品。因此，媒合人才及籌組跨領域團隊是圓夢非常重要的一環，能夠找到實現創意方案的關鍵技術人才，才有創造跨領域知識的力量。因此希望能結合更多有專業、有夢想的專家學者，共同籌組跨領域團隊，並透過多元知識的擴散與整合，讓創意持續加值並努力實現。

　　參考資料：李榮顯、張雅娟（科學發展 2011 年 10 月，466 期）

重要名詞

- 橘色科技（Orange Technology）
- 幸福科技（Happiness Technology）
- 幸福指數（Happiness Index）
- 文化創意（Cultural Creativity）
- 幸福方程式（Happiness Equation）

問題討論

1. 鮮少有產業與幸福感做聯結，請說出聯結之具體方法與策略？
2. 請探討如何以幸福科技為基礎來發展幸福科技創新產業技術與應用？

3. 請討論當科技躍進，人是變得幸福多了或少了？高科技是高幸福嗎？

4. 請利用幸福方程式，引證日常生活中的一個案例？

5. 目前建商紛紛推出所謂智慧型科技屋，請舉出一種將科技產品應用在現實生活中的案例。

腦力激盪

1. 請舉出一個幸福科技應用在產業界的實例。
2. 如何創造一個屬於自己的幸福甜甜圈？
3. 怎樣才能將臺灣創造成一個幸福的科技島？
4. 請說出美國哈佛大學最受歡迎的二十三堂幸福學主旨爲何。
5. 請以幸福科技之角度與思維來拍攝一部幸福微電影。

活動設計

微電影製作說明

一、報告主題：以「幸福學」爲主題，不限定任何題材與形式，並以劇情短片爲主要表現方式。

二、影片規格：拍攝器材不限種類、畫素、檔案格式（舉凡智慧型手機、家用 DV、專業攝影機或行車紀錄器等）。

三、繳件規格：一律請上傳至 YouTube。

四、影片元素：報告作品必須含片頭、片尾等元素。

五、影片長度：全長以 3~5 分鐘爲限（含片頭、影片本體及片尾之長度）

期末報告紙本文件，須繳交：（請將 1~5 裝訂成冊）

1. 期末書面報告申請單

2. 影片及製作團隊簡介（限 300 字以內）。

3. 劇照至少 4 張，請貼於劇照紙本上，解析度 300dpi 以上。

4. 簽署文件

　⑴ 影片授權同意書

　⑵ 音樂使用授權同意書、創用 CC 授權憑證：音樂使用他人創
　　作須取得授權。參賽作品內容如牽涉智慧財產權爭議，須自
　　行取得著作財產權授權同意等證明文件。音樂使用部分，須
　　簽署「音樂使用授權同意書」，或是創用 CC 授權憑證。如確
　　定違反著作權及相關法律規定，應自行負責。

5. 會議紀錄單

六、期末報告，請上傳至「YouTube」平台做分享。

如何將影片上傳到 YouTube，請按照下列步驟進行：

1. 登入 YouTube。

2. 按一下網頁頂端的「上傳」聯結。

3. 從您的電腦中選取要上傳的影片。

或參閱影片說明 http：//www.youtube.com/watch?v=ac38yG-ADkw

「幸福學」微電影書面報告申請單

影片名稱：	影片YouTube網址：	
片長：　分　秒（含片頭、影片本體、片尾）	班　級	系　年　組
指導老師：	成　績	

基本資料

學號	姓名	聯絡電話	E-mail	協同創作者

註：

1.原則上，請以3人為一組

2.協同創作者：請載明劇組中扮演角色，如：導演、副導演、製片、攝影、編劇、剪接、音樂音效設計、美術造型設計、男主角、女主角、演員……

「幸福學」微電影書面報告
影片及製作團隊簡介

影片名稱：

團隊代表人姓名：

影片簡介（300字以內）：

製作團隊簡介（300字以內）：

「幸福學」微電影書面報告劇照

➤請附拍攝過程中剪影照片至少4張──解析度300dpi以上

影片名稱：

團隊代表人姓名：

「幸福學微電影製作」影片授權同意書

本團隊代表人＿＿＿＿＿＿＿＿＿＿＿＿＿＿＿＿＿＿＿同意以下聲明：

一、保證本作品＿＿＿＿＿＿＿＿＿＿＿＿＿＿＿（以下簡稱本作品）於開設課程當學
　　期製作完成。

二、本作品 □ 曾報名過其他影展；□未曾報名過其他影展（此回答並不影響教師給
　　分）。

三、本作品將其影片拷貝授權予××大學所開設之「幸福學」課程相關活動做公開播
　　送、公開傳輸、公開口述、公開展示使用。

四、本團隊保證所提供之影片及圖文資料無侵害他人著作權之情事，其中運用既有
　　（他人）拍攝或合成之影片（像）資料，皆已取得著作人之授權同意，且在作品
　　中以文字載明影片（像）出處或著作人姓名。

五、若本作品涉及違反著作權相關法律，造成第三者之權益損失，本團隊願自負一切
　　法律責任，概與××大學無關。

六、本團隊已詳讀本課程活動之注意事項，同意且接受注意事項內容。若有違反任何
　　一項規定，願無條件退出本課程活動。

七、本團隊保證已通知全體共同著作人，並經全體共同著作人同意代表授權簽署「影
　　片授權同意書」，且全體共同著作人皆同意以上等規範。

此　致

　　××大學

團隊成員：＿＿＿＿＿＿＿＿＿（簽名及蓋章）

　　　　　＿＿＿＿＿＿＿＿＿

　　　　　＿＿＿＿＿＿＿＿＿

　　　　　＿＿＿＿＿＿＿＿＿

中　　　　華　　　　民　　　　國　　　　年　　　　月　　　　日

「幸福學微電影製作」音樂使用授權同意書

＿＿＿學年度 第＿＿＿學期第＿＿＿次會議討論					
班　級	系　　年　　組		影片名稱		
週　次		日　期		地　點	
指導老師		姓　名			
預定進度報告					
實際進度描述					
提案討論事項					
指導老師建議事項					

註：至少須填寫3次紀錄單

附錄　如何拍攝一部微電影

　　拍攝微電影（英語：Short short films 或 Short shorts）目前正是相當熱門的話題與關鍵字查詢，微電影為短片分類之下的另一分支，然而各國對於微電影這名詞的定義卻有所不同，原則上乃依據時間長度來釋義。雖有微電影一詞，但此類影片類型上並不具備與短片一詞所代表類型之特質。在國外，此類型影片一般還是以短片來稱呼。

　　至於如何才能拍攝一部優質的微電影？首先，必須先要有好的題材，例如：你想拍什麼類型的影片？或許可以試著將個人身邊經驗搬到螢幕上。而一部微電影究竟如何誕生？

　　其過程可以區分為：前製即所謂的策劃，再來是製作即所謂的拍攝，最後則是後期製作即所謂的剪接整合。

　　策劃階段：前製包括想法、收集故事、製片決策、編劇、撰寫故事大綱、構想人物、故事分場、拍攝場地、行銷、勘景、上線電影院、國內播放、國外播放……等等。

　　拍攝階段：製作包括拍攝前準備、拍攝當天與拍攝工作結束。拍攝前準備過程包含，提拍攝進度計畫、分鏡分場、美術指導溝通、服裝化妝溝通、攝影師提全片拍攝計畫來確定所有計畫；至於拍攝當天過程包含各組依計畫拍攝；而拍攝工作結束包含底片或檔案整理場記記錄表、攝影報告表。

　　剪接整合階段：後期製作包含剪接、動畫、特效、錄音。剪接則將影像依據本剪輯；錄音則將訊號轉化於底片或是檔案上；動畫則為製作動畫，如功夫熊貓；特效如哈利波特……等。

　　工欲善其事，必先利其器。優質的微電影，必須慎選好的拍攝攝影器材。例如：相機：Canon 5D2、60D、550D；攝影機：RedOne、Epic Kites、手機：HD 高畫質（800 萬以上）。而拍攝器材如：燈光、輔助器材 HMI、鎢絲燈、聚光用燈、反光板、濾紙（燈光紙）、沙包、

木箱軌道車、攝影輔助器材（手臂）都應充足。而剪接軟體如：威力導演，一般人常用它來剪接電影；軟體可選擇 Premiere Pro；進階剪接軟體如 Avid 則為電影製作專業剪接軟體。

　　尋找題材向來堪稱為最重要的階段，可以選擇實際案例、小說、科幻、自由創作劇本……等。最後拍攝影片編組，可以下列各類組來區分，如：導演組 — 導演、副導、導演助理；製片組 — 製片經理製片助理；攝影組 — 燈光組、錄音組／美術組、演員、道具／服裝組、化妝組（服化組）；後製特效、剪接組、調光。

　　微電影（Micro film），即微型電影，又稱微影。微電影是指專門運用在各種新媒體平臺上播放的、適合在移動狀態和短時休閒狀態下觀看的、具有完整策劃和系統製作體系支援的具有完整故事情節，包括：

　　「微（超短）時」（30秒－300秒）放映、「微（超短）週期製作（1-7天或數周）」「微（超小）規模投資（幾千－數千／萬元每部）」的視頻（「類」電影）短片，內容融合了幽默搞怪、時尚潮流、公益教育、商業定制等主題，可以單獨成篇，也可系列成劇。

參考資料：維基百科

第六章

幸福的環境

周嘉宜

學習目標

1. 了解自然環境對幸福感很重要。
2. 認識空氣品質與飲用水對生活滿意度的影響。
3. 認識良好的環境品質可以降低疾病負擔。
4. 認識享有綠色空間對個人幸福感的影響。
5. 了解自然環境對可持續發展能力的重要。

章首案例

　　第 50 屆金馬獎中,「最佳紀錄片」獎由導演齊柏林拍攝的空拍紀錄片:《看見臺灣》獲得。攝影家齊柏林所拍攝的臺灣第一部空拍紀錄片《看見臺灣》2013 年 11 月 1 日上映,立即受到國人的矚目,在臺灣才短短三個半月的時間,就創造了超過兩億台幣的票房。他的作品讓人清楚地感受到臺灣的美,住在臺灣這塊土地上人們的幸福,撥動眾人的心弦,同時也讓眾人看到臺灣這塊土地環境被破壞的問題。由於臺灣約有百分之六十的森林覆蓋,同時海拔差異大,造就出臺灣高山蔬菜、水果、茶葉等各種高經濟作物。經濟開發與觀光旅遊的誘因下,導致許多農民過度開發山坡地,讓眾人看到臺灣脆弱的山坡地質。在心動與心痛之間「看見臺灣」,重點是,導演齊柏林點出這些問題後,我們如何反省自己?讓自己不會

在不知不覺中也成爲破壞這塊土地的幫兇之一。臺灣這塊土地是如此脆弱，有這麼多人口生活在這裡，要在滿足社會與經濟發展的同時，既不損害後代子孫的福祉，又可兼顧幸福的生活可持續發展，一直都是眾人所渴望的。希望透過導演齊柏林的眼，在建設臺灣這塊土地之餘，能更有智慧地找到兼顧自然環境，又能讓眾人親近自然環境的方法，讓臺灣更美更好。

摘要

政府在民國 102 年 8 月首次發布「國民幸福指數」，評估的方式分爲兩個面向、十一個領域，即物質生活條件面向（內含居住條件、所得與財富、工作與收入三個領域）與生活品質面向（內含社會聯繫、教育與技能、環境品質、公民參與及政府治理、健康狀況、主觀幸福感、人身安全、工作與生活平衡八個領域），主要在探討各領域與國民幸福感的關係，同時透過與先進國家的比較，讓國人了解我國國民福祉與社會進步的情形（行政院主計總處，2012）。

本章主要從環境品質方面介紹空氣品質、飲用水與綠色空間對國民幸福感的影響，優質的環境品質可以降低疾病的負擔，並提高國民的幸福感。以自然環境、經濟與社會這三方面和諧與發展的前提下，對環境倫理價值觀的堅持，追求可持續發展的幸福生活。

自然環境對幸福感的重要

自然環境包括水、土壤、日光、氣候、溫度、地形、天然動植物等要素，人類的演化過程中，無時無刻都在使用自然資源，人口成長改變了自然資源的使用方式，以致影響了環境的樣貌。自然環境倘若遭遇嚴重破

壞，社會就必須投入更多的資源修復，否則人類的生存環境將會面臨威脅。例如：因溫室氣體二氧化碳的排放，造成地球暖化，進而影響全球各地的氣候，引起前所未見的天災。而人為製造的氟氯烴和其他鹵素碳化合物是造成南極地區臭氧層破洞的主因，也會因此增加人類罹患皮膚癌的風險。

　　環境的品質影響個人的幸福感，想提高個人的幸福感就必須提升環境品質及減少環境汙染。費勒—i—卡博內爾（Ferrer-i-Carbonell）與高第（John Gowdy）（2007）學者的流行病學研究發現汙染和個人幸福感是呈負相關的，同時在他們對 9 千人的調查研究中也發現：個人關心臭氧層程度與個人主觀幸福感亦呈負相關，例如：漢森（James Hansen）原本是美國太空總署的一位頂尖物理與氣象學家，在他的長期研究工作中，意外發現一些氣候變遷的證據，這些氣候變遷的數據讓他對未來深感憂心，因此，毅然決然辭去工作，開始巡迴世界各地的演講活動，警告世人全球氣候變遷將帶來的危害（http://www.ted.com/）。Silva（2012）學者等人提出了環境汙染對主觀幸福感的概念模型，此模型假設：環境汙染（比如空氣中的懸浮微粒濃度）上升，會導致人們對環境（空氣）品質的滿意度下降；而環境（空氣）品質的滿意度下降，則反映出個人的幸福感降低（Silva, de Keulenaer, & Johnstone, 2012），如圖 6-1 所示。某些人口分布密集的區域，環境汙染問題還可能進一步對個人幸福感產生不利的影響。另外研究也發現，有小孩的家庭其在汙染和幸福感之間有較強的負相關，因為不良的空氣品質對家庭成員而言尤其是兒童有健康上不良的影響因而產生不幸福的感覺。健康及多樣化的自然環境引領著我們進入滿足且充實的生活，對人類而言相當重要，例如以「親近水、擁有綠」的觀念規劃的親水公園，每年都吸引著不少民眾攜家帶眷來到多山河，親近友善的開放空間，讓人

與水能更親近，喚回人類親水的天性，重建人與水之間的自然倫理。假日時各種有山有水的自然環境中，往往不但能聽到人們歡樂的笑聲還能看到舉家同樂的畫面。若我們與自然環境愈來愈隔離，將會逐漸走入不健康的環境，而導致不快樂的世界，因此汙染對人們健康的不良影響會使個人的幸福感降低。

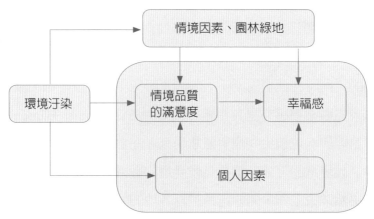

圖 6-1　環境汙染對主觀幸福感的概念模型（參考資料：Silva et al., 2012）

　　透過社區參與、建立信任感、休閒活動等各種社會及文化方面的影響，一個生態系統的狀況可以直接或間接地影響我們對生活的滿意度及幸福感。此外，受到生態系統設施之保護，大幅度減少自然的災害可以顯著地提升生活滿意度。

　　隨著心理學、健康、節能、經濟及其他更多方面的加入，幸福感與環境因素之間有愈來愈相關的聯結。某些有限的證據顯示綠地或自然環境和生理及心理健康與幸福感是呈現正相關的。

　　麥克凱隆（George MacKerron）與莫瑞托（Susana Mourato）學者認

為人類對自然環境的感受至少有三個因子呈現正相關，亦即健康、幸福感及快樂指數（MacKerron & Mourato, 2013）。

1. 自然環境對人類的影響：似乎直接出現在神經系統方面，造成壓力及注意力的變化，這種影響的存在能合理地解釋，人類熱愛生命的天性，讓我們對自然環境的依賴而生生不息。

2. 環境公害：對身心健康有顯著的負面影響，可能會影響個人的幸福感。不良的噪音和空氣汙染，如圖 6-2(A)，對健康的影響是有據可查的。長期地暴露在城市交通噪音環境中可引起嚴重的睡眠障礙、聽力障礙、耳鳴及壓力程度增加，從而導致高血壓、冠狀動脈心臟疾病、中風，或者是免疫系統障礙，甚至出現出生缺陷（Passchier-Vermeer & Passchier, 2000）。即使是健康的人長期暴露在不良的噪音中心情也比較容易引起躁動，對身心就是一種負面的影響。同樣地，空氣汙染可導致廣泛的呼吸系統和心血管系統的問題。正如 Welsch（2006）所言，個人應意識到環境問題與個人的快樂之間的因果關係。然而，認識了地區性的環境問題，以及其對人類健康和生態系統的負面影響，也可能會直接和間接降低幸福感的感受，如圖 6-2(B) 與 6-2(C)。相關證據表示，個人對空氣汙染的看法可能會直接和間接影響他們的幸福感。

3. 良好的自然環境品質：對人而言可以透過促進和鼓勵來提升幸福感，從實務與心理的層面，好的自然環境是對身心有益的，包括身體鍛鍊、休閒運動和社會互動。在實際生活中，你可能也聽過有些輕疾的患者，例如皮膚或呼吸道過敏的人搬到山中清新的空氣中生活了一段時間，長期讓他困擾的痼疾竟然痊癒的例子，這就是良好的自然環境帶給人們的一種幸福。

| (A) | (B) | (C) |

圖 6-2　(A) 工廠排放廢氣 (B) 生態園林綠地 (C) 森林中動物的互動

空氣與飲用水對生活滿意度的影響

　　空氣和水是萬物賴以維生的重要自然資源，空氣與飲用水的品質直接影響民眾的健康，因此環境品質領域選取「空氣汙染」與「水質滿意度」兩項作為指標。近二十年的流行病學調查，空氣中的懸浮微粒汙染物種類繁多，粒徑小於 10 微米以下的懸浮微粒（PM_{10} 微粒，單位為微克／立方米），主要來源包括道路的揚塵、車輛排放的廢氣、露天燃燒、營建施工等，或由原生性空氣汙染物轉化成的二次汙染物等。懸浮微粒中容易被吸入，且小至無法被過濾而直接進入氣管和肺部的汙染物，使氣喘患者發作的頻率升高；若微粒小於 2.5 微米（$PM_{2.5}$ 細懸浮微粒）更可穿透肺泡直達血液，對人體健康的危害更大，研究指出，若空氣中 $PM_{2.5}$ 的濃度每增加 10 $\mu g/m^3$，因為肺部及心臟問題所造成的死亡人數將增加 6%，因為肺癌而死亡者將會增加 8%。二氧化硫（SO_2）、二氧化氮（NO_2）等氣體和懸浮粒子可刺激呼吸系統，造成眼睛不適，高濃度時更可引發心臟病及呼吸系統疾病。一氧化碳（CO）與身體血紅蛋白結合，會形成不易分解的碳

氧血紅蛋白，影響血液運送氧氣的功能。臭氧（O_3）對人體，尤其是對眼睛、呼吸道等有侵蝕和損害作用。透過植樹的方式不但可以改善空氣品質與兼具水土保持的功能，樹木的葉片還有可吸收二氧化硫、一氧化碳、二氧化氮及臭氧等空氣汙染物的功能。

人類的生活中必須依靠大量的電力與交通運輸，其中大部分的消耗來源目前幾乎都是來自石化燃料的燃燒。石化燃料燃燒是二氧化硫的最主要來源（85%），二氧化硫在釋放到大氣中後，可經由化學轉換成為硫酸鹽之後再形成酸雨沉降到地表，因此會降低水土酸鹼度之 PH 值，使得植物和水中生物死亡，甚至將影響農產品的收成。交通尖峰時段，汽油燃燒後也會造成車內揮發性物質濃度增加，二氧化氮濃度可達到標準都市戶外監測站濃度的 6~10 倍。氮氧化物釋放到大氣中後，可轉換成為硝酸鹽之後再形成酸雨。由於空氣汙染將使得疾病人口增加，造成醫療負擔。早在 1987 年美國國會頒布的空氣品質 PM_{10}（粒徑小於 10 微米的微粒）濃度的標準，1997 年美國環境保護署又公告了有關 $PM_{2.5}$ 濃度的新標準，目的是在改善空氣品質，降低空氣汙染。我國參考美國環境保護署（EPA）所建立的空氣汙染指標，在臺灣地區 76 個不同地點設置固定的觀測站，監測當日空氣中懸浮微粒（PM_{10} 與 $PM_{2.5}$）濃度、二氧化硫（SO_2）濃度、二氧化氮（NO_2）濃度、一氧化碳（CO）濃度及臭氧（O_3）濃度等 5 種，並適時發布即時空氣汙染指標，提醒國人注意空氣品質對健康的影響。

為改善空氣品質，環保署還積極推動各項空氣汙染防制措施，如適時訂定各類汙染源、空氣汙染物排放標準，2000 年全面使用無鉛汽油、2001 年開始補助高汙染老舊機器腳踏車汰舊換新、執行汙染減量工作、1995 年與 2007 年開徵空氣汙染防制費，適時修訂車用汽、柴油成分管制標準，

規劃實施柴油及汽油硫含量降至 10 ppm，成效顯著。

　　行政院環保署於 2009 年依據 World Bank 定義計算我國 PM_{10} 濃度，結果顯示濃度爲 42 μg/m³（微克／立方公尺）。相對觀察經濟合作暨發展組織（OECD）及其夥伴國（OECD, 2011a），逾半數國家的 PM_{10} 濃度落在 20 μg/m³，如圖 6-3 所示，顯示我國空氣汙染的防治措施似乎還有待努力的空間。

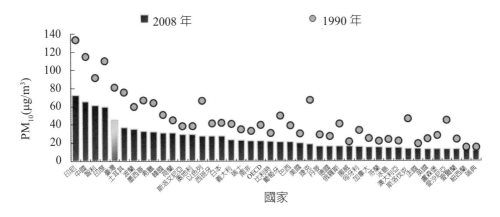

圖 6-3　空氣中懸浮微粒的濃度（PM_{10} 濃度，微克／立方公尺）
參考資料：經濟合作暨發展組織（OECD）。

　　除了大氣的空氣汙染，室內的空氣品質也日益受到各國的重視。研究顯示大多數的民眾每天在不同室內地點活動的時間高達 80~90% 以上，2000 年世界衛生組織（WHO）初步估算，全球每年約有 280 萬人次死亡直接與室內空氣汙染有關（WHO, 2002）。有鑑於此，我國在 2011 年 11月 23 日經總統公布「室內空氣品質管理法」，使我國成爲世界上繼韓國第二位將室內空氣品質管理立法推動的國家。環保署將過去室外大氣管制爲主的空氣汙染防制，延伸至公共場所室內空氣品質的管理，具體展現政府

重視民眾室內生活環境的決心，也令民眾產生幸福感。

水資源是城市最為寶貴的自然資源之一，城市人口的急遽增加必然導致用水緊張。就目前而言海水雖然豐富，但淡化成本過高，所以生活用水都是河川淡水及水庫蓄水量，它是衡量城市之水資源的主要指標。流行病學研究發現：1854 年的倫敦霍亂流行，首度證實公共供水可為傳染源頭。由於當時微生物致病的理論尚未建構完整，此事件特別令人印象深刻。1892 年德國類似的流行病學研究，也顯示飲用水過濾是一個重要機制，可去除水中引起霍亂之病菌。隨後美國有關控制傷寒的相關研究亦確認了這樣的結論，同時也揭露飲用水在過濾前添加氯消毒有更好的效果，可以用來確保水中的細菌數符合飲用水標準。

地下水通常沒有懸浮固體、細菌和其他會造成疾病的微生物，除非因人類的行為汙染地下水。1992 年美國發現有超過 1.0% 的社區供水水井及近 5% 的鄉村家庭用水井含有一種或多種可偵測到的汙染物，主要是農藥，一旦被汙染，就不可能再回復它們的水質。另一個負面因素是，全球農夫及城市持續把水抽走，其速率遠快於大自然回補的速率，這樣的情形出現在大部分的開發中國家。事實上，據估計在未來的數十年，由於水源短缺的問題，將會使全球的農作物產量大幅減少。

以全球觀點，持續提供安全水源的飲用水，需要透過改良各種技術來保護水源區、處理飲用水與管理輸配水系統，並持續監測水質、灌溉對水量的消耗；更需要透過不斷的方法改良、去除或消毒微生物汙染，以及避免或去除添加氯等消毒劑所形成的副產物。這也就是政府在各個水庫除了儲備用水外，還必須進行保護水源、處理用水、監測水質等工作。圖 6-4 攝自高雄澄清湖水源保護區內的自來水處理廠。

| (A) | (B) | (C) |

圖 6-4　(A) 澄清湖水庫概述 (B) 水源保護區 (B) 高屏溪進水口（拍攝自澄清湖自
　　　　來水廠）

　　依行政院環保署於 2012 年的「環保施政意向調查」結果顯示，有
67.1% 的民眾對飲用水水質感到滿意，相對觀察 OECD 及其夥伴國，逾半
數國家水質滿意度達八成五以上，如圖 6-5 所示，由此看來我國水質滿意
度似乎還有進步的空間。

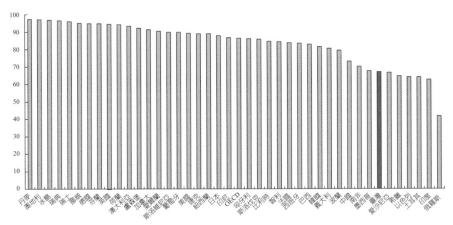

圖 6-5　水質滿意度調查

參考資料：經濟合作暨發展組織（OECD）為2010年資料，臺灣數據則引用自2012年的
　　　　　行政院環保署「環保施政意向調查」資料。

良好的環境品質可以降低疾病負擔

　　從流行病學證實，長期暴露在空氣汙染環境下，可能導致罹患慢性呼吸系統疾病的風險和造成心肺死亡風險的升高。一般而言，短期暴露在空氣汙染微粒的風險，可能會讓現有的心血管和肺疾病患者加劇，使得出現症狀需要就醫人數的數目增加。研究表明，汙染對幼兒、老年人危害比較大，有心血管疾病和呼吸道疾病的人對空氣中的懸浮微粒的汙染非常敏感。根據世界衛生組織的資料，五歲以下病死兒童中，有五分之一與呼吸道疾病有關。許多 OECD 國家發現，空氣汙染能導致哮喘病患加重。雖然目前還不能確定兒童為什麼易於受到傷害，但是，流行病學研究結果顯示，兒童與成人在抵禦環境汙染和環境有毒物質方面確實有差異，兒童在多數情況下無法分解或代謝環境毒物。流行病學研究指出，因為幼兒腦部發育尚未成熟，對進入血液中的環境毒物成分，在腦屏蔽功能尚未發展健全之際，環境毒物成分可能影響幼兒腦部發育。此外，成長中的兒童，他們需要更多的能量，這意味著更多的食物、水和更多的空氣消耗，也意味著吸入更多的空氣汙染。兒童在室外的時間較長，往往也是空氣汙染 PM_{10} 濃度最高的時候。雖然很多國家努力保護兒童的健康，避免他們受環境惡化的影響，但兒童特別容易受到環境汙染傷害的這個問題，似乎在現有的法規還有努力的空間。

　　在已開發國家之中，大多數人能享用安全乾淨的飲用水、衛生設施、廢棄物與汙水處理等環保服務。不乾淨的飲用水、惡劣的衛生條件，很大一部分環境疾病負擔是由於這些環境問題引發的，在一些衛生條件惡劣的地區，環境危害容易侵襲他們，易導致兒童死於營養不良、腹瀉和其他傳染性疾病。

　　1963 年美國的數學與氣象學家 Lorentz 在他的理論模型分析研究中意外發現自然界存在的混沌現象，也就是俗稱的「蝴蝶效應」。混沌現象存在於自然界，透過數學與物理的模擬若對系統參數極微小的改變，將產生一個只能預測短期變化，而對長期不可預測的現象。如果地球是一個系統，一隻蝴蝶輕拍翅膀，隨後卻造成遠處的龍捲風產生就不足為奇了。環境賀爾蒙的議題近年來漸受人們注意，環境荷爾蒙源自在環境中殘留的微量化學物質，常見於殺蟲劑、消毒劑、阻燃劑成分中，若經由食物進入人體後，在體內形成假性荷爾蒙，干擾內分泌，造成內分泌失調，特別是在生殖危害、甲狀腺阻斷及引發惡性腫瘤方面等人體健康的問題。從國外的新聞報導，關於蜜蜂的消失眾說紛紜。最近台大昆蟲系教授楊恩誠表示，1994 年開始，法國南部蜜蜂不明原因大量死亡，2006 年美國各地也有蜜蜂神秘消失，這些事件引起他研究蜜蜂不明消失的動機；近期他公布耗時 8 年的研究成果，指出：類尼古丁農藥殺蟲劑，可能會造成幼蜂喪失學習記憶的能力，甚至飛出蜂巢後，無法飛回來，蜜蜂變笨了，最後造成蜂群的崩解。這個計畫的執行，楊恩誠教授結合他本人神經行為的專長，王重雄教授病理學的專長，林達德教授首創「雷射刺青」技術、影像辨識系統，王暉教授雷達技術及江昭皚教授的遠紅外線技術，運用雷射在蜜蜂身上做記號與及裝上無線雷達感應器，以利追蹤蜜蜂行蹤，才能有突破性研究，終於發現蜜蜂消失的整個過程。這無疑又是一個活生生的環境荷爾蒙造成生態環境危害的例子，而「蜜蜂消失的效應」是否會造成人類的另一個浩劫，沒有人可以準確地預測。看到各地因為環境汙染使人及蜜蜂出現喪失健康的這個問題，我們可見環境荷爾蒙的汙染對未來環境造成不可預知的危害。為了追求幸福生活，我們不但要重視認識良好的環境品質，好好維護現有良好的環境，避免環境荷爾蒙的汙染而破壞環境，個人在進行各種

活動與消費行為時，更要避免無意中成為破壞環境的幫兇。

享有綠色空間可增進個人的幸福感

綠地可提升整體生活品質，增進人民幸福感，故將「接近綠地」列入在地指標。綠色植物是構成綠地不可或缺的重要元素，清晨接近綠色植物帶給人們呼吸順暢的感覺應該是你曾經有的經驗，也對增進身體及心理的健康助益不小。像開放的綠地空間就是好的環境品質，綠地對個人的幸福感大有關係。首先，接觸綠地讓人們親近大自然，藉著與其他生物體的互動，從熱愛生命的天性來增加個人的幸福感，這是心理上的好處。其次，人類是社會性動物，與他人接觸及人際關係互動的頻繁程度，都會影響個人的主觀幸福感。接觸綠地增加了人們互動的機會，減少犯罪行為，讓人降低焦慮或沮喪的程度，紓解生活的壓力，提高身體活動程度且降低肥胖，得到改善心理和身體健康的機會。費勒—i—卡博爾和高第（2012）的研究指出：綠地空間可增進社會互動，減少犯罪及暴力行為，提高身體活動程度且降低肥胖率，正面的環境特徵（譬如：自然景觀、人們與植物和野生動物的互動），與幸福感有正相關；反之亦然，對負面的環境特徵（例如：汙染），導致幸福感的下降。先前研究也發現，手術後的病患住在有窗戶的房間比沒有窗戶的房間復原的速度快，需用藥量也較少。2003年美國加州能源委員會也發現，良好的視野能改善上班族的工作表現，而且對健康的負面症狀較少。開闊的視野讓美麗的自然景觀進入腦海中，甚至能進一步與大自然的昆蟲或禽鳥互動，應該就是讓這些病患復原加速及上班族工作表現優良的主因。

　　雖然 OECD 在空氣汙染、飲用水的品質與綠地空間早在 1990 年初即有跨國環境指標的比較研究和分析報告，但有些學者認為這些跨國環境指標的比較尚不足以顯現人類對環境生態破壞的全貌。人們開始思考人類社會的經濟行為與其所引起的資源和環境變化之間的關係，也就是當前世界面臨的一系列重要的議題，如酸雨、全球暖化、物種滅絕、財富的分配與可持續性發展等。

　　良好的生態環境、廢水與廢棄物處理和充分保護的生態綠地是幸福校園環境的重要指標。生態環境、廢水與廢棄物處理攸關生活環境品質，透過良好的規劃與執行，促進健康的生活環境，是營造幸福校園的基本要件。生活垃圾的處理日益成為影響環境品質的重要原因之一，譬如：校園內建置垃圾分類資源回收站，力行垃圾分類處理，提高廢棄物再利用率。實際上，廢棄物中還是有很多可以回收並重複利用的再生資源；設置廢水處理站，推動水資源回收再利用；汙水處理後回收的水，則用來澆灌花草，又建構出一片美麗的綠色空間；如果對這些回收處理站再加上一些修飾，減少排斥感，能使人們的接受度較高，還能對環境品質做進一步的提升，如圖 6-6 所示。

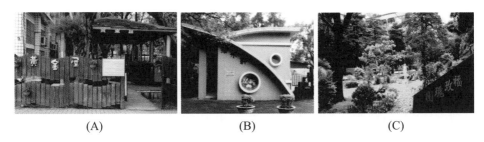

(A)　　　　　　　　　(B)　　　　　　　　　(C)

圖 6-6　(A) 建置垃圾分類資源回收站（黃金屋），推動資源回收 (B) 汙水處理站（清水軒）(C) 汙水處理後回收的水，用來澆灌花草（幸福玫瑰園）（拍攝自大仁科技大學校園）

自然環境對可持續發展能力的重要

　　可持續發展的概念和理論，是在人們對不斷地追求個人生活需求增加的行為過程中，所帶來的資源與環境問題的反思中逐步形成的。在人類文明化進程中，由於技術進步和生產規模的不斷擴大，導致了在經濟成長的同時過度地消耗了地球上的自然資源，並不斷地帶來全球性的資源和環境危機；從糧食短缺、能源危機、環境汙染等環境問題不斷惡化，從區域的問題演變成全球的問題，迫使人們對環境問題的關注、對發展方向的反思和探索。1983 年 11 月，第 38 屆聯合國大會通過決議成立聯合國／世界環境與發展委員會（WCED），並於 1987 年在第 42 屆聯合國大會通過 WCED 的報告，〈我們共同的未來〉中，首次正式提出可持續發展的概念，指出可持續發展應是一種建立在資源和環境可承受基礎之上的經濟、社會和自然環境和諧的發展機制。可持續發展的基本概念，在眾多可持續發展的定義中，最具國際影響力並且得到廣泛認同的是 1987 年以挪威前首相布倫特蘭夫人為首的世界環境與發展委員會（World Commission on Environment and Development，WCED）提出的定義：既滿足當代人的需要，也不危害後代子孫滿足其需求的能力，又不危害子孫的發展。從這個定義概念中不難發現，這是一個涉及了包括經濟、社會、文化、技術和自然環境在內的動態綜合概念，這個概念從基本理論上闡明了發展經濟的同時，保護環境與保護資源是相互關聯，互為因果的觀點。1992 年 6 月有 183 個國家和地區的代表與 102 位國家元首共同出席在巴西里約熱內盧舉行的聯合國環境發展委員會／地球高峰會議，會議通過了〈里約熱內盧環境與發展宣言〉及〈聯合國氣候變化框架公約〉、〈生物多樣性公約〉等相

關的公約，它標誌著可持續發展的思維已經成爲全人類的共同理念。

幸福指數起源於南亞不丹，它是由不丹國王吉美 · 辛格 · 旺楚克於20 世紀 70 年代提出，稱爲「國民幸福指數（GNH）」（Ura, 2008），不丹也是被全球譽爲國民最快樂的國家之一。在幸福指數理論中，另外一個引人關注目的是幸福星球指數（Happy Planet Index, HPI）（Marks, Abdallah, Simms, & Thompson, 2006）。幸福星球指數不只是用於衡量地球上最幸福快樂的國家或最適宜居住的國家，也不只是用於衡量世界上經濟最發達的國家，它是一個衡量各國人民在創造可持續發展、幸福生活的同時，是否關注人類賴以生存的有限的地球生態資源的指標，即人類幸福生活的生態效率的指標。幸福星球指數由三部分構成：生活滿意度、預期壽命及生態足跡。幸福星球指數在所有的幸福指數中獨樹一格，具有自己的特色，大部分幸福指數注重的是幸福的產出，而幸福星球指數則關注的是幸福的投入與產出比；它衡量的是一種相對的幸福，而其他多數幸福指數衡量的是絕對的幸福。如果說多數幸福指數衡量的是人類的幸福，主要是以人爲主的觀念，而幸福星球指數則是衡量人類和生態的共同幸福，反映的是可持續發展的思維。

生態足跡是由加拿大環境經濟學家 Rees 和其博士生 Wackernagel 於20 世紀 90 年代在繼承前人思想的基礎上，首創以生物物理量爲度量單位作爲評價一個生態系統可持續發展程度的一種概念與方法。生態足跡估計要承載一定生活品質的人口，需要多大地可供人類使用的可再生資源或者能夠承受廢棄物的生態系統。Rees 把生態足跡想像地比擬成人類爲追求更美好的生活過程，宛如巨人在地球表面所留下的足跡。當生態足跡在地球承載力範圍之內，人與自然處於相對平衡與和諧發展狀態下，若生態足跡

超出了地球承載的範圍，人與自然關係就會失去平衡，最終將會導致人類文明的毀滅。

　　2009 年，在經合組織部長們的要求之下，經合組織開始發展綠色成長策略（Green Growth Strategy），其目的是「在保證自然資源的品質和數量能持續提供我們的幸福所需要的環境服務的條件下，持續經濟成長和發展」（OECD, 2011b）。2011 年 5 月，經合組織頒布了綠色成長策略，其中包括有待發展的指標：

⑴ 基於生產和生活需求造成的二氧化碳排放量之控管：二氧化碳排放不僅對地球溫度和地球環境有害，而且破壞地球的生態系統、損壞人類的居住環境、干擾社會經濟活動。

⑵ 消耗森林資源的控管：限制年度砍伐森林的數量，它使我們了解到森林資源是否可持續增長，同時還要維持生物的多樣性。

⑶ 土地利用之管理：必須保證對人口的食物供應和其他資源成長的需要，同時還必須把對氣候變化、生物多樣性、汙染的影響降低到最小。

⑷ 氮過剩的控管（農用化學肥料內氮的總量減去被作物和草所吸收氮後剩餘的氮量）：氮量增高後，水中的水藻將可能大量繁殖，將影響其他植物所需的氧氣，從而減少植物多樣性。

⑸ 淡水抽取的控管：涉及從地下抽取出的淡水或是從地表的某處輸送到其他地方的淡水，可以有效地透過灌溉技術、減少高耗水產業（礦業、鋼鐵）及更少的水輸送損失。

　　2001 年由英國政府成立了一家獨立公司 Carbon Trust，主要任務為發展低碳經濟、減少二氧化碳排放量和發展商業低碳技術，於 2006 年所推出之碳減量標籤（Carbon Reduction Label）是全球最早推出的碳標籤

（Carbon Label）或碳排放標籤（Carbon Emission Label），後來有類似演變。其目的在顯示企業從原料取得，經過工廠製造、配送銷售、消費者使用到最後廢棄回收等生命週期各階段所產生的碳排放量，經過換算成二氧化碳當量的總和。透過碳標籤制度的施行，能促使企業調整其產品碳排放量較大的製程，以達到減低產品碳排放量的最大效益。目前許多國家正朝著低碳社會的道路邁進，包括英國、美國、加拿大、日本、韓國、泰國、澳洲等國家正展開碳足跡相關政策擬定與措施。而行政院環境保護署也於 2010年訂定推動產品碳足跡標示審議會設置要點推動臺灣碳標籤的機制，來強化低碳產品的市場競爭力，並提升消費者對於碳標籤產品的購買意識，促進企業低碳經濟的可持續發展能力。

許多環境問題在本質上是屬於區域性或地方性，一個可持續發展能力的大企業愈來愈知道他們需要去限制他們營運過程對環境所造成的衝擊。最近，美國《商業週刊雜誌》（*Newsweek Magazine*）編輯針對美國500 大企業，根據超過 700 項指標，包括水的使用和酸雨排放，通過分析企業的政策和措施，建立環保政策分數的基礎上，評估企業對環境之影響（45%）、綠色政策（45%），以及同行與環境專家對他們的信譽（10%），以此三項指標的加權平均作為基礎，由此評比強調出溫室氣體排放量。對許多公司而言，這些代表著企業對環境最顯著的影響。2012 年的前五大排名是惠普（Hewlett-Packard）、戴爾（Dell）、嬌生（Johnson & Johnson）、英特爾（Intel）及 IBM。其中惠普以強有力的方案，減少溫室氣體排放的理由，獲得排名第一。值得一提的是，愈來愈多的企業了解保護公共衛生與環境方面的努力，可確保企業持續發展的能力，並且在他們的廣告中提升了他們的綠色行銷。

　　從 1992 年地球高峰會議後，可持續發展的幸福生活議題已成爲經濟
發展的重要課題。行政院爲順應世界趨勢於民國 83 年 8 月成立「行政院
全球變遷政策指導小組」，民國 86 年 8 月行政院將原「行政院全球變遷
政策指導小組」提升擴大爲「行政院國家永續發展委員會」。民國 88 年 4
月，行政院將發展委員會主任委員提升由行政院副院長兼任；民國 89 年
5 月完成「廿一世紀議程——中華民國永續發展策略網領」；民國 91 年 5
月，再提升爲由行政院院長親自兼任主任委員，以展示政府對永續發展的
重視。國家永續發展委員會目前設置九個工作分組（負責部門），分別爲
「氣候變遷與節能減碳組」（環保署）、「國土資源組」（內政部）、「生物多
樣性組」（農委會）、「能源與生產組」（經濟部）、「交通與生活組」（交通
部），「科技與評估組」（科技部）、「城鄉發展組」（內政部）、「健康與福
祉組」（衛生福利部）、「教育與宣導組」（教育部），秘書處業務仍由環保
署兼辦；另外環保署、內政部與經濟部副首長兼任國家永續發展委員會之
環境面、社會面及經濟面之協調副執行長。民國 91 年 11 月，立法院三讀
通過「環境基本法」，該法第 29 條明確指出：「行政院應設置國家永續發
展委員會，負責國家永續發展相關業務之決策，並交由相關部會執行，委
員會由政府部門、學者專家及社會團體各三分之一組成。」賦予國家永續
發展委員會法定位階，國家永續發展委員會由原任務編組提升爲法定委員
會。接著於民國 91 年 12 月完成「永續發展行動計畫」，民國 92 年 1 月完
成「臺灣永續發展宣言」，民國 92 年 6 月完成「永續發展指標系統」，民
國 93 年 11 月完成「臺灣 21 世紀議程——國家永續發展願景與策略網領」，
更於民國 99 年制定通過「環境教育法」，作爲加強推動環境教育之法源依
據，以達成國家永續發展的目標。在「臺灣 21 世紀議程——國家永續發

展願景與策略綱領」中明白指出，我國在永續發展的追求上仍面臨諸多挑戰，有待面對或克服的特殊先天條件或後天因素有：

(1) 獨特之海島型生態系統。

(2) 環境負荷沉重。

(3) 自然資源有限。

(4) 天然災害頻繁。

(5) 全球經濟之角色。

這些問題突顯出我國在整體發展與環境保護上的潛在難以平衡的現象。因此，全民推動永續發展策略綱領的共同願景，創造幸福的未來，可以藉由善用環境資源，使生態環境與經濟社會獲得和諧的發展，自然環境同時擁有妥善的維護，期待能世代享有「永續的生態」、「適意的環境」、「安全的社會」與「開放的經濟」。

當代人的幸福生活，不僅取決於前人那裡繼承下來的自然資源，還取決於前人的努力，即前人種樹後人乘涼的概念。所以，今天我們對自然資源的運用，將會影響我們後代子孫的生活幸福。例如，當前我們開發清潔能源，未來才會有更多的自然資源可用，一些增進人們幸福的政策，可能會消耗掉自然資源。經濟表現和社會進步也同時衡量著環境可持續發展的能力，這樣的指標不僅能反映當前自然環境所能承受的能耐，而且還能對自然環境是否陷入過度負荷的風險評估提供預警訊息。因此，每個人渴望幸福美好的生活，除了減少汙染和不浪費資源，在滿足個人需要與期望的同時，既不損害後代子孫的福祉，又兼顧可持續發展的幸福生活，必須在自然環境、經濟與社會這三方面獲得平衡與發展，如圖 6-7 所示。

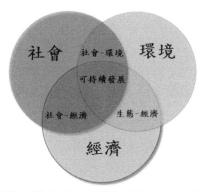

圖 6-7　可持續發展的幸福生活必須維持自然環境、經濟與社會的和諧與發展

一分鐘觀念

　　每個人都渴望幸福美好的生活，追求可持續發展的幸福生活牽涉到很多層面，從經濟合作暨發展組織的幸福指標描繪出自然環境、經濟與社會三個面向，其中包括自然環境與生態、健康狀況、居住條件、所得與財富、工作與收入、社會的聯繫、公民參與和治理、人身安全、工作與生活平衡與主觀幸福感，可持續發展的幸福生活必須在自然環境、經濟與社會這三方面獲得和諧與發展。

重要名詞

- 自然環境（Natural Environment）
- 環境品質（Environmental Quality）
- 空氣品質（Air Quality）
- 生態足跡（Ecological Footprint）
- 可持續發展的能力（Capacity for Sustainable Development）

問題討論

1. 請各舉出一個您認為學校與社區在生態足跡概念下，為維持校園與社區可持續發展所做的努力與措施。

2. 如何讓幸福的自然環境得以持續發展？

3. 紀錄片《看見臺灣》，除了看見美麗，也讓人省思如何讓臺灣這塊土地可持續發展。我們是否願意多花點時間了解自己所吃的食物來源，了解各種享樂背後的環境代價，從選擇開始改變？

腦力激盪

　　紀錄片《看見臺灣》及《鳥瞰臺灣》導演齊柏林以空拍壯闊鳥瞰的視角，展現臺灣自然環境的千姿百態，全都是前所未見。從觀賞這部紀錄片或 YouTube 上相關的片段後，想想看，這部影片帶給我們的省思。

第七章
幸福文創

林爵士、王巧燕、潘豐泉

學習目標

1. 讓學習者認知文化創意產業是幸福產業的關聯。
2. 對文化創意產業有基礎性的認識與了解。
3. 了解臺灣文創產業的政策推動與內涵。
4. 提供同學幸福文創的參考案例。

章首案例

湧現幸福感的「十鼓文創園區」

阿士，25 歲，善良正直，土生土長的屏東子弟。科大畢業服完兵役後的他，原本想要繼續出國，一圓進入科技業工作的夢想。在準備托福考試的某一天晚上，他覺得心情很悶，想要找個地方出去走走。在之後隨意上網瀏覽的過程中，一段「台南仁德十鼓文化村」網頁的文字，霎時抓住了他原本渙散無神的目光：

因為天籟難求，所以創造了這裡：

Because of rare nature sound, this village is created.

結合鼓樂運動、休閒娛樂與自然生態的第一座鼓樂藝術村。

This is the first art village combining drum music, leisure, and nature.

鼓、煙囪、橙橋、大樹、山牆不斷在腦海裡反覆出現著，久久不能自己。……

　　不小心，自己已走進了市外桃源。

Imprudently, I walk into Xanadu.

　　頓時，心靈沉澱了許多，

Immediately, my mind has settled.

　　不僅被感動到，也休息到了。

I'm touched as well as take a rest.

　　呆坐電腦前的阿士思考著，這個不就是以前的糖廠嗎？現在怎麼成了「文化村」的幸福之地？因為好奇心的驅使，隔天一早，他揹起簡單的行囊，踩進「台南仁德十鼓文化村」的世界裡。一整天浸潤在園區的知性洗禮中，他體會到原來「文創真的可以帶給人們幸福感」；而他也不禁想到，如果曾經肩負臺灣糖業使命的台南仁德糖廠，都可以經由「文創」元素的引進豐華再現，那家中自曾祖父留下來的百年醬油工廠，難道就沒有辦法擺脫產業沒落的命運，只能眼睜睜地準備「關門大吉」？於是，阿士心中默默下了一個決定……。他似乎已經找到了人生的方向——透過文創的巧思，把老舊轉化成具有幸福文化感覺的標的。這樣，可以讓人幸福，自己也會幸福吧？

摘要

　　文化是人類生活與行為之軌跡與智慧紀錄，是人們共享的回憶與情緒的碇泊。任何商品或服務的提供，除了本身功能之外，加入文化因素，即讓商品多了溫度與價值。文化本身可以化身為商品，原屬功能性商品，加入文化創意之後，增加了交換價值，這就是文化創意產

業。臺灣與世界其他國家同步，近年來十分重視文創事業。文創產業即是幸福產業。文創產業能帶給人們幸福感。本文主張文化創意產業，不單只是文創，而是幸福文創。本章第一節說明爲何文化創意產業是幸福產業，藉由過去之研究與例證，讀者可以清楚理解文創與幸福之聯結；第二節引導讀者對文化以及文化創意產業的意義與發展過程，做初步的導覽，並提出幸福文創的主張；第三節介紹我國發展文化創意之沿革與現狀，讓讀者能在短短的篇幅內了解我國的文創產業；第四節則以國內大型的文化創意個案爲例證，詳細說明文化創意之實際運作，以及其如何可以提供國人幸福空間之結果。

文創產業就是幸福產業

　　1960 年代晚期至 80 年代中期，主觀意識的幸福感研究已開始成爲心理學熱門的研究領域。在此階段主要探討生活質量、社會老年以及心理健康等三個領域。而近 20 年來由於社會結構急遽轉變，社會分工程度愈趨精緻，並呈現多樣化的態勢，因此，對生活素質的需求提高，相對地精神心靈層面也無法滿足需求。再加上，現代生活節奏加快及資源的缺乏與爭奪，造成各種有形及無形的壓力，影響了人類的幸福感。所以，近年來社會及經濟學等領域學者大量投入幸福感的研究，從就業、收入水平、教育程度、婚姻品質、人口性別、年齡價值觀、傳統習慣、民族性格、自尊、生活態度、個性、成就動機等社會、經濟、文化及心理因素，加入幸福感之研究，幸福感的意涵才逐漸顯著。

　　2007～2008 年世界金融海嘯以來，長久以來以經濟實質發展爲主要指標的世界經濟問題，陸續浮上檯面。冰島國家破產，愛爾蘭、希臘及西

班牙等國高負債比率高達 GDP 的 60% 以上，人民生活陷入困境，紛紛走上街頭抗議對現況的不滿。此一現象，也讓更多的人體認，當全球化的口號席捲全世界的結果，帶來的竟然不是較為美好富足的社會正義，而是更為不公與不幸的人性墮落，那傳統一味追求有形財富的唯一社會價值，是不是到了應該反省與改變的時候了？

因而，尋找舊式幸福感的聲音，也在不同角落逐漸被喚醒，文化創意更是其中一個典型的幸福追尋努力。於是，一股追求幸福感的潮流逐漸在國際間蔓延，各國國家領導人中的有遠見者，將判斷國民生活品質的唯一指標的國內生產毛額 GDP，以「實現幸福生命品質為目標」的概念取而代之，所謂的「國民幸福指數」（Gross National Happiness Index, GNH Index）躍升為國家競爭指標的主流。例如，聯合國開發計畫署（United Nations Development Programme, UNDP）開始以「國民健康」、「教育成就」、「實際國民所得」及「綠色環保」的人類發展指數（Human Development Index, HDI）取代傳統的 GDP 經濟指標。國際經濟合作發展組織（Organisation for Economic Co-operation and Development, OECD）在 2011 年推出「美好生活指數」（Your Better Life Index），以 11 個面向（健康、收入、工作與生活平衡、社會關係等），作為 GDP 另一項參考標準，其他如英國幸福指數各調查結果、日本的幸福調查及內閣提出指標、澳洲心理健康月及社區幸福指標等（2011 年全球幸福政策十大新聞，2011），世界組織、重要國家在幸福指標與相關政策方面均有諸多進展。

近年來，在臺灣、中國及澳門等華人社會，於擬定幸福政策及建立幸福指標也投入相當多的資源。目前臺灣對國民幸福指標的研究與建置已有初步規模。經建會對國際「國民幸福指數」制定的最新發展十分關注，2006 年委託中研院人文社會科學研究中心進行「臺灣國民幸福毛額（Gross

National Happiness, GNH）的編算方法與實證分析」。2011 年，行政院主計處首將幸福指標列入年度統計年報的分析主軸，衛生署也積極規劃「國民心理健康促進中程四年計畫」。2012 年經建會委員會針對「黃金十年，國民願景」，由各部會落實推動並納入國家發展四年及年度計畫中，進行滾動式調查，總目標定調爲「繁榮和諧及永續的幸福臺灣」，將 GDP 概念轉爲主觀感受的 GNH ，納入生活素質、環境品質、社會公義與人本關照，以提升國民整體幸福感，國民幸福指數受到政府當局的重視可見一般。

幸福學是一門新的跨領域科學，是以提升人類幸福爲目的。各行各業都可以從自己的專業領域出發，將幸福的研究、理念與做法融入，以研發新產品或創新發明，讓物質，環境，與身心靈的涵養結合，提升至人的極致幸福感的層次。

臺灣因爲歷史與地理機緣，一直是個包容性很強的多元化的社會，尤其是 1987 年解嚴至今，已形成爲一個經濟高度發展，社會文化兼容並蓄的樂土。當生活物質不匱乏時，人們會追求更進一步的身、心、靈健康，尋求更高階的幸福滿足，而代表人類知識、經驗累積的文化，更是過去智慧的精華，是具有幸福沉積的寶庫。自大家共享的歲月痕跡中找尋溫暖的回憶，再以新面貌具體呈現，正是所謂的懷舊（Nostalgia）。研究證實，懷舊情緒可以讓人安定，可以具體影響一個人的行爲（Holbrook, 1993; Schindler & Holbrook, 2003）。文化創意產業，就在這種人類對於幸福感的追求當中，具體地呈現在目前的社會中，而也快速而廣泛地茁壯。

我國於 2010 年 2 月公布的「文化創意產業發展法」，特別將文化創意產業定義爲源自創意或文化積累，透過智慧財產之形成及運用，具有創造財富與就業機會之潛力，並促進全民美學素養，使國民生活環境提升之產業。且將視覺藝術產業等 16 種產業（如表 7-2），界定爲文化創意產業的

範疇。立法的用心與期待，很清楚可以看到國家希望在本產業的發展中，能同時提升國民的幸福感。因之，我們可以說，文創產業是邁向幸福的產業。

文化與文化創意產業

1. 文化

文化（culture），源自於拉丁文 cultura，在中古歐洲廣泛用以稱呼有涵養的個人，特別是受過教育的人；人類學家泰勒（E. B. Taylor, 1832～1917）則用以指稱人類之廣泛能力（universal human capacity）。直至 20 世紀，文化變成人類學的中心思想，用以概括稱呼所有非可歸因於人類基因遺傳的所有現象。一般現代所稱的文化，所涵蓋的範圍廣泛且複雜，也常常使用在日常生活中的各個層面。文化有廣義和狹義之分，廣義層面，泛指人類在社會實踐過程中將物質和精神生產領域進行創造性活動方式的總合；狹義層面，是指精神生產能力與精神產品，包括自然科學、技術科學、社會意識型態等（陳學明，1996；吳思華，2004）。人類之所以為萬物之靈，主要就在於文化，以及文化的創造與延續能力。人類一切非與生物基因相關的活動都可稱之為文化活動，人類文化活動的極致，即是目前廣受社會接納的偉大文學、藝術相關活動的文化，亦即是現代文化產業所稱的藝術是文化的理想狀態，是人類創造力特殊而卓越的型態（Adorno & Horkheimer, 2007）。人類由野蠻到文明的歷史演進中，而發展出人類特有的科學、藝術、道德、法律、習慣等，包括物質面、精神面都是文化。自有文化以來，古今中外各國各朝代莫不以其文化成就而自豪，文化也往往因此而被視為精神生活水準的指標（Hesmondhalgh, 2006）。

　　人類的活動，是持續不斷的，人類的活動歷程，也會是生生不息地延續下去。每個不同年代，人類對應環境所發展出來的文化，都有與其前代不同之內涵與形貌，也就是都各有其創新與創意所在，這正是本章所謂的文化的意義，歷史是延續的，人類文化也是延續的。

2. 文化產業化與文化創意產業

　　所謂「文化產業」（Adorno & Horkheimer, 1979），主要用以指稱將傳統性文化藝術轉變成為具有商品性價值，藉由研發或結合創意，讓其形成可以交換之商品，再經過刻意地人文包裝與行銷方法，使傳統文化藝術，不單只是保留原本之文化藝術元素，更可透過現代商業模式創造額外的經濟效益。

　　與世界其他先進國家一樣的，我國對於文化創意產業也是十分重視。事實上，早在 1995 年我國文建會即已提出「文化產業化、產業文化化」之構想。學者指出，因彼時國內經濟結構大幅轉變，各地鄉鎮在地產業普遍面臨轉型壓力，政府倡議以各地區原本的豐富文化資產，藉著社區營造加以整合，朝向所謂產業文化化，文化產業化方向發展，以繁榮地方經濟（吳密察，2003）。觀察當時政府施政所謂的「文化產業化」，是將地方上被忽略之環境、傳統、特色等文化資源，賦予新的生命力，發展成兼具文化價值與經濟效益的產業。另一個政府施政之所謂「產業文化化」，則是將工商導向的產業型態，以及逐漸失去競爭力與經濟價值之傳統產業，以適當之文化作為產業的包裝，或將產業整合到地方文化特色中，增加傳統產業的文化內涵與附加價值（葉智魁，2002）。

　　過去臺灣曾創造出世界公認的經濟奇蹟，近年來，隨著高科技資訊產品風潮席捲全球，各地市場生存競爭激烈，不論是獲利或成長都受到擠

壓，取而代之的是以內容爲核心的產業。各產業如何於消費過程中給予顧客愉悅的體驗，亦即是幸福感，已是決定產品價值或產品服務價值的關鍵。繼第三波「資訊產業」經濟後，文化創意產業已被視爲「第四波」經濟動力。文化是一個國家或地區人民共同塑造、分享的行爲結果與記憶，具有感情回溯、保存、懷舊聯結、情緒定錨的效果。藉由創意思考與現代技術，創造與過去文化或藝術等人類智慧精華連結的商品或服務，因此而讓有溫度的文化再度浮現，在現代生活空間中凝聚幸福因子，結合有效率的商業模式，創造幸福的生活空間。

　　未來臺灣如何在主客觀因素相繼改變的情形下，運用 21 世紀這股文化創意產業之潮流，將文化創意與經濟生產結合，藉由文化創意產業發展計畫的推動，增加產業幸福含量，以帶動臺灣整體經濟（吳思華，2003）。因此，以幸福爲內容的文化創意產業，亦即是，藉由創意，以文化爲內涵，形成幸福的驅動力（drive），此即本章所主張的幸福文化創意。幸福文創，不只是爲文創而文創，而是以形成幸福空間爲導引的文化創意。

邁向幸福的臺灣文創之路

1. 臺灣文創發展過程回顧

　　環顧世界各國，第一個以國家政策推動文化創意產業的國家，是 1997 年由英國所提出，主要是想藉由創意產業的推動，重塑其在世界上已逐漸衰微的創新競爭力。英國在發展文化創意和內容產業時，體認到市場接受程度的重要性，是文化創意能否眞正發展的關鍵。英國藉由國家的力量投資在所謂的文化創意產業上，搭上美國流行文化的消費管道及市場，

隨著文化透的力量，暢行全球成爲大贏家（世界重要國家數位內容產業發展策略，2009；Garnham, 2005）。其後，曾經同爲亞洲四小龍的南韓，遭逢亞洲金融風暴，傳統產業與經濟大受打擊，爲促進產業轉型、發展，韓國政府大力推展文化創意產業，從電影與數位等產業開始發展「文化內容產業」，並通過文化產業法令，於政府內部成立管理文化產業相關部門。南韓充分掌握其文化中可以感動人心的要素，匯聚成創意力，以現代科技爲載具，迅速將南韓電影、戲劇、歌曲等推向世界舞台，使得「韓流」現在已成爲全球一大流行文化勢力。

文化創意產業，牽涉到國家社會文化的活化，其產品要能大力推廣讓市場接受，充實人類生活內涵，乃至成爲國內或國際市場上具有能見度與經濟產值的產業，除了文化創意工作者之努力創意，加上巧妙科技整合之外，國家政府的政策引導與協助，也屬必要。我國文建會，參考世界各先進國家的文化創意發展經驗，於 1994 年引進日本「造村運動」，推動「社區總體營造」，以作爲文化、創意的基礎。

2002 年全球文化創意產業產值暴增，蔚爲風潮之際，臺灣終於將文化創意產業納入國家發展重點計畫。這是臺灣首次將抽象的文化軟體提作國家重大工程建設之一，受到文化及藝術界更多關注及正面回應。2003 年行政院文建會將該年度列爲文化產業年，並成立「經濟部文化創意產業推動小組」，列出 13 個文化創意產業範疇，此時，全球各國政府都已積極推動文化創意產業，臺灣必須在短時間內急起直追，才能在新一波的全球經濟競爭環境中有生存機會。

2003 年，爲整備文化創意產業發展環境，挹助文化創意產業發展，文建會設立文化創意專用區，將臺灣菸酒公司減資繳回國家之台北、台中、嘉義、花蓮等酒廠舊址及台南倉庫群等五個閒置空間，規劃爲「創意

文化園區」，作爲推動文化創意產業交流發展平台。此舉，可藉由文化設施服務，產生文化創意集聚，發揮文化創意擴散及示範等多項功能。

　　五大文化創意園區，如圖 7-1，各有不同規劃定位，如：臺北華山文化園區，規劃定位成爲文化創意產業、跨界藝術整合與生活美學風格塑造；台中文化創意園區，規劃定位爲臺灣建築、設計與藝術展演中心；花蓮規劃定位爲文化藝術產業與觀光結合的實驗場域；嘉義規劃定位爲嘉義傳統藝術創新中心；台南規劃定位爲台南創意生活媒體中心。每個文化創意園區各有其不同特色定位，雖然目前嘉義、台南尚處於未正式開園階段，但這五個國家級的文化創意園區，相信能爲臺灣打造出幸福文創休閒之園地。

圖 7-1　文化部五個文化創意園區標示圖

　　2009 年馬總統召開「當前總體經濟情勢及因應對策會議」中，特別強調文化創意是當前重要的六大關鍵新興產業之一。行政院隨即提出具體策略，成立「政院文化創意產業推動小組」，通過「創意臺灣－文化創意產業發展方案」。其推動策略分爲環境整備、旗艦計畫兩大構面。前者規劃推動多元化的資金挹注來源，啓動本產業的研發動能及輔導，強化市場之拓展與流通渠道，加強文化創意產業的人才培育及供需之媒合等作業。後者，則由新聞局推動電視內容、電影及流行音樂產業計畫，由經濟部推動數位內容與設計產業計畫，文建會（今文化部）推動工藝產業計畫。

　　2010 年我國通過「文化創意產業發展法」，同年施行，以國家之力量協助建構良好的文化創意產業發展環境，促進產業發展，爲文化創意產業的發展注入新活力。政府爲推動文化創意產業，從立法到環境的建置外，並積極推動文化藝術創作及保存，使文化結合科技發展，重視地方文化特色呈現，提升民眾文化素養，並使地區和都會取得均衡發展。

　　2012 年 5 月 20 日行政院文化建設委員會正式升格爲文化部，將我國文化事務及經營管理，提升至行政院部級經營管理，代表國家對於文化與創意的重視程度，已提升至攸關國家未來發展之關鍵地位。目前，文化創意產業的發展前景，無論在人才、資金、經費、設施等客觀環境，均已獲得大幅提升。

表 7-1　臺灣文化創意產業政策發展過程簡表

年度　　内容	我國文化創意產業政策發展過程
1994	文建會引進日本「造村運動」的經驗，推動「社區總體營造」，文化、創意基礎
1995	文建會提出「文化產業化、產業文化化」，首見臺灣有關「文化產業」概念

年度 \ 內容	我國文化創意產業政策發展過程
1997	最早推動文化創意產業，是在1997年由英國所推動文化白皮書 計分「概論」、「生活」、「藝文篇」、「資產篇」、「傳播篇」、 「交流篇」、「資源篇」等七篇
2001	中國大陸，正式將文化產業納入全國「十五規劃綱要」
2002	文化創意產業，納為「挑戰2008 國家發展重點計畫」
2003	「文化產業年」，推動成立「文化創意產業計畫」 全國規劃成立五個「文化創意園區」
2007-2009	「文化創意產業發展法草案」草案，開始研議
2009	2月21日　總統「當前總體經濟情勢及因應對策會議」推動文化創意產業 3月25日　行政院成立「政院文化創意產業推動小組」 5月14日　立法院通過「創意臺灣──文化創意產業發展方案」
2010	1月7日　立法院三讀通過「文化創意產業發展法」 8月27日　文化創意產業發展法開始實施
2012	5月20日　文化建設委員會提升為文化部

資料來源：作者整理

2. 臺灣文化創意產業的範疇

　　臺灣文化創意產業類別，基本上依照產業關聯性歸納為藝文、媒體、設計、數位內容等 4 個型態，分為 16 類，見表 7-2。

表 7-2　文化創意產業分類表

類別	藝文型態	媒體型態	設計型態	數位內容	其他
行業	1.視覺藝術產業	5.電影產業	10.產品設計產業	15.數位內容產業	16.其他經中央主管機關指定之產業
	2.音樂及表演藝術產業	6.廣播電視產業	11.視覺傳達設計產業		

類別	藝文型態	媒體型態	設計型態	數位內容	其他
	3.文化資產應用及展演設施產業	7.出版產業	12.設計品牌時尚產業		
	4.工藝產業	8.廣告產業	13.建築設計產業		
		9.流行音樂及文化內容產業文化部	14.創意生活產業		

資料來源：行政院文化部文化創意網

　　根據文化部的界定，文化創意產業的內容，分成不同類別大致說明如下，詳細內容請參閱附錄。

　　第一個類別為藝文型態的文創業，可分為表演與展演等相關的產業：

⑴ 視覺藝術產業：指從事繪畫、雕塑等藝術品創作、販售、經紀、公證鑑價、修復等行業。

⑵ 音樂及表演藝術產業：指音樂、戲劇、舞蹈之創作、訓練、表演等相關行業。

⑶ 文化資產應用及展演設施產業：指文化資產利用、展演設施經營管理之行業。

⑷ 工藝產業：指工藝創作、設計、製作、生產、展售等行業。

　　第二個類別是電影電視與出版廣播等的文化創意行業，共包括五個不同行業。

⑴ 電影產業：指電影製作、發行、映演等行業。

⑵ 廣播電視產業：指利用廣播電視平台，從事節目播送、製作、發行等之行業。

⑶ 出版產業：指從事紙本或數位方式創作、編輯、流通等之行業。

⑷ 廣告產業：指從事各種媒體宣傳物之設計以至製作、經營、招攬等行業。

⑸ 流行音樂及文化內容產業文化部：指從事音樂及文化之創作、出版、發行、展演、經紀等之行業。

　　第三類別是以設計為主的各類型態設計，包括五種業別。

⑴ 產品設計產業：指從事產品設計等行業。

⑵ 視覺傳達設計產業：指從事企業識別（CIS）、品牌、平面、網頁、商業包裝等行業。

⑶ 設計品牌時尚產業：指從事以設計師品牌或由其協助成立品牌之設計以至流通等行業。

⑷ 建築設計產業：指從事建築物、室內設計等行業。

⑸ 創意生活產業：指從事提供具有深度體驗及高質美感之行業。

　　第四類別是以數位內容為主的行業，包括 1 種業別。

數位內容產業：指提供數位化資料之行業。

　　第五類別是其他類。

其他經中央主管機關指定之產業

3. 幸福文創事業

　　如我國文化部之界定，文化創意產業包羅萬象，係屬文化之形成，源自於人類之活動，文化之存在，大都與共享該文化的人群的心理認知，尤其是具有歷史厚度的共同經驗，如前所言，比較是屬於精神層面的感知。是以，任何將文化元素以創意方式妝點、融合、組成、塑造成具有特定生活或其他人類活動之功能輔助的產品或服務，呈現方式可以是聲音、影像、圖片、文字、雕塑、空間或上述方式之組合，都可被歸類為文化創意

行業。

　　文化創意來自於文化，來自於人們過往對於美好事物的記憶重現，以及對於大家共同擁有之對環境因素的回應與感受，也因此能引發閱聽者或訊息接收者的共鳴。觀賞文創作品，激發個人想像與記憶，如同引發懷舊情緒一般，或激發閱聽者內心相同或類似的感覺，如此而可以讓人產生幸福感。因此，本文主張，文創應該要立足創造人類幸福感之引發，將幸福感的文化因素包裹在創意當中，名為幸福文創。幸福文創，既然以引發幸福感為導引，則任何以具有引領閱聽者進行幸福回想的文化創作，便能激起閱聽者之幸福情緒。

　　文化創作者，可以發揮之題材，正如創意之可能源源不絕而多元多樣貌，但如果只是一味以個人創意為主要發想基礎，完全不顧及市場之需求，便容易成為曲高和寡而乏人問津之現象，對於創意者與社會資源都是浪費。前述所謂市場需求之市場，所指稱者是有能力且願意接受該創意作品之閱聽者，非必一定是需要透過市場交換機制而有金錢財貨交易的買家。

　　幸福文創，歸結而言，等於是利用文化為基底的創意，為閱聽者營造一個容易感知幸福的空間。因為閱聽者在如此一個空間可以透過文化的聯結而獲得幸福感，因此也可讓文創作品有被接受之市場的存在。

　　幸福文創市場一旦可以確立，具有經濟價值的市場交換也可以逐步建立，於是，文創消費者與文創工作者，即可透過如此的文創交換平台進行具經濟效益的交易。如此而可以漸漸形塑幸福文創事業。

　　以下以文化創意之性質，簡單提舉可能的文化創意事業的發展方向，以供讀者繼續發想的空間。

　　1. 以文化中的幸福因子為基礎的創意與創作產品或服務：激發幸福感

的因子，可以來自舊文化或現代文化，其特質包括有人性之良善、人際互動之美好結果，如唐伯虎的傳說、歷史上的才子佳人、鄉野中傳奇人物與其事蹟等。

2. 將舊有的文化，予以新的意涵詮釋，賦予現代幸福感覺或意念：舊文化未必不能適用於新時代，只是可能需要加上新的詮釋或給予新的現代意涵。例如，「日出而作，日沒而息」的傳統農家生活，在步調緊湊的工商社會，有些格格不入；但是，在繁忙壓力紛至沓來的環境中，誰不期待能有個「日出而作，日沒而息」的優閒自在生活？於是，創造出類似情境的事業，如仿早期農家生活情境的餐廳、住宅設計等。

3. 現有生活功能產品，以幸福文創包裝：在既有功能上給予消費者新的幸福感官刺激，視覺、聽覺、味覺等。此種做法目前最為普遍，所以，我們可以看到故宮一系列以早期文物書畫作為妝點的文具、滑鼠墊、衣飾等。

4. 將就有文化價值給予新科技載具，訴求不同面向之感官領受：過去文化保存，受限於科技程度，其展演呈現方式，也受到很大的限制。事業機構可以巧妙運用現代科技，讓原來之文化主題，以不同感官知覺的方式呈現。例如動態版《清明上河圖》，如漫畫家蔡志忠先生的系列漫畫作品如老莊、孔孟、《心經》、《史記》、《聊齋志異》等，將中國古文化之經典歷史與文學的無窮智慧，重新以可愛逗趣、可親近的方式演繹，以平面媒體與動漫方式呈現。

5. 開歷史的玩笑：翻轉知名歷史故事的情節，以不同立場、角度、觀點、性別作新的詮釋演繹。如日本吉永史的《大奧：女將軍與他的

後宮三千美男》漫畫創作與後來之電視連續劇；敖幼祥先生《烏龍院》一系列故事等。

6. 生活中小人物或微小事物的放大：熱情、好管閒事的鄉村婦人——大嬸婆角色延伸至漫畫創作，後來延伸至動畫，又成為內灣老街之裝置藝術等。阿三哥大嬸婆等角色作為內灣老街背景設計的要素之後，在 2001 年 5 月正式開幕後，成功帶動內灣老街觀光風潮。

7. 生活小事件的幽默面對：現代生活當中的許多小小事件，透過細心地觀察，往往可以有出人意表的發現，也為平淡無奇的生活加入幸福的元素。例如漫畫家劉玉瓊（老瓊）筆下的《蔡田開門》系列作品，以異於平常的觀點觀察都會男女之間的互動。

8. 傳統習俗的現代意義延伸：中國與臺灣等華人世界，存在著眾多宗教神佛與對四季山水氣候的敬畏與祈求，因此而發展出多種樣貌多元取向的習俗。大部分的習俗，背後所代表的是生活累積的智慧，與尊天敬地的虔誠祝禱。不論其真偽是否禁得起現代科學的驗證，亦不論其習俗是否真能保安賜福，習俗之內容所代表的正是一種令人安心的境界，是幸福感覺。民俗活動如大甲媽祖回娘家等民俗活動，每年都吸引稱千上萬群眾跟隨，除民俗活動本身的傳統價值之外，此活動所附著創意發行的產品與服務，更具有現代之幸福與經濟意義，如「大甲媽祖國際觀光文化節」、媽祖公仔、媽祖餅、媽祖米果、媽祖手機吊飾、媽祖行車紀錄器、「媽祖萬人崇 BIKE」活動等。

9. 傳統鄉野傳奇的現代版：如流傳在福建和臺灣等地的民間故事，虎姑婆、白賊七，及水鬼城隍家喻戶曉的故事，以現代科技輔助，自

人與人的單向傳述，進展為以平面、聲音、影像媒體，以原本的故事情節，或加入現代情境之多元豐富，呈現在不同的載具上，成為現代生活元素。

10. 提供幸福文創消費者與提供者交換之平台或場域：此類別之事業所提供給幸福文創的，是擔任幸福文創消費者與幸福文創工作者的橋樑，是中介輔助的角色，其提供之效用正如現代行銷通路經銷商，可以非常多元。事業之性質可以是經紀、代理、推廣、媒合促成、管理等等。

就幸福文創而言，對於舊有文化之現代化處理，必須恪守的原則：

(1) 與過去文化元素之聯結，必須顯而易見。

(2) 展現主題應是具有一定水準的幸福發散能力，例如能引發懷舊情緒，如秀蘭瑪雅的老歌新唱，如老曲調重新譜製，又例如可以讓閱聽者產生平靜、安逸、冥思、愉快情緒的感覺。

(3) 對於禁忌問題之敏感度，例如我國文化中對於婚喪喜慶，特定節日，或特定宗教儀式中的某些既定且根深柢固的觀念，不是不可挑戰，而是不能逾越被市場接受的尺度。

幸福文創之所以可長可久，自策略規劃的競爭優勢觀點談，幸福文創所提供的是藉由文化之共鳴而激起幸福感的作品，對消費者而言，是具有讓人滋生幸福感的價值。幸福文創產品，以獨特的文化與創意者的創意為基礎，具有獨特性或稀少性。文化，本身即具有相當之內隱性（implicit），其真正文化意涵，欠缺外顯性（explicit），因此非共享此文化者，無法輕易可模仿，或者可輕易以其他物品或服務取代。此即策略學者所言的核心競能的四大條件：Valuable（有價值）、Rare（稀有）、In-Imitable（無法模仿）、

Non-Substitutable（無可取代）。現代幸福文創產業，若能為幸福而文創，應是具有可持續的競爭力（sustainability）的。

幸福文創案例：仁德糖廠十鼓文化村

1. 十鼓文化村成立歷程

　　十鼓文化村就是「謝十鼓術擊樂團」為主體，以文化活化台南糖廠的閒置空間所成立的。2000 年春天，是由謝十團長帶領著一群鼓樂愛好者所成立「謝十鼓術擊樂團」，最主要的目的是要傳承傳統的鼓樂藝術，讓鼓樂提升為具有文化內涵生命價值的藝術，2003 年更名為「十鼓擊樂團」（王巧燕、林爵士、陳至坤、林孟緯，2012）。

　　2005 年，十鼓擊樂團選擇在台南仁德區落腳，以這個具有百年歷史的糖廠為基地，十鼓希望能將臺灣的鼓樂藝術，以更有生命力的方式推展到國際舞台，故將此處定名為「十鼓文化村」。「十」代表兩支鼓棒的交疊，並象徵著十方力量的匯集。「傳創本土擊樂，廣納世界文化」是十鼓永續的志業，是故鄉台南子弟對傳統文化的執著，也是臺灣鼓樂等藝術融入生活的一種創新。謝十創立十鼓文化村主要兩大理由，除了創造屬於打擊藝術的文化場域外，另一重要的理由便是希望這個文化場域能創造更多表演機會，進而帶來更穩定的收入（王巧燕等，2012）。

　　十鼓正式進駐仁德糖廠，開始進行十鼓文化村的建設，2007 年春天十鼓文化村正式營運。為讓這個文化場域能夠自給自足，能夠兼具觀光休閒的功能，結合臺南仁德糖廠的歷史、人文及藝術美學概念，將百年糖廠的舊有空間、器具、機械、建物等，以文化創意概念加以改造再利用。於是，

鼓樂藝術文化不只得以有常駐發展空間，更透過表演藝術推廣，延伸發展出具有幸福空間的生活與生態美學。

現今走進十鼓文化村，遊客即可感受到濃濃的傳統藝術氣息，也充滿兒時對糖廠甜甜的記憶，懷舊情懷自然滿溢在遊客心中，幸福的感受也油然而生。是個對舊文化巧妙創意改造，以創造幸福空間的實例。

2. 十鼓文化村園區概況

十鼓文化村園區共有 16 座日據時代所建築之舊倉庫。幸福文創的巧思，活化閒置空間，並結合藝術美學的概念，將閒置多年具有百年歷史的糖廠風華重現，再加上十鼓獨創之具有臺灣特色文化元素的鼓樂，成為亞洲第一座以鼓樂為主題國際藝術文化村。

3. 十鼓閒置空間之幸福改造

十鼓文化村將閒置空間改造成幸福空間，其中巧妙創意結合各種藝術美學概念，融入於文化村的整體營造，以訴求進入此空間者在眼、耳、鼻、舌、意等的五感幸福體驗，更增加不同創意元素及多元活動，滿足遊客新鮮感，遠遠超越傳統呆版地陳列展示單一經營面向。此園區之主題在於鼓之文化與藝術，鼓的發展歷史淵源流長，所以，鼓文化在這個百年基地上，所擁有的是與舊糖廠相互提升的效果，也進一步增進國人對傳統鼓藝的陳舊刻板印象，不只讓舊糖廠的閒置空間成為幸福空間，也因為與鼓文化的結合相互提升曝光度，成為南臺灣新地標。表 7-3 為閒置空間幸福改造前後對造圖。

表 7-3　十鼓文化村閒置空間改造前後一覽表

改造前	改造後	幸福改造概念
大門附近景觀	大門附近景觀	鋪設磚道，種植綠色樹木，鋪設草地，綠化環境，結合景觀元素，營造開闊幸福入口。
舊大門	新大門	改造並重新粉刷，種植綠色樹木，保留部分荒蕪氣息，散發舊糖廠斑駁歷史，激發懷舊情緒。
糖廠內之鐵道	園區內之參觀步道	在不利行走的舊鐵軌上鋪設便於遊賞移動的步道，道旁加入怡人景觀藝術。
舊警衛室	收票亭	舊糖廠警衛亭改造成收票亭。幼時記憶，進入糖廠，也必須經過守衛室。
糖廠煙囪附近景觀	改造後之景色	大煙囪是糖廠的標記，園區在孤單蒼白的座落中加入與環境配襯的景觀藝術。

改造前	改造後	幸福改造概念
蔗渣處理槽	蓮花池	糖廠蔗渣處理槽，改造成中國人文中常見的蓮花池，也如人文山水一樣飼養觀賞魚種，成為一方恬靜的幸福空間。
小劇場外	小劇場外	舊倉庫，內部則改造成小劇場場館，外部配合劇場加入各項景觀元素，作為與遊客幸福聯結之延續。
廢棄倉庫	化妝室	廢棄倉庫，改造成一間別具獨特風格的化妝室，化妝室內部，另是備有裝置藝術的休息空間。
廢水處理槽	親子草原	原廢水處理槽腹地改造成為親子互動的廣闊草原，原有的輸送管路轉換成為親子遊樂場地。
廢水處理槽	蓮池火車	廢水處理槽改造成蓮花池後，於蓮花池周圍鋪設鐵軌，增加糖廠文化之意象。

改造前	改造後	幸福改造概念
大型冷卻槽	水槽劇場	原工廠熱水冷卻排放使用的冷卻槽，改造成一座戶外表演劇場。長長的排水導管是傳聲筒，座位是用臺灣傳統的紅磚頭砌成。
原料作業區	祈福館	原料作業區改造後，展示各種大小鼓具，各有其象徵意義。此處即是「擊鼓祈福」聖地。
廢棄倉庫	十鼓蔬苑	廢棄倉庫及五分車，改造成供飲食的十鼓蔬苑。在歷史、藝術、文化遺傳之中用餐，不幸福也難。
雜草叢生的野林	藝文走廊	荒蕪多年的野林，改造成遊客循著舊鐵道漫步糖廠舊景觀的幸福走廊。
舊的糖廠倉庫隧道	建設後隧道	將藝術元素加入舊有倉庫隧道景觀，讓單調沉默變成活潑快樂，遊客的視覺享受。

改造前	改造後	幸福改造概念
 倉庫間的秘道	 夢糖蜜道	倉庫建築之間的間隔通道，是通往糖蜜槽必經之處，園方鋪設步道，以便行走，命名為夢糖蜜道。蜜道不寬，恰可供二人相扶相持前行。

資料來源：改造前照片由十鼓文化村提供，改造後為著者拍攝。

 結語

　　文化創意產業被視為當前世界新的經濟原動力。特別是金融海嘯後，評量一個國家的指標已然不再只是單純的經濟實力，而是各國的文化創造力，是文化特色，也是生活方式的顯現。基於此一思考，世界主要國家無不重視文化創意產業此一區塊，希望透過國家政策，將自己國家文化產業創新經營，行銷世界各地。我國在文創產業的推動上亦擬定重點計畫推行之。臺灣文化創意產業類別，從原先 13 項擴增至 16 類，依照產業關聯性，歸納為四大領域，分別為藝文、媒體、設計、數位內容等型態。

　　文化創意產業，是以我國文化為創意基礎發展品與服務的行業，其成果可以為群眾帶來幸福空間。是以，文化創意產業，須以能為人民與社會來來幸福感受為發展基礎。文化創意產業因此而可以稱為是幸福創造產業。文化可以多元，創意可以無限，幸福可以源自不同因素，所以，幸福文創事業可以來自各種不同領域，可以往各種不同面向激發與維持閱聽者的幸福感。十鼓文化村即是一個成功的幸福文化創意案例。

一分鐘觀念

　　文化創意產業包含各種以人類文化創意爲基礎之行業。文化是人類活動的累積，有著群體共享的價值與美好記憶。能以幸福作爲文化創意的基礎，發展出可以激發人類幸福感受的產品或服務，不只可以提供人類幸福的空間，也因爲文化創意本身的有價值、稀有、不可取代，與不可模仿，而讓事業具有可持續的競爭優勢。透過智慧財產之形成及運用，更具有創造財富與就業機會潛力，所以，文創產業是創造幸福的產業，幸福文創可以創造自己與社會的幸福。

重要名詞

- 幸福（Happiness）
- 文化（Cultural）
- 產業（Industries）
- 文化創意產業（Cultural and Creative Industries）
- 幸福文創事業（Happiness-based Cultural Creative Business）
- 十鼓文化村（Ten Drum Culture Village）

問題討論

1. 針對「文創應帶給人們幸福」的說法，可以說說您的看法呢？

2. 您對文化創意產業，有沒有較感興趣的類型？您會如何將幸福的理念與之結合呢？

3. 如果要讓書中的「幸福之地」十鼓文化村變得更幸福？您有沒有什麼點子呢？

腦力激盪

1. 可不可以讓我們一起來幫助阿士？如果您是阿士，想一想，你可以做些什麼，讓自己家裡的傳統百年醬油工廠「起死回生」，成爲轉型成功的幸福文創產業呢？

2. 幸福文創事業，可以十分多元，本章所舉的例子，你有新的文化創意嗎？思考一下，你周遭有哪些有趣的人、事、物？你認爲可以用何種方式把它變成有市場的產品或服務？

3. 有人說許多國家都只是靠著祖先的遺產古蹟，賺觀光客的錢來養活國家，例如南歐許多用有古蹟古堡的國家，如西班牙、義大利、希臘等，你的看法呢？這是不是就代表文化創意不是個好的事業？

附錄　文化創意產業內容及範圍

　　文化創意產業的內容，分成不同類別大致說明如下，並附帶說明各該行業別之政府主管與輔導機關。

　　第一類別爲藝文型態的文創業，可分爲表演與展演等相關產業：

1. 視覺藝術產業：是指從事繪畫、雕塑、其他藝術品創作、藝術品拍賣零售、畫廊、藝術品展覽、藝術經紀代理、藝術品公證鑑價、藝術品修復等行業。其主管機關是文化部。

2. 音樂及表演藝術產業：指從事音樂、戲劇、舞蹈之創作、訓練、表演等相關業務、表演藝術軟硬體（舞台、燈光、音響、道具、服裝、造型等）設計服務、經紀、藝術節經營等行業。其主管機關是文化部。

3. 文化資產應用及展演設施產業：指從事文化資產利用、展演設施（如劇院、音樂廳、露天廣場、美術館、博物館、藝術館（村）、演藝廳等）經營管理之行業。須注意的是，本業所指稱的文化

資產利用，僅限於該資產之場地或空間之利用。在該資產以外空間場地，不包括在內。其主管機關是文化部。

4. 工藝產業：指從事工藝創作、工藝設計、模具製作、材料製作、工藝品生產、工藝品展售流通、工藝品鑑定等行業。其主管機關是文化部。

第二個類別是電影電視與出版廣播等的文化創意行業，共包括五個不同行業。

1. 電影產業：指從事電影片製作、電影片發行、電影片映演，及提供器材、設施、技術以完成電影片製作等行業。其主管機關是文化部。

2. 廣播電視產業：指利用無線、有線、衛星或其他廣播電視平台，從事節目播送、製作、發行等之行業。其主管機關是文化部。

3. 出版產業：指從事新聞、雜誌（期刊）、圖書等紙本或以數位方式創作、企劃編輯、發行流通等之行業。其主管機關是文化部。其中所謂的數位創作，是指將圖像、字元、影像、語音等內容，以數位處理或數位形式（含以電子化流通方式）公開傳輸或發行。

4. 廣告產業：指從事各種媒體宣傳物之設計、繪製、攝影、模型、製作及裝置、獨立經營分送廣告、招攬廣告、廣告設計等行業。其主管機關是經濟部。

5. 流行音樂及文化內容產業文化部：指從事具有大眾普遍接受特色之音樂及文化之創作、出版、發行、展演、經紀及其周邊產製技術服務等之行業。

第三類別是以設計為主的各類型態設計，包括五種業別。

1. 產品設計產業：指從事產品設計調查、設計企劃、外觀設計、機構設計、人機介面設計、原型與模型製作、包裝設計、設計諮詢顧問等行業。主管機關經濟部。

2. 視覺傳達設計產業：指從事企業識別系統設計（CIS）、品牌形象設計、平面視覺設計、網頁多媒體設計、商業包裝設計等行業。⑴視覺傳達設計產業包括「商業包裝設計」，但不包括「繪本設計」。⑵商業包裝設計包括食品、民生用品、伴手禮產品等包裝。主管機關經濟部。

3. 設計品牌時尚產業：指從事以設計師為品牌或由其協助成立品牌之設計、顧問、製造、流通等行業。主管機關經濟部。

4. 建築設計產業：指從事建築物設計、室內裝修設計等行業。主管機關內政部。

5. 創意生活產業：指從事以創意整合生活產業之核心知識，提供具有深度體驗及高質美感之行業，如飲食文化體驗、生活教育體驗、自然生態體驗、流行時尚體驗、特定文物體驗、工藝文化體驗等行業。主管機關經濟部。

第四類別是以數位內容為主的行業，包括一種業別。

　　數位內容產業：指從事提供將圖像、文字、影像或語音等資料，運用資訊科技加以數位化，並整合運用之技術、產品或服務之行業。主管機關為經濟部。

第五類別是其他類。

　　其他經中央主管機關指定之產業：指從事中央主管機關依下列指標指定之其他文化創意產業：

1. 產業提供之產品或服務具表達性價值及功用性價值。

2. 產業具成長潛力，如營業收入、就業人口數、出口值或產值等指標。

本文根據文化創意產業發展法（中華民國 99 年 2 月 3 日華總一義字第 09900022451 號總統令制定公布）以及文化部所頒布之文化創意產業內容及範圍（中華民國 103 年 3 月 19 日文創字第 10330059511 號令修正發布）撰寫。

Part III

應用篇

幸福生活的落實

第八章
幸福與健康關懷產業

郭代璊、蘇貞瑛

學習目標

1. 了解健康是幸福的基礎。
2. 了解健康關懷實務的現況與需求。
3. 認識幸福健康照護產業的發展。
4. 認識幸福醫藥生技產業的發展。

章首案例

　　卡洛林，38歲，忙碌的職業母親，因為生活負荷過大，情緒緊繃，動不動就罵人，人際關係陷入低潮。家庭、事業兩面不討好的情況下，她得了憂鬱症，時常不由自主地哭泣，而且有很深的無力感，常常想要自殺。

　　服用「百憂解」後，她像變了個人似的，找回往日的自信，脾氣變好了。儘管工作再忙，她都會放下手邊的工作與員工閒聊，卡洛琳成為最受人喜愛的主管。

　　1970年初期，憑著「血清素可能與憂鬱症有關」的推論及詳盡的市場調查，由生物精神醫學與其他領域的科學家「合成」這個作用於血清素的新藥「百憂解」。上市後年銷售額一度達30億美元。在美國，平均每8人中就有一人服用百憂解類藥物。在上流社

會裡，百憂解更等同於權勢、地位的象徵。

　　健康包括生理及心理兩個層面。健康關懷不只是解決生理上的痛苦，更要提升心理的健康及心靈照護的品質。由此可見，改善與維護身心健康，創造幸福生活，也創造幸福產業，這將是未來產業重要主軸方向之一。

摘要

　　隨著高科技的發展，國人社會經濟狀況改變，人們的價值觀急速變遷。許多研究發現臺灣民眾雖然物質生活不斷提高，但精神層次卻沒辦法與之同步提升，反而一直存在著壓力、焦慮不安與憂鬱。相關研究調查也發現較快樂的人擁有較健康的身體，健康更被視爲正向幸福的表徵。因此，健康是幸福的基礎，唯有良好的健康，才能創造或提升眞實的幸福感。在醫療衛生、國民生活進步與生活習慣轉變下，國人的十大死因轉變爲惡性腫瘤、事故傷害、腦血管疾病、心臟疾病、糖尿病、慢性肝病及肝硬化等慢性疾病。慢性病與生活型態息息相關，可透過日常生活的保健而避免或減緩疾病發生；也可藉由健康產業所提供的各項服務與產品來促進健康或預防疾病。健康促進可藉由健康照護相關產業提供更人性化的全方位服務，疾病預防也可藉由生技製藥及保健食品等來解決人類痛苦，改善人類的健康，因此，帶動健康關懷產業的蓬勃發展。近年來，爲了提升健康產業更高的層次，以「人」爲本，融入「人性關懷」爲最重要元素，所以新的健康關懷產業，以提高照護品質，提升被照護者的幸福感，成爲未來的主流幸福產業。藉由更人性化、更溫馨的幸福照護機構與安全性高、品質佳、副作用小的醫藥生技幸福產品來關懷並治療與預防各種身心疾病苦痛以促進健康照護品質。因此，創造幸福的健康關懷產業日益備受重視，而且將是未來幸福產業重要主軸。

健康是幸福基礎

星雲法師曾在《聽星雲大師談人生》中，強調擁有健康並不代表擁有一切，但失去健康卻會失去一切，健康是幸福生活的根基（陳，2012）。健康能讓人延年益壽，是幸福快樂的基礎，不但有益個人及家庭，更有益社會與國家。因此，人們常講：「健康是福。」根據世界衛生組織（WHO）的定義，健康是指身體（生理）、精神（心理）及社會（社交）都處於一種完全安寧的狀態，而不僅是沒有疾病或虛弱。健康亦可用三層來說明，第一層的生理健康是指身體各器官系統都能正常運作，第二層的心理健康是指每個人都能認識自己的潛力，應付正常的生活的壓力，有成效地從事工作，並對社區做出貢獻，而第三層的社交健康是指能夠與別人和諧相處，並與社會制度和道德觀念相互契合。

屏東大仁科技大學幸福團隊 2014 年提出有關幸福（happiness）九大因子，涵蓋健康（health）、感恩／抗憂鬱（appreciation／antidepression）、歡樂（pleasure）、熱情（passion）、個別化（individualization）、新奇（novelty）、經濟（economy）、安全（safety）和滿足（satisfaction）。其中，健康被視為幸福的首要因子。相對地，不幸福或痛苦（suffering）因子，則包含生病（sick）、不悅（unpleasure）、害怕（fear）、沮喪（frustrated）、急促（emergency）、悔恨（regret）、無知（ignorant）、心胸狹隘（narrow-mind）和貪婪（greedy）。健康或病痛被視為判斷幸福最基本的標準，因此，透過健康促進與醫藥的照護可解決疾病所帶來的痛苦，提高幸福感。

生活品質近幾年常被政府、學術界與產業實務界之間探討，其主要的目的在於反映人民生活狀況。早期世界各國以經濟指標衡量生活品質，到

了 1960 年發展成以健康、教育及環境為指標，近期的心理學家與社會學家則側重生活滿意度。這些改變來自於全球的生活與消費型態正在轉型，由於生活水準的提升，民眾對於日常生活的需求不再只局限於生理需求的層面，而是更擴展到精神層次與追求更優質的生活品質。

美國夏洛克（Schalock,1990）教授提出生活品質（quality of life）的概念與指標，其中代表身體福祉指標的身體健康、活動能力及尋求醫療輔助的狀況等被列為要件；荷蘭皇家菲利浦公司 2010 年針對全球 23 個國家訪問調查，發現臺灣民眾健康與幸福感各項指數偏低，其中值得一提的是 87% 臺灣民眾相信醫療科技能延長壽命（菲利浦，2010）。隨著經濟快速發展，但對於改善人民幸福需求日漸束手無策之際，健康照護，將從過去解決疾病的生理層次，逐漸提升到更高層次的心理關懷，以達幸福照護的目的。真正的健康，是指生理、心理，與心靈全方位的健康，追求真正的健康正是呼應人類追求幸福生活的最高境界。因此健康照護即是幸福照護的基礎。

健康照護實務的現況與需求

健康照護是人類的基本需求之一，也是衡量一個國家進步的重要指標（李明亮，2002）。滿足民眾的基本需求被視為是衛生政策需努力的目標，因為，人民的健康是國家競爭力的一部分，同時也是國家永續發展很重要的推動力。我國衛生政策的走向從早期注重醫療服務而轉向為促進民眾的健康。促進健康及預防疾病被列入行政院衛生署重要的施政項目，透過政府整體性的規劃，有系統地帶領基層推動衛生教育與健康促進的工作，將

可達到健康關懷的最終目的（李明亮，2002）。

1. 健康照護環境的改變

醫療衛生進步，使國民生活更健康，生命更延長。但在生活習慣轉變下，近年來國人的十大死因由急性傳染病、肺炎等轉爲惡性腫瘤、腦血管疾病、心臟疾病、糖尿病、慢性肝病及肝硬化等慢性疾病。衛生署公布最新 2014 年臺灣民眾十大死因，前 3 名分別是惡性腫瘤（癌症）、心臟病以及腦血管疾病。近幾年主要死因趨勢圖詳見圖 8-1；其中癌症連續 33 年蟬聯十大死因之首，其中口腔癌與食道癌成長最快速，男性死亡率高於女性 10 倍以上。分析男女性惡性腫瘤發生的部位，前三名一樣分別是肺癌、肝炎及直腸結腸炎，詳見圖 8-2（衛生福利部，2014）。從 1997 年衛生署委託辦理之「國民營養健康狀況變遷調查」來看，45 歲以上民眾糖尿病、高血壓盛行率各爲 11%、43.1%，高血膽固醇（>240mg/dl）的盛行率達 22.8%，而這些疾病的成因，主要是由不當的生活習慣所引起。

我國自 82 年起邁入高齡化社會以來，65 歲以上老人所占比率持續攀升，102 年底已達 11.5%（內政部統計處，2014）。隨著醫藥科技之進步與生活品質之提升，國人平均壽命將會繼續增長。臺灣人 2011 年之零歲平均餘命已達男性 76.2 歲、女性 83 歲，男人依舊比女人短命，此爲全世界皆然，但整體臺灣民眾平均壽命增加，比前一年增加 0.3 歲。根據行政院經建會推估，於民國 125 年，臺灣地區人口結構中，老人比例將達 21.3%，同時由於出生率大幅下降，扶養比將由目前的 42.6% 增加至 63%，亦即是每個勞動人口要負擔 6 人之扶養。因此，老人長期照護的需求需被重視。國民對慢性病治療、老人安養、預防保健等醫療照護之需求，將隨著人口結構的老化與子女數減少而增加，對於幸福的追求與需

要，勢必隨著公共衛生負擔加重而更加成長，健康照護產業的需求，既然是幸福的基礎，其重要性必然亦會大幅增加。

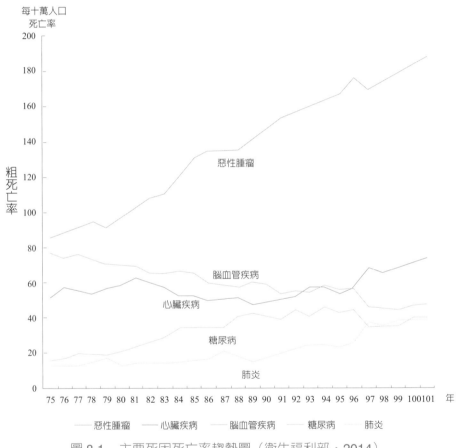

圖 8-1　主要死因死亡率趨勢圖（衛生福利部，2014）

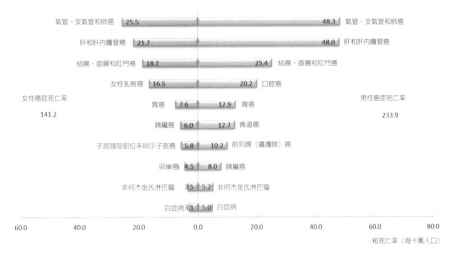

圖 8-2　101 年兩性十大癌症死因死亡率（衛生福利部，2014）

　　臺灣到了 2025 年就會成爲超高齡社會，所以，政府於 2014 年將行政院衛生署改名爲衛生福利部，馬英九總統也在衛生福利部揭牌儀式時，特別指出老人「長照問題撲面而來」，因而期許衛生福利部的成立，要全方位照顧國人生理、心理健康，衛生福利部被賦予的使命爲促進全民健康與福祉。在步入高齡化社會的過程中，如何讓高齡者享有幸福的晚年，並且導引新世代健康茁壯，中生代免受慢性及代謝疾病之苦，是衛生福利部設立的宗旨及核心任務。

　　由上述顯示國人健康關懷的重點，應在生活的健康促進行爲及慢性病的預防或照護上。健康照護關懷產業不僅提共更人性化的服務，相關健康生技企業可研發對應的產品，以提升我國人民之健康，預防慢性病的發生。健康關懷產業與國民健康息息相關，是一種協助人類疾病預防、診斷、治療與照護的民生必要性產業。由於和延續人類的生命與提升生活品質之

目的有關，因此比較不受經濟景氣影響。值得注意的是，當國人把對生理的需求轉而包括心理需求，因而導致消費型態改變時，新型態的幸福產業或觀念就會逐漸被開發，民眾的生活因此更幸福，未來的市場也將由這樣的新觀念所主導。

2. 照護健康的幸福促進產業

　　國內著名的寶來證券，其投資處曾於 2002 年提出一種新型態的產業，名為促進幸福產業（圖 8-3），其內容架構分成追求生理健康與心理滿足兩方面。其中多是與健康照護有關的產業，包括預防醫學、保健食品、美容醫學以及休閒娛樂等，這些產業所提供健康照護的服務，因為滿足人們追求健康與幸福的需求，而帶來了很大的市場契機（寶來證券投資處，2002）。

⑴ 預防醫學：包括健康的促進及疾病預防，正如前段所提，老年人口愈來愈多，疾病型態逐漸也多以慢性病為主，因此，整個醫療產業也從原先積極的疾病治療轉型成為提供慢性照護與醫療諮詢為主的經營模式，重點為「早期發現、早期治療」，產業多以製造偵測健康狀態的儀器為主，如癌症篩檢工具、無痛內視鏡檢查等。

⑵ 保健食品：食物是維持人類生命的基本能量，也是創造幸福、快樂的泉源。健康飲食確實能帶來健康，擁有快樂的人生，健康是展現體力與發揮能力的來源。不良的生活習慣導致慢性病發生逐年增加，再加上高齡人口數攀升，醫療與保健費用支出負擔加重。因此，政府積極推行預防保健及養生的觀念，期望能減少因生活習慣及減緩高齡人口等因素帶來之慢性疾病的發生。近年來，保健食品產業除在臺灣迅速發展外，甚至已跨越國界，在全球正如火如荼地展開。財團法人商業

發展研究院於 101 年對臺灣 8 個主要縣市 25 歲以上民眾的調查，發現有 51.7% 民眾，在近兩年有接觸健康食品或保健食品，且未來有意願使用健康食品或保健食品，其主要原因為「營養補充」與「覺得有效果」。保健食品能夠每天食用，可以作為維持生命的能量補充，也可以滿足人類視覺、嗅覺、味覺的需求。保健食品更具有防止疾病侵襲、維持與增進健康的功效。國內目前保健食品市場產值近千億，是不容忽視的產業。

⑶ 美容醫學：美容醫學，毫無疑問在近二十年來已成為最夯的醫療產業。隨著生活水平不斷提高，人們對生活品質的要求更高了，對於美的觀念不再局限於過往的梳妝打扮、塗脂抹粉，而是透過醫學的技術，包括藥物及儀器設備等，以手術或非手術方法，如微整形，果酸換膚、雷射治療或光療、肉毒或玻尿酸注射等，以直接維護或修復的方式改善生理功能，人體外在形態，皮膚色澤等。促進人的生命活力與外在美感，提升生活品質與自信心，以獲得心靈上的滿足，這也是創造幸福感的來源之一。

我國工研院於 2010 年發表的「醫學美容產品創新趨勢與臺灣發展契機」研究中提到，醫美產業的成長與消費端的需求及可支配所得有關，也與市場景氣有關。隨著收入的增加，愈來愈多人有能力花費在美容醫學相關服務及療程，也對這種非必要性醫療行為接受度逐漸升高（黃，2010）。讓自己美一些、幸福一些，多一點支出也是值得的，因此這也是一種新興的幸福產業。

⑷ 休閒娛樂：休閒娛樂也被視為重要的健康幸福產業，增進國民健康生活的要項。在經濟持續地成長、國民所得增加的同時，消費者型態改

變，生活品質，休閒娛樂產業因此蓬勃發展。休閒娛樂對慢性病防治、促進健康很重要，所帶來快樂的心情與滿足感也會提升生活品質，這是一種心理健康促進，也特別突顯休閒娛樂在國民追求幸福健康生活的重要性。

幸福健康照護產業，已隨著民眾自我意識的提升而逐步發展受重視，未來必將跟隨著全球民眾生活型態的腳步而有所改變，一定會是蓬勃發展的事業，成長空間無限。因應高齡化社會的來臨，我國政府的經濟及產業發展政策也已做適當地調整，不管是國人的預防保健方面，或是老人老化或慢性疾病的預防及治療課題，未來藥物及醫療器材整體性的健康產業必朝向以「人」為本的關懷照護產業發展。因此，我們將以幸福健康照護產業及幸福醫藥生技產業兩方面的現況及未來發展狀況再做深入的說明。

幸福健康照護產業的發展

1. 臺灣現今醫療服務產業

　　臺灣現今民眾健康照護問題中，可對應的健康照護產業，以衛生署「健康照護升值白金方案」所規劃的醫療服務產業最完整，其服務的實質內涵就是以健康關懷為核心，這就是一種幸福滋味的實踐。從其發展藍圖（圖 8-3）中所示，依照不同服務對象與需求（健康、慢性病患、長期失能者、急性病患、出院需照護病人），進而找出相關的服務提供者與應具備的服務內容，並訂立出服務目標，進而規劃出政策相對應方案（行院衛生署，2009）。

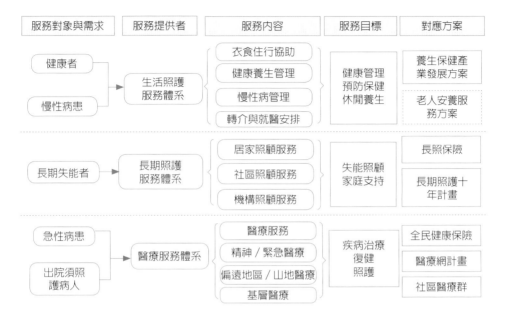

圖 8-3　醫療服務產業發展藍圖（行政院衛生署，2009）

(1) 生活照護服務體系：此為預防醫學的概念，包含健康促進與預防保健
　　等重要價值活動，相關生活照護服務包含食衣住行協助、健康養生管
　　理、慢性病管理與轉介就醫安排，主要是針對健康者或慢性病患提供
　　相關服務。

　　國人飲食生活型態改變及平均壽命延長，健康照護需求增加，疾病型
　　態以慢性疾病為主，近年來預防勝於治療的照護觀念，使個人化的生
　　活照護系統或產業隨之興起（行院衛生署，2009）。

(2) 長期照護產業：長期照護體系包含失能限制與復健照護等重要價值活
　　動，依據「長照十年計畫」實施服務項目，其服務範圍包含居家照顧
　　服務、社區照護服務與機構照護服務，主要是針對長期失能者或出院

須照護病患提供相關服務（行院衛生署，2009），如表 8-1。

表 8-1 「長照十年計畫」實施服務項目及服務說明

服務項目	服務說明
照顧服務	1.居家服務：家務及日常生活照顧服務、身體照顧服務。 2.日間照顧：日間將需照護者送至日間照顧機構，晚間則將照護者送回家。
居家護理	一般傷口護理、各種注射、符合個別需求的護理措施、一般身體檢查、代採檢體回院送檢、各種依個案需求的護理指導、營養及基礎復健運動指導、醫師訪診、適當社會或醫療資源諮詢。
社區及居家復健	1.日常生活功能評估與訓練。 2.社交功能評估與訓練。
照顧機構服務	1.養護機構：生活照顧。 2.長期照護機構：生活照顧及護理服務。 3.護理之家：提供罹患慢性須長期護理之病人及出院後須繼續護理之病人所需護理服務及生活照顧。

隨著人口高齡化的趨勢，長期照護的市場需求勢必不斷提升，而長期照護在政策面與服務面則亟須更完善的設計與規劃。2011 年是戰後嬰兒潮邁入老年人口的元年，這群民眾見證臺灣經濟起飛，也跟著大環境的變化而開創自己的成就，這群嬰兒們陸續加入銀髮族行列，手中擁有全臺灣 55% 以上的財富，是目前全臺灣最有消費力的一群人，因此這一群人將成為相關銀髮商機的主流。

⑶ 醫療服務體系：醫療服務體系包含診斷與治療等重要價值活動，相關醫療服務包含醫療服務、精神／緊急醫療、偏遠地區／山地醫療與基層醫療，主要是針對急、慢性病患提供相關醫療服務。

由以上所述醫療服務產業的規劃內容已是相當完整，應足以提供我國

國民的健康照護需求。但近幾年，以「人」為本的照護觀念，成為當今的普世價值，為了讓我國人民得到更完善的健康照護，因此更貼心、更關懷、更專業的幸福照護成為產業追求的目標。所以，優質養老生活的養生村因之崛起。

養生村標榜著兼顧生活照護、健康管理及休閒養生的服務宗旨，強調具備專業照護及群居生活，推出各式課程與活動，讓銀髮族能建立新的人際網絡還能自己安排閒暇時間，讓退休後的生活過得更豐富，其內容都是以提升幸福照護的本質與內涵。老人辛苦奮鬥一生，想在退休後過著舒適不無聊的生活，又不想與子女同住造成負擔，高品質的養生村產業應運興起。這種養生村，滿足人們安全健康的優質退休生活，豐富了生命的品質，更使老化的生活充滿幸福的感覺。

著眼於國內此類讓老人生活幸福的市場契機，目前國內有幾家大型企業集團都已投入銀髮住宅開發行列，包括潤泰、台塑、奇美、國寶等知名企業。以下是國內知名養生村的介紹。

台塑長庚養生文化村：是國內最大銀髮住宅社區。位於桃園龜山鄉，緊鄰林口長庚醫院、由台塑集團興建的「長庚養生文化村」標榜是國內最大的養生村，占地 34 公頃，一半作為綠地、醫院、多功能活動中心、公園等，活動空間相當寬廣，約可容納 4 千戶入住。

長庚養生文化村除了幅員遼闊外，另一項特色就是豐富的休閒活動及銀髮學園，入住者可以學學太極拳、打麻將、唱歌或捏陶、寫書法，甚至有專門提供上網下單股票的獨立空間。由於同屬台塑集團，長庚養生文化村有長庚醫院作為醫療後盾，提供完整的健康照護與緊急醫療服務。

公園　　　　　　　　　農場　　　　　　　　親子公園

現況實景：客廳　現況實景：飯廳　現況實景：寢室　現況實景：衛浴　　活動中心

圖 8-4　　長庚養生文化村官方網站（2004）

https://www1.cgmh.org.tw/cgv/index.htm

　　潤福生活新象：潤泰集團有識於台灣社會人口年齡結構日趨高齡化，於 1991 年設立潤福生活事業股份有限公司，專責從事『銀髮專用住宅』的設計規劃及營運管理服務。潤福生活新象號稱是「五星級銀髮飯店住宅」，不惜鉅資由日本引進最先進之技術，主張提供中高齡者一個「安全、安心、愉快、有尊嚴」的生活環境（圖五）。從空間規劃到最細微之處，全都針對老人家的需求，於 1996 年甫推出時就吸引 300 戶滿租，也開啓國內頂級銀髮住宅之風。潤福生活新象鎖定年滿 50 歲以上且日常生活能自理的長者。這也樹立另一種追求高品質幸福銀髮生活的典範。

　　其服務內容包括生活照顧（餐飲服務、櫃台便利服務、清潔、修繕服務等）、健康管理（健康講座、緊急處理及協助就醫、24 小時護理師服務、醫生每週社區駐診等）及休閒養生（課程服務、社團活動、特殊節慶活動／每月慶生會、館外活動等），爲銀髮長輩提供最優質、最舒適的居住環境。

圖 8-5　潤泰集團潤福銀髮專用住宅官方網站
https://www.ruenfu.com.tw

　　綜合以上所述，健康照護需求的產業不論是針對健康或不健康者，其範圍涵蓋甚廣，包括促進健康、疾病預防及治療，有效的提升民眾健康及維護其生命的品質，增加幸福感，可促使幸福照護產業蓬勃發展。以「人」為中心的照護，由愛心、關懷出發，營造幸福空間、幸福設備、硬體軟體，以更人性化、更溫馨的幸福照護機構並藉由訓練完善的幸福照護人員來關懷並提升健康促進的照護品質；以安全性高、品質佳、副作用小的醫藥生技幸福產品來治療與預防各種身心疾病苦痛。經由以上的用心與努力，提供全人關懷服務，滿足民眾所要追求的「幸福健康照護」。

幸福醫藥生技產業的發展

　　由幸福的觀點而論,「離苦得樂」不只是心靈及宗教所追求的境界,在人類醫藥發展的目的也正是如此。人類自有歷史以來,首先要面臨解決的問題就是所謂的「痛苦」。有「痛」就有苦,常言道:「牙痛不是病,痛起來要人命」。所以醫藥發展重要的里程碑是鎮痛藥的發現與發明,歷經痛與苦之後,一旦「生理的痛」解除,「心裡的苦」立即得到舒緩,那種「幸福」的感覺即刻油然而生。這是人類最原始的生理「痛」覺,解除後轉為心裡幸福的感覺。

　　而如何鎮痛又能忘憂解愁,有一種神奇的浸膏,它不僅創造了鉅大的產業,也對中國近代史留下難以抹滅的記憶,那就是鴉片。就以其產業及產值而言,於18、19世紀這是一大產業,1908年,四川的鴉片產值高達3,500萬兩,如此龐大產值,超過了當年中央財政的收入(新浪網,2014)。聯合國毒品和犯罪問題辦公室也指出,阿富汗2011年的鴉片產值為14億美元(美國之音,2011)。

　　鴉片帶給人短暫的舒適快樂與幸福感,但長期使用後上癮現象是人類無法控制的。現在為了安全起見,早已將之列為禁藥。但醫療業中,仍可使用在臨終關懷的病人或經醫師許可的術後病人。為了解決人類的痛與苦,但也要避免成癮藥物所帶的巨大副作用,所以後來的阿斯匹靈、普拿疼等偉大的藥物發明應運而生。

圖 8-6　清朝末年人們吸食鴉片的情形

因此現今爲了解決人類面臨疾病所遭遇的痛苦，促進人類的健康，使得醫藥生技產業在此時此刻更加蓬勃發展。不僅如此，藉由預防各種生理疾病及改善精神或情緒的失調，維護健康的生活品質，提升幸福感的生活，醫藥生技產業未來絕對是幸福產業重要主軸方向之一。

1. 醫藥生技現況說明

生技產業的發展對人類生命健康之維持與生活品質之提升密切相關。在醫藥領域，發展疾病偵測工具能提早警惕與預防疾病的發生，研究開發更具療效的藥物以提高疾病的治癒率與安全性；於食品營養領域，增加食品的保健功效，並提高產品附加價值。以上不只是促進並改善人類生命品質的健康產業，更是具有創造鉅大經濟價值的幸福產業。這也突顯生技產業對促進發展國家經濟與人民福祉的重要性。因此生技產業也成爲國家重要的政策，經濟部於近年來規劃的生技產業，包括了應用生技產業、製藥產業、醫療器材產業等三大類 15 種業別，如圖 8-7（經濟部生技產業白皮書，2014）。

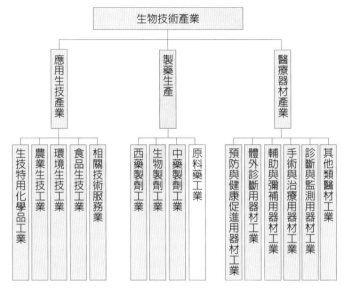

圖 8-7　生技產業的分類與現況（經濟部生技產業白皮書，2013）

　　現階段生技產業仍以醫療保健的應用範圍最爲廣大，且不易受到經濟
景氣循環影響，尤其隨著高齡化社會來臨與新興國家中產階級增加，對醫
療品質要求提高，以及各種傳染疾病之預防與治療等因素，各國積極投入
生技醫療技術與產品之開發，期能爲難以醫治疾病尋找新的治療方法，並
降低治療成本。

　　以上產業領域都以改善人類健康爲依歸，其重點都是以「人」爲中
心，其目的在提升生活品質及增加人的內在幸福感。因此由幸福健康關懷
觀點，提出目前一些國內外案例來說明醫藥生技產業的潛力與發展。

2. 醫藥生技產業的分析與發展

　　目前醫藥生技產業對人類未來的生命與健康已有許多突破性的發展。
以產業面而言，未來更是超越電子業的明星產業，其產值不可限量。依據

前述政府所公布的十大死因，前 3 名是惡性腫瘤（癌症）、心臟病以及腦血管疾病。其他都是與代謝或老化的相關疾病。因此以下將從兩個部分舉例說明其重要性與產業發展。分別爲治療性的生技製藥產業與預防性的生技保健產品產業。

⑴治療性的生技製藥幸福產業

文章一開始的案例「百憂解」，就是一種眞正離苦得樂的治療用藥。過去憂鬱症一直認爲是心理問題，事實上也可從生理與病理的方面給予治療，所以才有「百憂解」藥物的出現。也開創新藥發展在幸福產業重要的里程碑。

隨著人類壽命的增長，日益惡化的環境汙染，全世界罹癌的人數與比例一直不斷地上揚。癌症對現代人身心戕害而言，是一種無法不去面對的夢魘。抗癌藥物隨著各大藥廠的研發也不斷地推陳出新，更有效、更安全、副作用更少的藥物也一直隨之上市，但售價卻也一直不斷地攀升。舉例而言，最近專對肺癌的標靶治療藥物截剋瘤（Xalkori）一瓶售價相當昂貴，年費用可能高達百萬元以上。這也將是未來最大的生技製藥產業，除可爲人類帶來離苦的幸福，也會因爲促進人類幸福而有龐大產值。

在製藥產業方面，目前我國製藥產業包括西藥製劑、生物製劑、原料藥與中草藥 4 大類，其中又以西藥製劑的規模最大，其次爲原料藥，生物製劑由於僅有疫苗獲准上市銷售，市場規模最小。

①西藥製劑：爲了抑制醫療支出成長而鼓勵學名藥使用，因此也爲國內從事學名藥生產的西藥製劑廠商帶來新商機，並積極拓展歐美市場。例如：友霖生技公司生產的口服藥物及相關軟體硬體設備，已獲美國FDA 查廠通過，將加速藥品在美國上市申請及新藥研發，並向美國

FDA 提出肌肉鬆弛劑藥證申請。另外，亦利用緩釋技術與美國公司相互技術授權合作，開發治療注意力缺陷過動症新劑型新藥，現已進入第一期臨床試驗。此種努力，可讓國內有此需求之民眾，得以比較合理之價格取得治療病痛、回復健康，重拾幸福。

② 生物製劑：由於生物製劑產品開發期長且風險性高，但投資報酬亦高，因此，我國推動生技產業發展之初，即將生物製劑列為重點發展項目之一，投入大量資源於產品開發、人才培育及基磐建置等。例如，臺灣浩鼎生技公司研發的乳癌主動免疫療法 OBI-822/821，已於全球及我國進行第二／三期臨床試驗，並將提前啟動歐美等國第三期臨床試驗。又如賽德醫藥公司研發治療 C 型肝炎的低劑量口服干擾素，已獲行政院衛生署核准，進入第三期臨床試驗；治療流行感冒的低劑量口服干擾素 -α 亦於國內進行第二期臨床試驗。

③ 中草藥：中草藥為我國傳統治療疾病的重要醫學領域，各種疾病治療之藥方更彙整成冊並延用至今，已成為我國發展中草藥產業的理論與實務應用基礎。國內中藥新藥開發已有許多進入臨床試驗階段，例如：懷特生技新藥公司用於治療糖尿病與腎病變「懷特糖寶」已獲美國 FDA 核准，於台北榮總、三軍總醫院及台中榮總執行第二期臨床試驗。又如德英公司研發的 SR-100 膠囊，適應症包含皮膚癌和生殖疣及尋常疣，其中治療皮膚癌適應症已在我國及美國分別進行第三期及第二期臨床試驗。再如杏輝藥品工業公司研發的失智症用藥及慢性心絞痛等植物新藥，已獲美國 FDA 核准，執行第二期臨床試驗。

我們希望由以上製藥的產業帶來更有效、更安全、副作用更少的藥物，除了創造業者龐大藥業產值外，我們也希望對於高價位的新藥能快速

地提供更經濟的藥物以降低民眾的負擔，促進民眾與藥廠的雙向幸福。

　　另在生技產業方面，以臍帶血為例，因為臍帶血富含造血幹細胞，且全球已有案例顯示透過移植臍帶血完成疾病治療，讓原先許多無法治癒的疾病，有了健康回復的希望，這也帶來幸福的新希望。因此，應用臍帶血已成為全球醫學領域的新趨勢，也帶動許多廠商投入臍帶血儲存及技術研發應用。

　　因此，我國也針對生技產業特別寄予厚望，在政府與民間長期耕耘播種，已逐步邁入豐收的成長階段。2012 年我國生技產業營業額已達到新台幣 2,630 億元，民間投資生技產業金額為新台幣 395.32 億元，更大幅成長 18.66%。另外，截至 2013 年 6 月，依據「生技新藥產業發展條例」審定為生技新藥公司的家數及品項，已達到 56 家及 111 項。加速生技產業規模之擴大，有待政府與廠商通力合作，這不僅帶來健康的新契機，也創造了新態樣的幸福健康產業。

⑵預防性生技保健產品之關懷產業

　　食物是維持人類生命的基本能量，也是創造幸福、快樂的泉源。人生要快樂，最基本的快樂來自健康，健康來自飲食，因此，有健康的飲食才能有快樂的人生，因為健康，才能展現體力與發揮能力。但是，隨著生活水準的提升與生活型態的轉變，人類因生活習慣不良而產生的慢性疾病，再加上高齡人口數增加，連帶影響國家及個人之醫療與保健費用支出的增加。因此，積極推行預防保健及養生的觀念，減少因生活習慣不良及高齡化等因素帶來之慢性疾病發生，顯然非常重要。近年來，保健食品產業除在臺灣迅速發展外，甚至已跨越國界，在全球正如火如荼地發展。

　　隨著國民生活品質提升，對食品需求已從滿足生活基本條件，轉而

崇尚天然無毒、養生、保健等特殊需求，對食品安全亦更為重視。生技業者與研發單位運用生物技術從天然動、植物與微生物中萃取營養或有效成分，開發出能促進國民健康的機能保健食品，除可符合現代國民追求保健養生需求，迎合其對本身健康與幸福之期待，並能提高產品附加價值與創造更高獲利。例如：大仁科技大學對牛蒡及金銀花保健產品之開發，亞洲大學從事銀耳多醣體量產關鍵技術及機能性產品開發。另外海藻富含藻膠，其中一種天然多糖，含有一特殊活性成分是 Fucoidan，依據 2008 年文獻曾提及 Fucoidan 是一種安全且具有保護腸胃作用的物質，對於幽門桿菌所引起的胃潰瘍也具有相當的活性（Bo, 2008）。另於 2012 年更有文獻指出 fucoidans 具抗凝血，免疫調節，抗癌與抗分化之活性，因此深具開發有益身體健康之保健食品（Wijesinghe, 2012），也被技術移轉，並設廠生產等等，這都是著眼於保健食品對於幸福生活的具體貢獻，更代表市場之龐大需求，而願意投入資源爭取。

因此舉例說明國內外保健產品的發展與臺灣保健產品的特色如下：

①銀杏

銀杏，長久以來是中國應用廣泛的藥材（圖 8-8）。本草綱目中記載，銀杏的果實（又稱白果），具有定喘止嗽的功效。臨床試驗也證明，銀杏可以促進腦部的血液循環，及降低腦細胞老化，在臨床表徵上具有預防老年癡呆症及增強記憶力的作用（Mahady, 2002）。德國人看到了銀杏的神奇保健功用，利用萃取技術做成片劑成藥，行銷到全世界，一年產值約四億美元，比臺灣一年中醫藥總產值還要高。這是一件聞名於醫藥產業中的傑出案例。

圖 8-8　銀杏葉及果實

②牛樟芝

　　臺灣特有牛樟芝因含有高成分的三萜類化合物，被相關研究等證實具有保肝及調節免疫力作用（Hsu, etc, 2007; Aoa, 2009），因此被稱為臺灣的國寶又稱臺灣紅寶石。臺灣是肝炎盛行率極高的國家，對於家庭幸福的傷害極大，能夠挽救幸福的牛樟芝，市場需求自然也大。但因野生牛樟芝稀少，並且有違法盜採問題，故國內近幾年掀起一股人工培育熱潮。在屏東農業生技園區，天明製藥、喬本生醫等業者掀起國寶牛樟芝風潮，共砸下數十億元爭相設廠。在各項生產技術及條件成熟後，屏東農業生技園區（屏東農科），形成全球最大牛樟芝產業聚落，此保健品年產值未來可能超過百億元，即將成為臺灣典範案例（圖 8-9）。

　　這些生技產業除了產業的經濟價值外，對疾病之預防與健康促進也有莫大的幫助。這不僅創造個人健康促進的幸福，也創造幸福產業的另一春天。

圖 8-9　國寶牛樟芝

結語

　　幸福產業最終的目的是以「人」為中心，提升人類的幸福感。過去疾病的處理，都以「治療」為中心；現在及未來將以「關懷個人」為中心，聚焦於健康促進，疾病預防、人性化的健康照護，形成個人化的健康照護與醫藥生技幸福產業。最近政府所提出生技醫藥產業 2020 年的願景目標與產業價值，可以窺見它將是未來政府施政的重要主軸。健康照護與生技醫藥產業不僅提升人民的幸福感，也帶動幸福經濟與產值，這才是有感施政的主體，也是人類追求及實踐幸福人生的目標。

重要名詞

- 健康關懷產業
- 幸福健康照護
- 醫藥生技

問題討論

1. 說明為什麼健康是幸福的基礎。

2. 說明健康關懷產業有哪些。

3. 目前幸福的醫藥生技有哪些？

腦力激盪

　　您如何在日常生活中落實你的健康理念？哪些健康產業是你未來 10 年、20 年、30 年後或更久用得到的？若要結合你的專業，你可以做什麼？

第九章

幸福與智慧生活

潘豐泉、王駿發

A merry heart doeth good like a medicine：but a broken spirit drieth the bones.

喜樂的心乃是良藥；憂傷的靈使骨枯乾。——聖經箴言 17：22

The days that make us happy make us wise.

快樂的日子使人睿智。—— 英國桂冠詩人梅士菲爾（John Masefield）

The best and most beautiful things in the world can't be seen or even touched. They must be felt with heart.

世上最棒最美的事物，無法看見或碰觸，須用心感受。——海倫‧凱勒（Hellen Keller）

學習目標

> 1.了解智慧生活之面向。
> 2.了解幸福感在人類生活的意義。
> 3.了解幸福與智慧生活的主動與被動關聯意義。
> 4.能建立以幸福為基礎的智慧生活思考模式。
> 5.能建構以幸福為基礎的智慧生活行為實踐。
> 6.引導學習者對智慧生活事業之興趣。

摘要

　　本章介紹智慧生活科技與幸福之關聯，以智慧生活科技之所以能促進人類幸福感的根本談起，於第一節詮釋幸福感的內涵與根源，自理論中尋求可能的幸福激發因子與維持因子，第二節以氛圍理論延伸生活環境對個人幸福的影響。接著，於第三節藉現代幸福觀念談幸福促進行為，並於第四節討論智慧生活科技的面向與近代發展，包括智慧生活科技在生活空間與醫療照護上的應用。

章首案例

　　如果沒有智慧生活科技，你要如何幸福？

　　資源有限，人類追求的需求滿足無限。

　　想想看，如果沒有這些有效率與效能的智慧生活物件，你今日的生活，會讓你感到幸福嗎？

1. 如果沒有電燈：你要如何消磨整個日落以後的時間？（1951年，臺灣電燈普及率，每3戶有1戶使用）

2. 如果沒有乾淨的自來水：你是否願意每天幫心愛的家人，步行到3公里外的河流源頭挑兩擔（各約20公斤）的水回來？（1974年，臺灣自來水普及率47.86%）

3. 如果沒有電話，或者現在的手機通訊：你要如何與同學互通訊息、與家人或重要的親屬聯絡感情？（臺灣的電話機早期需要透過電信局人工播接），1964年每百戶有1.5台電話機，到了1975年時每7戶人家有一台電話機。）

4. 如果沒有家用電腦：你要如何處理繁雜龐大的運算？你要如何儲存為數龐大的資料？而又如果沒有網際網路，你要如何接受遠在千里之外的最新資訊？（臺灣自1983年起開始有

家用電腦，當時每 8 戶人家有 1 台。）

5. 如果沒有電視，如果沒有電影：你可願意整天泡在圖書館，成天以閱讀作爲唯一消遣？或者與一群人聚在一起聽廣播劇？（1973 年，臺灣電視台開播；1975 年，彩色電視機每 6.6 戶有 1 台。）

6. 如果沒有機車、汽車，如果沒有飛機：你是否願意整日步行，去找尋食物、去上學、去訪友？（臺灣的機車，1964 年時，每 40 戶人家有 1 台機車；1975 年時，每 80 戶人家有 1 部家用汽車。）

7. 如果沒有洗衣機：你是否會覺得洗衣服只不過是一件例行公事？（1968 年時，臺灣每 60 戶人家有 1 台洗衣機，1975 年時每 3 戶有 1 台。）

8. 如果沒有充分的電力供應：你是否依然認爲自己的生活很幸福？

再來看看地球村上個世紀的智慧生活發展：

1877 年，全世界最高的摩天大樓，樓高 10 層，位於美國芝加哥市；2004 年完工的台北 101 大樓，101 層，高達 509.2 公尺；杜拜於 2010 年完成啓用的哈里發塔（Khalīfa tower），160 層，高 828 公尺。

1973 年，摩托羅拉的工程師馬帝庫伯（Martin Cooper）從在紐約市第六大道撥出第一通手機電話；根據國際電訊聯盟預估，到 2014 年年底全球手機用戶數量將超過 70 億，比全世界人口還要多。

1888 年，第一部引擎動力汽車由賓士打造成功；

1903 年，萊特兄弟飛行家一號試飛成功，時速 48 公里，飛行 260 公尺。

1927 年 5 月 20 日，林白駕駛單引擎飛機聖路易斯精神號，從紐約市不著陸飛越大西洋，進行單人飛行，最高時速 222 公里，以 33.5 小時的時間，於 5 月 21 日晚上 10：22 抵達巴黎機場，成為世界著名的人物，並因此獲贈榮譽勳章。

1977 年，協和式客機（Concord），橫越大西洋自巴黎到紐約，僅需 3.35 小時。1912 年 4 月 15 日撞擊冰山沉沒的鐵達尼號，最高時速是 23 節（約 43 公里），需一星期才能跨越歐美兩岸。

你知道嗎？今天你認為理所當然的生活必需品，在不到 20 年前的上個世紀，仍然是天方夜譚。這些都是智慧生活科技（括號內為發明年度）

WiFi（1997）、網際網路（1990）、GPS（1993）、電子試算表（1978）、行動電話（1973）、微處理器（1971）、個人電腦（1971）、滑鼠（1963）、立可白（1951）、抗生素（1928）、胰島素（1920 年代）、有聲電影（1923）、烤麵包機（1918）、空調（1911）、飛機（1903）、汽車（1888）、電梯（1880）（潘豐泉編寫）

這些有助於人類體驗幸福的發明，都是人類運用當時的科技基礎，加以巧妙結合運用在與人類與環境互動的需求問題上所得到的，後來的人就繼續創新發展下去，才有今天的局面。問題是，如何運用這些發明，也是人人不同。例如，手機有人用來聊天，有人聯絡公務，有人玩手機遊戲。試著想像一下，在這些新奇用品出現以前，人類是如何生活？如果是你，你會感到幸福嗎？但是，沒有這些物品，早期的人類，難道就不幸福嗎？也就是說，科技發明帶給人方便、效率、經濟，但是否能讓人幸福，也是因人而異。

幸福（happiness），屬於個人所經歷之體驗，是個後驗（experienced）的經驗，也因此往往都是屬於個人主觀的感覺（Lykken & Tellegen, 1996），故又常以主觀幸福感（subjective well-being, SWB）來描述幸福感（Diener, Scollon, & Lucas, 2003），在對於人類身心靈健康之討論上，是心智健康（mental health, Joboda, 1958）。幸福（happiness），或幸福感，歷來雖沒有統一的定義解釋，一般均認為是個體主觀的心理狀態。幸福通常意味著愉悅（pleasure）、生活滿意（life satisfaction）、正面情緒（positive emotions）、有意義的生活（a meaningful life），或滿足（a feeling of contentment）。幸福感所產出的正面心理情緒及其效應，已經研究證實可以導致依社會所評價之成功（Lyubomirsky, King & Diener, 2005）。本章所指之幸福感，包括幸福（happiness）與主觀幸福（SWB）。

 ## 幸福之內涵與根源

關於幸福感之根源，蘇格拉底（Socrates）主張，幸福是起源於個體掌握某些有價值之資源，因此而得以遂行其個人對生活之期待；德莫克利特（Democritus），則主張幸福不在於個人所擁有之豐富與否，而在於個體對於客觀環境事物之如何反應（reaction）（Tatarkiewicz, 1976）。近代美國心理學家柳柏默斯基（Lyubomirsky, 2008），主張個人對於幸福快樂是可以選擇的，是可以透過有意義的個人行為（或思考模式）達成與維持。

幸福的內涵研究，目前比較完備的是 4 個構面的模式（Diener et al., 2003）。如圖 9-1 所示，愉悅情緒（pleasant emotion）、不愉悅情緒（unpleasant emotion）、對生活整體評價（global judgment of life）、領域滿意（domain satisfaction）。

幸福	正面情緒	歡樂
		滿足
		快樂
		愛
		其他正面情緒反應
	負面情緒	悲傷
		生氣
		擔憂
		壓力
		其他負面情緒反應
	生活評價	生活滿意
		成就感
		有意義的生活
		成功
		其他對於生活之評價
	領域滿意	婚姻
		工作
		健康
		休閒

圖 9-1　幸福的階層結構（作者自製）

　　前二者之愉悅與否之情緒，通常都是指與外界事物之刺激有關的短暫反應，是兩個互為獨立的正面與負面情緒（Diener et al., 2003）。正面情緒，包括有歡樂（joy）、滿足（contendment）、快樂（happy）、愛（love）等正面情緒反應；負面情緒，則有例如悲傷（sadness）、生氣（angry）、擔憂（worry）、壓力（stress）或害怕、焦慮等負面情緒反應。實務上，各種負面情緒都是相依相存，例如高度悲傷的個人往往也會伴隨者擔憂與生氣或壓力的情緒；正面情緒亦然（Diener et al., 2003）。故，實務上僅以負面情緒或正面情緒之構面代表。

　　至於第三面向，指的是個人對於其生命與生活的重要性與價值的滿意與否的評價判斷，通常稱為生活滿意度（life satisfaction），且影響力

比較大的通常是該個人所認為重要的事物上（Schimmack, Diener & Oishi, 2002）。

1. 幸福之理論基礎

　　對於幸福之解釋，大致可以三種基礎：比較理論（comparison theory）、民俗理論（folklore theory）、生存力理論（livability theory）（Veenhoven, 1995）。前二者持比較保守或命定論之觀點，第三者則認為透過個人與環境之改善，可以造就個體之幸福感。

⑴ 比較理論：主張個人之幸福來自於與某一個標準的比較，當個人之境遇高於或優於高標準，則產生幸福感（Veenhoven, 1993; 1995）。

⑵ 民俗理論：主張每個國家文化擁有共同對生活與人生的傳統看法，與其目前之生活條件好壞比較沒有直接關聯（Inglehart, 1990）。

⑶ 生存力理論：著眼於目前之絕對生活品質狀態與境遇，即生存力（livability），能否讓個人感到愉快。生存力，又包含生態性條件（ecological）與社會性條件（societal）。人類之幸福程度，即取決於個人所面對之目前生存力（livability）之滿意程度（Veehoven, 1993）。根據一項以全球 35 個國家之大學生與 28 個國家之一般民眾之調查，顯示生存力理論，比起其他兩理論更有解釋力，更為合理（Veenhoven, 1995）。我國目前力推的智慧生活，即在於透過 Happiness 的健康、感恩、喜悅、經濟與環境改造、科技發展等 9 大面向，強化個人之生存力，積極創造幸福感。

2. 幸福的激發因子

　　幸福感，與人類的需求是否得到滿足密切相關，所以，要感知幸福，需要能了解引發或維持幸福感的關鍵因子。過去有關人類心理激勵

的理論，可以提供我們一些指引，其中以馬斯洛（Abraham H. Maslow）的需求層級理論（hierarchy of needs theory），以及赫茲伯格（Fredick Hertzberg）的雙因子理論（two-factor theory）最具代表性。

(1) 需求層級理論：需求層次理論將人的需求劃分為五個（六個）層次，由低到高，低層需求被滿足之前高層需求不會顯現，而要滿足不同層次之需求的事物亦有所不同。生理需求（physiological needs），是讓自己活下去的需求；安全需求（safety needs），是目前與未來之存活之需求；社交需求（love and belonging needs），是社會互動與社交的需求；尊重需求（esteem needs），是所屬社會對於自己的認可與尊重；自我實現需求（self-actualization），是前面 4 項較低需求都能滿足後所衍生的最高層次需求；超自我實現（over actualization）是個人的心理狀態充分滿足了自我實現的需求時，所體驗到的短暫「頂峰經驗」。

低層次的需求屬於人類的基本需求，現代國家往往都以相關法令保障，如基本工資、每週工時、工作契約等，低階之需求比較容易取得而不具有刺激效果，故，幸福感之產生往往來自比較高層次需求的滿足，是否幸福，其根本應是在於較高階層次需求是否獲得滿足。本章所討論的焦點就在於以有效率與效能（即智慧）模式滿足生活中較高層次的需要。

(2) 雙因子理論：雙因子理論（two-factor theory），即是保健因素（hygiene factors）與激勵因素（motivational factors），前者屬於事件本身或內容方面的因素，可讓人感到「滿意」（satisfaction）；後者屬於來自制度面的環境或關係方面的因素，可讓人產生「不滿意」（unsatisfaction）。

此理論重點：

①「滿意」的對立面不是「不滿意」（unsatisfaction），而是「沒有滿意」（not satisfied）；「不滿意」（unsatisfaction）的對立面不是「滿意」，而是「沒有不滿意」（not unsatisfied）。

②低層次需求的滿足，不會產生激勵效果，只會讓「不滿意」消失。幸福學的正面情緒，接近此理論的「滿意」；負面情緒接近「不滿意」（Bradburn, 1969）。

同樣的原理，不具幸福激發作用的需求，即使被滿足了，也只具有消除或減少不幸福感的作用；而具有幸福激發作用的需求，若被滿足，則會具有幸福激勵作用。每個人除了基本的需求之外，都有幸福激發需求，也各有不同；智慧生活，是讓個人以智慧方式，有效率與有效能地，滿足這些能激發幸福感的需求。

幸福感，很大一部分受到客觀自然與人為環境的影響（即雙因子理論之激勵因子），也就是說，幸福與否是人與環境事務之反應結果（Tatarkiewicz, 1976）。個人所處環境，若能以滿足需求的智慧模式為基礎，營造為個體形成幸福感之氛圍，讓個體容易擁有健康、喜悅、感恩、生活滿意等正面情緒的生活感受，幸福就在其中了。總而言之，幸福感，是在於滿足幸福激發因子，如表 9-1 的第 III 格。

表 9-1　幸福因子與幸福

幸福因子		有	沒有
幸福維持因子（hygiene factors）	不滿足	I. 不幸福感（>_<）	II. 無差異（*_*）
幸福激發因子（motivational factors）	滿足	IV. 幸福感（^ˇ^）	III.無差異（*_*）

3. 幸福循環

　　幸福，是人類的目標，是生命該有的意義，不分年齡、種族、地區、國籍、社會。自表 9-1 的分析，智慧生活模式的努力方向，是要自 I、II、III 邁向 IV 的一種過程。如圖 9-2。

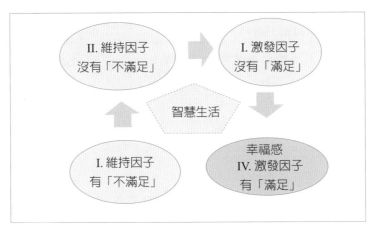

圖 9-2　幸福循環（作者自製）

幸福生活環境氛圍

　　幸福感或幸福的感受，受到環境因素的影響。許多研究已經證實，人的情緒或心理狀態，以及後續的行為，很容易受到個體之感官（五官等）所接觸到之訊息（message）左右。另一方面，研究亦指出，不論遇見好的或壞的環境，人類的潛能可以發展出優異的（remarkable）調適能力，使得環境對情緒的影響力，逐漸持續降低（Myers & Diener, 1995）。智慧生活科技之發明與持續發展，是人類為適應環境所發展的調適能力，其成

就也將影響到各該個體的情緒與幸福感的高低。

　　因此，對於幸福的追求，一方面要客觀營造幸福氛圍環境；另一方面，要激發、訓練、強化個體面對環境氛圍變化之應對與調適態度與能力。自然或人文環境的形成與變化，有一大部分不是個體所能掌握或影響的，如出身、種族、居住、經濟現況、家族與社會的演化等，但是，個體可以透過後天的訓練等激發、強化其適應環境之潛能，以獲得個體自覺之幸福（perceived happiness）。情緒調適能力之高低，可能受到個人特質之影響（但通常與個人之收入、性別、社會地位或職業等無太大關聯），亦有可能因為所處社會文化環境之影響，例如邁爾斯（David Myers）與狄納（Ed Diener）（1995）之研究指出人際關係、宗教信仰，與達成目標之流程順利程度對於個人對環境之情緒調適能力有決定性影響。

幸福促進

　　美國心理學家柳柏默斯基，在《如何幸福》（*The How of Happiness*）一書中主張，幸福之來源，有 50% 是來自於基因，10% 受到生活狀態影響，而有 40% 是取決於自我的控制（self-control），如圖 9-3。在相同的邏輯下，幸福或幸福感的氛圍，是可以營造的；幸福感是值得且可以追求的（Lyubomirsky, 2008）。所以，只要有意志配合適當方法，持續地獲得幸福感是可能的（Lyubomirsky, Dickerhoof, Boehm, & Sheldon, 2011）。

　　柳柏默斯基建議 12 種具體有目的行為活動，以增加快樂與幸福（Lyubomirsky, 2008），分成五大面向，感恩和正面思考、投資社交關係、控制壓力、活在當下、照顧身體和靈魂等。

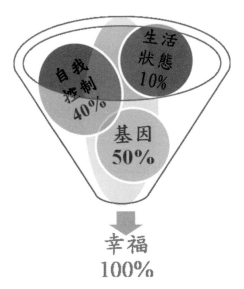

圖 9-3　幸福的來源

參考資料：Lyubomirsky, S. (2008). *The How of Happiness: A New Approach to Getting the Life You Want.* NY: Penguin.

　　其中，感恩和正面思考包括：1. 感恩、2. 樂觀態度、3. 勿過度思考。投資社交關係包括：1. 練習友善的言行、2. 培養社交關係。控制壓力包括：1. 建立（壓力）適應策略、2. 學習原諒。活在當下包括：1. 增加頂峰經驗、2. 仔細品味生活樂趣、3. 努力實踐目標。照顧身體和靈魂包括：1. 宗教和靈修、2. 冥想、運動，及樂觀態度等。

　　以上幸福促進行為中，除在社交關係中的投資之各項行為，屬於較低層次之愛或社會性的需求滿足之外，其餘都是屬於需求層級理論較高層次的尊重與自我實現的需求滿足活動；也都與雙因子的激勵因素相關，而與生活基本面向的保健或維持因素較無關聯。幸福激勵因素，是個人在創造、促進、維持幸福感的關鍵面向，是以智慧生活創造幸福的具體指引。

智慧生活科技

　　人類的幸福，自過去到現在以至未來，一直都需要依賴人類智慧以創新的模式、有效率的做法，提供人類生活需求的滿足，這也是爲何人類幸福離不開智慧生活科技之基礎所在。人類在生活上的智慧發展，當然不止於此；時至 21 世紀，新的智慧生活相關發明也爭相在滿足人類幸福生活的需求上推陳出新。

　　針對人類追求幸福或幸福感知需求，以對環境之體察累積的知識，應用現代資通訊科技的效率、跨時空、大量資訊處理能力之特質，開發、促進、維護、提升人類幸福感的產品或服務，不只可創造一個全新的產業與行業，資通訊科技亦能有效與人類幸福追求行動結合，使產品生命週期無限延伸。

　　智慧生活科技，所包含之範圍十分廣泛，自講究硬體研發、製造等的資訊通訊科技，以至單純整合或運用資訊科技之硬體與軟體在一般產業組織或個人生活領域的應用皆是。有關智慧生活科技的闡述，如綠色科技、橘色科技、資訊通訊科技等請參閱本書其他各章，本章著重在環境對應的智慧生活對策。

　　我國「智慧臺灣」的計畫，智慧生活的基礎考量下，有不少推動中的計畫，如強化偏鄉數位機會中心功能，開發廉價的國民電腦；運用資通訊科技與節能減碳觀念，規劃農產品生產履歷、智慧住家、社區安全保障、緊急防救災，以及日常生活產品安全認證；分別在食、醫、住、行等方面，積極推動建構安全飲食生活 U 化服務基礎、遠距照護計畫、山地離島服務遠距醫療、衛福部醫院智慧安全關懷網── RFID 計畫、電子病歷、社會

安全保障、智慧化居住空間產業發展、交通管理及資訊服務系統之建置與推廣、高快速公路整體路網交通管理系統等 9 項計畫（行政院「智慧臺灣計畫」）。

1. 智慧生活空間

　　智慧生活空間，主要在於人群聚居的個人與家庭的生活空間。21 世紀數位化科技時代，家庭生活型態有了實質的變化。生活空間環境，是人類舒緩壓力的避風港，是家人成長、維繫家人感情的堡壘。任何可以有效率、經濟的方式，營造令人舒適的生活空間與環境均屬之。科技的進展，使人類幸福之客觀環境到達前所未有的盛況。

⑴ 智慧臺灣：行政院經建會於 2008 年通過「智慧臺灣」。內容包含建構無線寬頻與數位匯流網路，發展文化創意產業，運用 ICT，整合創新政府服務，打造智慧環境，推動智慧交通相關服務與應用。智慧臺灣，就是要建設臺灣成為一個安心、便利、健康、人文的優質網絡社會，使得任何人都能夠不受教育、經濟、區域、身心等因素限制，透過多種管道享受經濟、方便、安全及貼心的優質 e 化生活服務。智慧臺灣的核心概念，希望透過寬頻匯流的高速網路、提供符合民眾需求的主動貼心服務、打造綠色節能減碳的生活環境，並落實終身學習的社會風氣，使所有的民眾，都可以隨時隨地運用創新的設備，享受高品質的生活，提升民眾生活內涵與素養，如圖 9-4。

圖 9-4　智慧臺灣

參考資料：行政院經建會科技會報辦公室。http：//www.bost.ey.gov.tw/intelligenttaiwan/
cp.aspx?n=75C03FED41B0DA99

「智慧臺灣計畫」之 6 項政策措施（WISDOM）如下，我們可以看見
我國政府企圖透過智慧生活提升國民幸福感的務實做法與計畫方向。

W：寬頻匯流網路（Wireless Broadband & Convergence Network）：高速
　　網路、無線寬頻網路與感知網路，加速數位匯流，物件連網，價廉
　　物美寬頻應用環境。

I：文化創意產業（Cultural and Creative Industries）：文創產業發展環境，
　　推動電視內容、電影、流行音樂、數位內容、設計及工藝六大旗艦
　　產業。

S：優質網路政府（Superior e-Government）：強化 e 政府平台，運用 ICT 創新政府服務，鼓勵公民參與，增進公共服務價值，建立社會信賴與聯結。

D：貼心生活應用與產業（Demand-Driven Applications）：推動節能減碳、符合民眾需求、讓民眾感動的智慧生活與智慧交通服務與應用發展；發展產業關鍵技術，降低物流通關成本，強化本土廠商競爭力，建立臺灣新優勢產業。

O：公平數位機會（Opportunity Equivalence），提供所有地區、族群和產業平等的數位機會。

M：人才培育（Manpower Cultivation）：強化語文、閱讀及資訊能力，鼓勵終身學習，強化技職教育，培養產業需求人才。透過教育完備人才培育，以為各項建設奠基。

(2) 智慧城市：智慧城市（Smart cities）是在智慧城市，將數位技術轉化對居民更好的公共服務，資源被更有效地利用且對環境的衝擊更少。智慧城市，使用數位和電信技術，使傳統的網路和服務效率更高，有利於其居民和企業。但智慧城市概念超越了資訊和通信技術的使用，使用更好的資源和更低的排放。它意味著更有智慧的城市運輸系統、更有效率的水供應與廢物清理設備，以及更有效率的建築物照明與空調方法。也包括了更有互動性與和反應迅速的城市行政、更安全的公共空間，並滿足人口老齡化的需求。

臺灣智慧城市的發展，借助 ICT 力量讓民眾的生活更幸福有感，政府利用 ICT 技術強化公共市政服務，提升政府效能，推展城市建設工作，因此台北市、台中市分別於 2006、2013 年獲得 ICF 全球智慧城市首獎

（陳宗慶，2013）。

目前國內外公私立機構競相在此領域開發，例如臺灣 IBM 、大同、中華電信、臺灣地理資訊中心、研華、資策會、IBM 、Microsoft 、Fujitsu 、NEC 、Toshiba 、Siemens 、Silver Spring Networks 等。與智慧城市生活空間有關的發展，有幾個重要面向，如智慧生活與電信創新應用、智慧城市與物聯網、智慧安全與監控等，具體的有智慧警政、智慧交通、智慧建築、智慧雲端，著名的案例有大同公司的工廠、商辦與家庭的節能系統，中華電信的「智慧市民」、「智慧經濟」、「智慧政府」，結合在地產業運用雲端數位科技帶來創新便利的智慧新生活。研華公司的智慧建築、智慧溫室、數字醫療、智慧零售、智慧監控、數字物流與車隊管理等。還有資策會館的「智慧社區及觀光」、「智慧能源」、「智慧生活」、「智慧監控系統」及「移動視訊監控系統」。臺灣地理資訊中心的「智慧城市空間治理與生活」等（黃志偉，2014）。又如，中興保全的「My CASA」智慧宅管服務，結合保全、緊急救援、家庭娛樂、家庭自動化及遠距照護的智慧型家庭整合服務。

⑶ 雲端生活應用：雲端科技之發展，無疑是 ICT 科技應用的極致發展，也是智慧生活促進幸福的例證之一。例如民眾可透過手機，應用 App 隨時隨地進行個人健康管理，又如雲端收銀系統、雲端簡報系統、雲端辦公室等。結合雲端科技及 App 應用，可提供家庭多媒體娛樂無線應用，讓居家生活更豐富多元，其他類似的應用還可包括行動理財、健康減重、時間管理、職場簡報技能、手機開店、二維條碼應用、居家安全與動畫鑑賞等（鍾榮峰，2013）。

2. 智慧健康醫療照顧

⑴ 健康是幸福的基礎：就健康照護服務而言，以有效及效率的服務提升使用者的滿意度，常藉由 ICT 技術導入在疾病診斷、病患管理、藥品管制、居家照護、疾病管理等服務，並藉由智慧生活科技的技術與產品，縮短或降低高齡化社會下，高齡者生活需求，與慢性疾病的照護需求。此舉可降低急性醫療門診、非必需住院費用產生、重複醫療等醫療資源浪費、嚴密銜接健康照護服務之不同階段與部門間的需求。我國行政院「智慧臺灣」的計畫，就十分重視。

我國政府對於國民健康之照護，在政府全民健康保險的帶領下，臺灣已發展出各式各樣的健康照護服務模式。智慧健康醫療照顧，廣泛巧妙應用 ICT 技術，在慢性病照護、居家照護，與緊急醫療等都已有不錯進展。

⑵ 在慢性病健康照護方面：患者本身通常無法進行正確的自我照護行為，因此，透過 ICT 技術讓醫護人員主動與病患互動，可以提升病患自我照護品質。醫護端可藉由環境感知（Context Aware）系統，偵測與蒐集慢性病患者日常生活的資料。利用網路連線的健康照護系統平台，讓醫護人員與慢性病患者進行遠端互動，免去舟車勞頓，更可及時客觀促進精確的醫病互動品質。甚至，能藉由整合衛星定位系統（GPS）的行動載具，偵測患者所處地理位置，例如中興保全的 Mini-Bond 衛星定位協尋服務。

⑶ 在居家或者社區照護方面：例如資策會創研所的研究，完整的居家照護服務系統，應要包括居家端系統、平台端系統與合作服務端系統。居家端系統，負責蒐集與傳遞居家使用者生理資訊；服務端系統，在

線上提供使用者遠端醫療服務，以及周邊健康服務等；平台端系統，提供醫護人員、相關醫療行政人員所需之管理功能與資料分析功能。中興保全的「My CASA」，其中之遠距照護功能即是。其他可能的應用還包括有心臟衰竭治療、高血壓、精神疾病治療如「創傷後壓力症候群」、憂鬱症、藥物濫用與上癮以及自殺防治等。

(4) 緊急醫療照護系統方面：急重症患者的照護服務，實務上多在醫療院所或照護機構執行。IT 應用，主要是將軟體技術整合於醫療設備上，例如馬雅資訊的急重症臨床系統（CCIS），利用儀器連線，擷取、傳送、儲存臨床儀器的資訊，對急重症病患者進行完整、即時、正確、有效的照護服務。又例如資策會的「事件驅動式服務網絡資訊應用開發平台」，可提供病患事件的動態警示，根據環境資訊與事件發生狀況，啟動相對應的應用程式，方便醫護單位與人員進行緊急處理。

其他類似的服務發展，有 IBM 智慧生活前瞻研究中心與「AGOSS 雅柏斯健身便利館」合作開發的「智慧生活健康管理網」，整合醫療、飲食與運動，目前台北市欒樹社區醫療群已導入該項系統；而新竹市、基隆市亦於日前啟動「社區健康促進中心」及「e 化健康關懷站」的「中心、衛星」緊密型健康促進模式。

IBM 智慧生活前瞻研究中心研究預測，未來健康照護體系將從片斷式診斷疾病徵兆，配合自動化、電子化與行動化系統，轉換成以病患為中心的「個人化健康照護」。

目前新竹市及基隆市已率先啟動「雲端健康管理體系」，並分別設置「e 化健康關懷站」，提供民眾健康檢查量測服務；台北市欒樹社區醫療群也正在研發雲端化「社區健康生態系統決策支援」。此等系統在雲端接

受檢測資料後，即建立個人及團體健康管理資料庫，發展推動社區健康與長期健康研究等計畫。

幸福與智慧生活聯結

　　智慧生活與幸福因素之相關聯結關係，就環境氛圍因素中之幸福維持因子而言，因智慧生活科技的大致上以 ICT 為主要基礎，比較少用於附加價值較低的人類基礎生活需求（即激勵性不高的維持因子），因為消費者付出額外價格的意願不高，所以，相關聯結較低；但若是處理到攸關個人健康與疾病照護，即使是屬於基礎的維持因子，仍可能因為事關生命之延續以及可能的資訊落差而有中度關聯。此種關聯性質，在個人層次亦大致如此。

　　智慧生活產品與服務，在環境氛圍因素方面，若能創造出人意表的智慧生活空間，或令人驚喜的醫療服務效果與效率，以激發幸福感，則與消費者的幸福感聯結最強，也最能引起消費者的認同與接受。在個人層次的方面，智慧生活空間的幸福激發因子，可能會因為個人之需求的差異，而使得聯結有所減損，但在健康醫療照護上，則因為醫護服務之專業程度，與環境層次無太大差異，而仍居於高度聯結，如表 9-2。

表 9-2　智慧生活與幸福因素之聯結

幸福因素		智慧生活空間	智慧健康醫療
氛圍因素	幸福維持（Hygiene）	●	●●
	幸福激發（Motivational）	●●●	●●●
個人因素	幸福維持因子（Hygiene）	●	●
	幸福激發（Motivational）	●●	●●●

●●●強度相關，●●中度相關，●弱相關

　　另外，智慧生活產品與服務，與個人之幸福促進行為的五大面向聯結。智慧生活空間，所能正面協助個人的行為的，大致上偏向於個人所能努力控制的面向，如社交關係的開發、建構、維持，又如利用智慧生活科技接觸、取得、運用能促進身心靈健康的服務或資訊，或者用以紓解個人之壓力等，如表9-3所示。相較之下，智慧健康醫療，似乎更能在個人之幸福促進行為中扮演重要影響力，也可因此而更能獲取消費者之認同。

表 9-3　智慧生活與幸福促進行為聯結

幸福促進行為	智慧生活空間	智慧健康醫療
正面思考	●	●●●
社交關係	●●●	●
控制壓力	●●	●●●
活在當下	●●	●
身心靈健康	●●●	●●●

●●●強度相關，●●中度相關，●弱相關

　　智慧生活科技基礎產品與服務，是最能引導消費者未來在幸福感追求上之最大潛在力量；其關鍵只在於智慧生活的應用，能否確實掌握消費者的激勵性需求，並以該需求為基礎進行智慧生活產品與服務的開發。

 結語

　　幸福是一種選擇，是人類以一種心理富足的態度面對生活的選擇。人類可以選擇巧妙運用當代科技成果，營造智慧生活環境與空間，幫助他人、幫助社群或社會達成幸福，也因此會得到幸福的回饋。

　　資訊科技與資訊管理的發展，讓人類對於更容易智慧生活，並在該基礎上追求與維持幸福。在人類追求幸福的過程中，扮演更多積極的角色，有效協助人類達成幸福的生活。

　　個人之需求與資源、能力各自不同，對於幸福感之追求方法自亦不同，智慧生活服務與產品發展，須體會此種差異而提供具體精確的解決方案。基於 80/20 原理，智慧生活對於幸福之促進效果，應該也是偏重在與幸福感高度連結之面向上面。相關事業，在可見未來也可有蓬勃發展之機會。

　　因應老年化社會的到來，幸福的社會勢必與此社會特質密不可分。資通訊科技基礎的智慧生活所擅長的效率、無障礙特質，在此新的紀元中，將有其可長可久的之市場利基。

一分鐘觀念

　　幸福可以藉由巧妙運用科技之成果，讓人類可以智慧地生活在各種幸福激發因素被有效率地滿足的環境中，透過持續地感知滿意生活，持續累積個人頂峰經驗，自然地排除負面情緒存在空間而達成。智慧生活的內涵，可以隨著人類科技之發展以及對於環境之適應方式而隨時間改變。

重要名詞

- 主觀幸福（Subjective well-being）
- 雙因子理論（Two-factor theory）
- 比較理論（Comparison theory）
- 需求層級理論（Hierarchy of needs）

- 民俗理論（Folklore theory）
- 環境心理學（Environmental Psychology）
- 生存力理論（Livability theory）
- 頂峰經驗（Peak experience）
- 智慧城市（Smart cities）
- 智慧生活（Smart living）

問題討論

1. 柳柏默斯基（S. Lyubomirsky）認為可透過那些有目的的行為來達成幸福？你的看法如何？
2. 智慧生活科技對幸福環境之影響如何？
3. 幸福環境氛圍的主要根據是什麼？你能舉實例嗎？
4. 幸福促進行為與智慧生活有何關聯？
5. 請查找資料，看看 1960 年代的智慧生活樣貌是如何？

腦力激盪

1. 智慧生活，顧名思義即是以智慧方式過生活。請思考，過去的人在沒有現代手機、飛機、高樓、汽車的時代，他們幸福嗎？
2. 1946 年，美國賓州大學（University of Pennsylvania）發明了全世界第一台通用電子電腦，名叫「埃尼亞克」（Eniac），由 17,468 個真空管、7,200 個晶體二極體、1,500 個繼電器、1 萬個電容器組成，重量達 27 公噸，體積大約是 2.4m×0.9m×30m，占地 167 平方米（約 50 坪）。今天，一般四核心家用電腦，要做文書處理、打打網路遊戲，性能很強大了。來看看天河二號超級計算機。由大陸國防科學技術大學研發的超級電腦，有 312 萬

核心、浮點運算速度每秒 33.86 千萬億次。到底有多快？把一般計算機的運算速度比做成人走路，超級電腦就是火箭的速度。13億人用計算器算 1 千年才能達到的數據處理量，天河二號 1 小時就可完成。數值運算速度超快，有什麼用處？處理海量資料、以數值模擬預測和解釋過去難以有效率實驗的自然現象，其應用可能超越人類現有的知識範疇。你能想像 50 年後，人類會如何運用這些科技成果智慧生活，以促進人類的幸福嗎？

3. 不管科技如何發達，如何巧妙運用科技成果來有智慧地生活仍然是幸福的關鍵。請你思考目前所學到的知識，如何可以運用智慧生活科技讓人（或者某些特定職業或行業）幸福？

4. 如果你回到 1960 年代生活，你會感到幸福嗎？你又要如何可以得到幸福？

5. 下載「智慧城市導入參考手冊」，找一個你喜歡的智慧城市，並寫下你喜歡該城市的原因 3~5 項。與你的同學比較，你的同學所喜歡的與你有何差異與相同之處？http：//www.bost.ey.gov.tw/intelligenttaiwan/cp.aspx?n=0A864BD3B9FF2D6C

活動設計

資訊與幸福

　　班上投票選出幸福指數最具代表性同學 5~10 位，擔任裁判。其餘分成魏、蜀、吳三國，自願參加或以抽籤分配。吳國配備計算機，魏國配備筆記型電腦與手機（內含文書處理軟體），蜀國每人配備 1 枝筆與 1 張紙，另備置 1 部公用腳踏車。均分成 3 組，各組人數相當。各組再分成 2 部，人數亦相當，一在教室，為主帥帳；另一部，派遣至校園另一端（交通距離約 500 公尺，以見不到主帥陣營為原則），為野

戰部隊。

限時 15 分鐘，完成下列任務：

1. 野戰部隊先行依照總部指示前往指定地點。

2. 各組總部自行討論可以讓班上同學感到幸福的人、事、物（限校園以內），寫成訊息，並將結果寫入 3.

3. 以手上設備傳遞此段訊息（各組自行決定），給校園另一端的我軍部將。再請我軍部將依照訊息的指示回到教室展演。

4. 各組展演後，由裁判（每人 2 票）匿名投票選出最讓人感到幸福的組別。

（可再由全班匿名投票，各組得票數減去各組人數，計算淨得票數，決定得勝組。）

同學討論：

1. 科技在此次活動中扮演的角色？

2. 利用科技有無讓幸福群更突出？爲什麼？

＊＊＊ 討論重點在於幸福在於科技運用之巧妙。應用得好，讓幸福加分；應用不佳，幸福堪慮。

第十章
幸福企業與評鑑

馮靜安

學習目標

1. 了解何謂幸福企業。
2. 了解幸福企業如何被創造。
3. 什麼是幸福企業評鑑？

案例

　　什麼是幸福企業？臺灣公開選拔的幸福企業評比以台北市政府所舉行的幸福企業最著名，以下以 2013 年幸福企業三顆星（最高星別三顆星）企業進行簡單案例介紹。

2013 年幸福企業三顆星

　　臺灣微軟股份有限公司：尊重員工獨特性，打造個人幸福。臺灣微軟以其跨國公司背景，創造多元文化價值，並高度重視個人獨特性的核心價值，讓員工都能夠安心、信任地實現職涯規劃上的夢想。

　　元富證券：關心到位，家族概念打造幸福企業。元富證券沒有高薪、優渥獎金福利；對待員工以平等、關懷、包容與誠心，創造滿是溫暖的企業氛圍。

　　臺灣晶技股份有限公司：關懷分享，企業員工是一家。晶技由

員工填寫不記名問卷來反映各項措施滿意度，作爲年度政策、福利改善依據，並列入實際修訂題目，其以提供優質的工作環境爲目標。

西門子股份有限公司：積極發展永續能源、醫療、工業及城市基礎建設的臺灣西門子，讓人類過得更美好，員工過得更幸福爲理念，打造員工、企業、社會與地球永續的幸福。「生命過得是否美好，關鍵在於人生是否能充滿使命感」，追求永續，讓員工感到光榮。

英商英特爾亞太科技有限公司臺灣分公司：打造快樂、幸福的職場空間。臺灣英特爾以尊重、平等、信任爲根本，輔以優質的工作環境、寬廣的職涯發展空間，以及深度的社會關懷文化，讓員工都能快樂工作，幸福生活。

看完上述企業，如果你在該企業工作，你會有幸福感嗎？

（參考資料：台北市勞工局 2013 年幸福企業專刊）

摘要

在臺灣近幾年許多企業自己喊出「幸福企業」，許多企業主期許自己是一個「幸福企業」，企業幸福員工就幸福。台北市政府勞工局已經舉辦三屆幸福企業選拔，將幸福企業分星等級，星級愈多愈幸福。台北市政府勞動局站在企業經營者的角度評鑑幸福企業，期望企業營造一個幸福友善的勞動環境，鼓勵企業重視員工職場幸福，提供安全、和諧的優質工作環境，並平衡員工工作及家庭生活，提升生活品質，與企業共創經濟社會價值。本章除了從企業經營者角度撰寫幸福企業外，也從工作者的角度來看什麼樣的企業是工作者眼中的幸福企業。了解幸福企業如何被創建？身爲一個企業家他的幸福哲學是什麼？而工作者認爲的幸福企業又是什麼？我們從不同視角看幸福企業，有些會雷同，有些則是創意不斷延伸。一個幸福企業的誕生，不只單對一

個企業體的員工有影響，也會對整個社會造成影響。故在社會企業評鑑上，無論國際道瓊發展指數或者《天下雜誌》的 CSR 或者是台北市勞動局的幸福企業評鑑，從不同視野看幸福企業。

何謂幸福企業

許多人聽到幸福企業都會想：什麼叫幸福？本書許多篇章都提到幸福，在此不再多贅述。前行政院長陳冲說：「幸福企業有三個因素：一是股東很滿意；二，員工很滿意；第三，客戶很滿意。英文就是 stakeholders（利害關係人）都滿意就叫做『幸福企業』。」

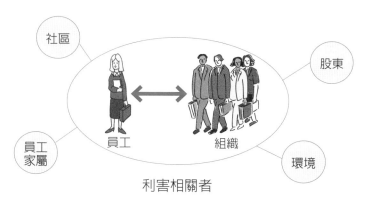

圖 10-1　幸福企業的概念（作者自製）

幸福企業具有永續經營的使命，從圖 10-1 從客觀的角度來了解，除了上述三者（股東、員工與客戶）包括員工的家屬，是否也能被愛屋及烏的方式照顧員工的家庭，使員工無憂無慮地工作；幸福企業對環境、社會的衝擊，都是身為一個組織企業需要去關注的對象。

1. 幸福企業概論

　　企業，是指自由市場經濟下的獨立法人企業，通常創造企業的人們希望給自己帶來某些利益，最直接的利益就是利潤，但又不只是利潤，還隱含了其他的附加價值。企業一旦成立就與創辦人的各項活動有密切關聯，成為影響創辦人的社會聲望與社會地位，及其成就感與人際關係互動等重要因子。而企業是企業人所創造出來的一個「法人團體」，企業存在的目的必定決定於他的「主人」——企業家或其他的股東或管理企業的全體成員。所以企業就會是上述當然企業人的工具。所以企業存在的目的是決定於「自我」的需要，那也就會以企業全體人員來定義自己成為一個什麼樣的企業，而不是由外部社會來定義。人類在自然界中的一切生存與發展都是由自己的思想與行為來決定。企業作為人類實踐概念的一個獨立「法人」，與人類的社會活動有一定的關係。人是有意識、有目的的動物，支配人們的行為不是外在因素，而是人們內在的需求，因為有需求進而進行「創造」，人的需求愈強烈，創造力就會愈強。所以對企業這個「法人」而言，同樣需要創造的概念，創造需要一個啓始的動力。而企業的創造力與需求發展成正比，一個企業若需要更豐富，自我實現的目標就愈明確，其企業的活力就會愈強。也就是說如果將企業定義為只需要追求功利與利益，那就束縛企業的創造力，進而影響企業的發展，如此一來就不能充分發揮企業的社會價值。

　　本書其他章節談到很多關於幸福的意涵，幸福是心理慾望得到滿足的狀態，幸福應該持續時間較長，是一種打從心底的感受，達到某種滿足時所產生的愉悅感。所以幸福是一種感覺，它不是取決於人的現實生活狀態，而是取決於人的心態；幸福在每個不同的時代會被賦予不同的內涵，

每個不同的個體也會對幸福有不同的訴求。所以幸福會是一個與時俱進的概念，當簡單的物質生活被滿足後，又會開始另一波不同的慾望需要被滿足。所以幸福沒有固定的定義，所以幸福企業也不會有制式的定義。所以幸福企業是能創造幸福的企業，是能爲企業全體員工及客戶創造幸福的企業。甚至更崇高的理想是幸福企業也能創造整體社會幸福的企業。

　　從圖 10-1 可知道，一家幸福企業可以從內部看企業或者外部看企業是否能達到幸福企業，有企業內外的利害相關者，這些利害相關者攸關著企業是否能幸福或者是企業是否眞的幸福。所以以下以幾個觀點來看幸福企業，幸福企業沒有一定的定義，端看你從哪個角度觀察。在本章節將打開更寬廣的視野看幸福企業。

　　從外部環境看幸福企業，似乎簡單多了。企業是否有利潤，有盈餘可以滿足股東。產品品質是否良好，能滿足客戶。企業有利潤是否能滿足社會對企業的期待，這些外部環境看幸福企業都建立在企業是否有盈餘之基礎上。若企業沒有任何利潤與盈餘，它就不是一個良好的企業，當然就更不用說是一個符合幸福感受的幸福企業。

2. 企業的幸福哲學

　　本節介紹被評選或被公認幸福企業的幸福哲學爲何？將會介紹臺灣及國際間的著名企業王品集團、宏碁集團、3M 家庭事業集團。

⑴ 王品集團：爲何王品集團會被遴選爲幸福企業？除了企業本身的管理制度靈活外，最主要的是領導人的開放的管理態度。戴勝益董事長喜歡登山，他從登山中找到許多管理的哲學。而這些管理哲學中很重要的一點是「集體決策」，戴勝益董事長很少動用董事長的直接權力。他用每週集體決策小組進行公司的重要決定，每月的五百人主管會議，

聽取同仁們的意見。他定立了非常嚴格的防貪條款，創造企業更高的利潤。他利用登大山的胸襟面對企業管理，要求員工一定要「登百岳，吃百種，遊百國」之三百計畫。他對員工的要求就如同協助員工實踐工作者的十二大願望一般。也無怪乎王品集團創造庶民經濟外，也創造了另一個幸福就業單位。

⑵ 宏碁電腦，Acer：全球到處都是這一個品牌的電腦，企業推行「微笑企業」。無論企業面臨什麼樣的挑戰，都以認勢、順勢及造勢來創造微笑曲線。施振榮以微笑思考法來經營他的事業，帶領他的事業邁向幸福企業。微笑，Smile，分享（Sharing），幸運來自你的態度，施比受更有福，使人生富足更有成就感。「跟隨並非我的風格（Me too is not my style）。」這一句話是微笑思考的起點，用反向思考，做大家都沒有的事，只有你最獨特、最創新，去創造價值，做真正的自己。整合者（Integrator），從微笑看世界，個人、組織及企業都可能被整合或是整合者，無論如何都要運用自己的優點找到任何在微笑曲線上的獨特的位置，以整合思維代替競爭。為合作的群體創造價值，不要讓自己成為團隊中最弱的那一環。從錯誤中學習（learning from mistakes），微笑學的定義是，真正的失敗是放棄，挫折與困難只是累積成功的過程，失敗為成功之母，經歷失敗還能保持樂觀面對，懂得認輸才會贏。要「命」不要面子是施振榮先生很快找到達成目標的方法。生態的平衡（ecological balance）微笑學的競爭是比誰對生態，對世界創更多的價值，利他才能永續利己。成就眾人之際也創造出自己的最高價值。施振榮的幸福的哲學是中國儒家的思維，若要自己好，必先大眾都好；大眾在自己的每一條微笑曲線中找到定位，在該位置上創造自己的價

值，分享與不怕失敗的精神，帶領企業成爲世界知名電腦品牌，而員工也樂於其中。無論外部或內部成員都認同施振榮先生的「微笑曲線」帶來幸福的契機。

⑶ 3M 企業：雖然這是一家外商公司，但是它融入臺灣頭家企業精神，成爲在臺灣外商企業的幸福企業，它在美國明尼蘇達州創業瀕臨破產以堅毅的性格持續努力不懈的精神重新站回市場。3M 企業精神善於聆聽顧客的需求，爲顧客解決問題，並支持員工創新，容許員工犯錯，讓創新發揚光大。從思高膠帶解決汽車噴漆工人的問題，到員工在唱詩歌因爲夾在書中的頁籤掉落，因找不到原先夾頁的那一頁而懊惱引發的創新商品 3M 便利貼，在開發之際沒有人相信這有點黏又不太黏的背膠能創造什麼樣的商機，創造者不斷地給辦公室秘書試用，甚至寄到《時代雜誌》辦公室試用，終於獲得好評，也成爲便利貼始祖。3M 給員工的幸福企業因子是給員工挑戰、創新工作的機會，使員工工作充滿參與感，製造研發的產品又對社會有重大的意義（協助顧客解決問題），這些員工的工作的願望可以在 3M 看得到。

綜觀以上三個企業的幸福哲學，發現企業經營者的態度扮演一個很重要的角色。企業沒有利潤不可能幸福，企業的管理方法的優劣變成幸福企業的關鍵因素。管理即是管理眾人之事，符合人性面思考模式的管理方法，會較貼近營造幸福企業工作氛圍的方式。很多企業的管理模式是企業家（老闆，雇主）認爲獲利豐富才是企業的幸福，不太理會在企業裡人員的工作感受，這或許很能在短期獲利，但這樣的企業不會長久，無法達到工作者願望的「穩定性」及「良好的工作環境」兩項願望。所以身爲企業經營者，更需要了解企業內部人員的想法，以企業獲利、員工滿意的方向經營，這樣的胸襟與態度才能將企業帶向幸福。

幸福企業的創造

1. 工作者心目中的幸福企業

　　本節討論工作者心目中的幸福企業。許多企業會在外部高呼自己的企業是幸福企業，站在企業經營者的角度，也許他認為給企業內部的利害相關者有足夠的幸福，但與事實往往有很大的落差，在本節特別針對工作者看幸福企業的角度來看，何謂幸福企業？

　　中國著名管理專家岳川博在《創建幸福企業》一書中提到，幸福企業的基本 5 項特徵包括(1) 幸福人基本假設。(2) 企業的成就。(3) 企業文化的特質。(4) 企業家的身心狀態與人生境界。(5) 員工成長與幸福感。「幸福人的基本假設」是岳川博對人性的正向思考，他認為幸福人應該具有人本幸福主義，追求幸福應該是企業的每一位員工的基本動機與最終的目的。而幸福應該包括多樣的價值目標，組織透過定義與發展來引導員工思考與行動。進而相信人性本善，相信員工會積極行動，創造幸福。而組織可以創造勞動的快樂，使勞動更有效率，更有成就，可以讓員工獲得更高的意義，創造組織及個人的幸福。所以企業裡的人（利害相關者）充滿幸福感，就是一個「幸福人」。企業是一個商業組織，一定要在事業上有所成就，對客戶、社會、股東及員工都應該有不斷積極的成長，這樣事業才會有成就。企業有成就，才有本錢創造幸福。而幸福企業的文化環境，必須是正念文化，相信企業可以給員工帶來幸福，而員工會創造價值使企業組織幸福。這樣的正念文化才能創造更高層次的幸福企業。而企業領導者是引領企業走向的主要關鍵人物。所以企業領導者的態度與其人生境界會是一個重要指標。企業家經營應該著重檢討，修正和完善自我，避免追求自我的

功利，將目標放在企業體上，企業的全體員工與企業的利害相關者。這樣的人生境界寬又廣，才能造就幸福企業的根基。一個企業體最重要的一個群體是員工，員工若有成長，有成就感，他就會有幸福感，而此成長與成就感可透過學習與創造性的工作安排來實踐。員工的幸福指數可以用量表量測出來。

　　若很單純從工作者的角度看幸福企業，我們可以從肯尼斯·克利斯汀的《這輩子，只能這樣嗎？》（*Your Own Worst Enemy*）書中提到工作者的十二大願望可以看出幸福企業內部環境的員工對工作環境與內容的渴望。十二大願望包括：包含興趣、挑戰和刺激、參與感、重大的意義、認同、影響力、創意、獨立、掌控、收入、穩定性及良好的環境。這十二大願望充分表達工作者對企業的期待，分別敘述如下：但也許企業不能滿足這十二大願望，我們來看看這些因素到底影響幸福企業因素的權重有多大？

⑴ 興趣：從事自己興趣相關的工作，再辛苦也會覺得一切值得。若工作興趣高，他會留在該企業的機率就高，也就會創造其他的附加價值。

⑵ 挑戰和刺激：工作須有難度，才具有挑戰與刺激感，員工願意解決高難度的問題，藉此鍛鍊自己的心智與耐力，從中獲得成就感。

⑶ 參與感：從事自己在乎的工作，此工作在企業中扮演的角色足以讓自己獲得成就感，滿足參與的慾望。

⑷ 重大的意義：從事的工作可以造福人群，覺得自己做的事是具有意義的。大部分的工作者很少思考自己的工作是否有意義，就更別提所謂的「重大意義」。工作內容即使一個顆小螺絲釘的小工作，但這意義自己要去定位，若沒有這一顆螺絲釘也許這整份工作，或者整個企業都因此不順暢。意義，是要自己尋找，自己賦予的。

⑸ 認同：你的努力能受到同儕的重視與肯定，你的貢獻決定了自己的價值，在企業中被認同。

⑹ 影響力：在工作團隊中或整體企業裡具有舉足輕重的影響力，讓自己感到有成就。

⑺ 創意：有機會在工作中貢獻創意與有效地提供解決問題的方式，從此獲得主管的支持。

⑻ 獨立：可以獨立作業不需要一再徵詢別人的意見，這對員工來說反而是企業對員工的一種信任，放心給員工進行「獨立」作業。

⑼ 掌控：對於工作的規劃與內容有一定的決定權，掌握自己的工作進度與規劃。

⑽ 收入：從沒有員工嫌棄自己的薪水太高，只有負面情緒，覺得自己的努力並沒有等同收入，所以有優渥的待遇與福利，可以增添幸福感。

⑾ 穩定性：工作有保障，公司穩定成長。具有穩定性的公司，才會有更好的發展，故穩定性是可以表達幸福企業之關鍵因素。

⑿ 良好的環境：是一家公司和諧的象徵，同事相處愉快，目標一致。工作者的十二大願望沒有先後順序，也不會因為十二個條件都滿足就一定是幸福企業。有時候部分條件滿足，工作者就感到滿意、幸福。

　　而世界經濟論壇《幸福與全球成功》報告（Well-Being and Global Success）中指出員工工作感到幸福是要符合以下五大項目：

⑴ 任務明確：工作目標明確，無論是組織或個人，均需要工作目標明確，才能使工作順利，進而去感受工作的成就感。個人工作時組織給予任務明確，員工個人對工作具有掌握能力，並在公司工作中具有舉足輕重影響力，讓員工工作享受如期完成之成就感。

(2) 工作適任：員工能勝任工作需求，並且充分發揮其個人技能，適任的
工作員工才能得心應手，工作才不會有壓力，擔心自己做不好。員工
求職工作若能符合個人專長是非常重要的工作適任條件，對於工作有
興趣，員工會積極參與，在參與的過程，找尋生命中的價值，對社會
貢獻的重大意義。

(3) 工作自主：組織對於員工如何工作，給予員工有合理的自由與彈性。
員工對於工作能有挑戰與刺激是更能激發創意，讓工作創造無限可能，
而這些創意能獨立作業不會被主管或其他同事干擾，這樣的工作自主
性，對企業能獲得更前瞻的成果，也對員工充分信任，給予工作自主
能力。

(4) 適性管理：組織有靈活的管理模式，主管有人際關係與專業管理才能。
好的組織管理模式可以使員工工作具有穩定性，員工可以在良好環境
中安心工作，以利提升工作效率。

(5) 工作合理：工作的安排上，能注意到公平和程序正義，薪資、工作份
量、難易程度都需要關切員工的反應。員工在乎同工是否同酬，工作
的辛勞程度是否與收入成正比，對於工作成果是否能被認同，都是在
企業管理中，需要注意的公平正義。

　　我們將工作者的十二個願望與世界經濟論壇《幸福與全球成功》報告
（Well-Being and Global Success）五大工作者的願望做成圖 10-2。我們可
以看到圖 10-2 兩種不同角度看幸福企業，但卻也殊途同歸。

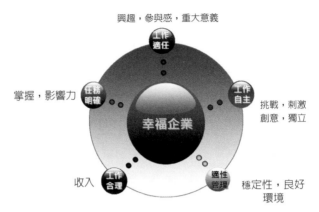

興趣,參與感,重大意義

工作適任

掌握,影響力 　任務明確

工作自主

幸福企業

挑戰,刺激
創意,獨立

收入 　工作合理

適性管理 　穩定性,良好環境

圖 10-2 　幸福企業與幸福員工之相關性（作者自製）

　　綜觀上述三種角度對工作者認為的幸福企業都離不了人性。從內部員工的角度去思維,例如:

⑴ 尊重員工,尊重人性,順應員工的基本人性:例如 Google 企業總部總是隨員工任意布置。因為 Google 是一個講求創意的企業,它認為創意的建立來自人性,既然企業是創意的事業體,那就要順應員工的想法。員工希望隨時想吃東西就吃東西（所以到處都有零食櫃）,想玩電玩有電玩機,想在沙發上發傻睡覺就營造一個輕鬆的沙發區或睡或趴臥。只要員工能達到工作目標,企業順應員工布置辦公室,提供一個員工理想的工作空間對一個企業體而言並不會耗費太多,反而因為尊重人性而獲得更多員工願意為公司效勞的心。

⑵ 愛自己的員工與家屬:中國人說:「齊家、治國、平天下。」若員工家庭和樂幸福,員工在工作情緒上也會跟著有動力。所以照顧員工之外也可以多關懷一下員工家屬。例如宏碁企業於 1989 年由施振榮、葉紫華夫婦為宏碁的員工成立「安家計畫」開始,一個能夠開創充滿生命

力的生活、工作、休閒、學習與成長的天地。在桃園龍潭成立「渴望園區」，有實現理想家園夢想的「渴望村」，有滿足個人終身學習及企業成長規劃的「渴望學習中心」，有提供親子活動空間的「中央公園」及珍貴的「自然保育區」。宏碁營造的是一個讓工作者安心、眷屬開心的一個社區，讓員工與家屬都成為宏碁的一份子，也讓成員以宏碁為榮。

⑶ 給予員工致富的能力：致富當然需要付出努力，一般企業員工工作很固定，要靠一般底薪薪水工作致富是很困難的，所以幸福企業應該創造員工致富的方法，讓員工去努力也可以致富。臺灣王品集團以「員工每月分紅」與「員工入股」方式來鼓勵員工努力工作。每月分紅是指當每一家店面盈餘之後的 33% 分給每一位員工，不需要等到年終才分配，所以短期員工就會看到自己的努力獲得回報，連計時工也都可以分到紅利。

⑷ 給員工成的機會：王品集團會強迫員工休假或鼓勵員工進修，登百岳是王品獨創的教育訓練方法，他認為員工太疲累會是服務業的殺手，唯有讓員工充分休息充電才能維持服務業的熱情，所以他提出「登百岳，吃百種，遊百國」的口號，希望每個員工在王品工作都能以達到這個目標為最終學習目標。

　　以上幾個面向的討論都是以工作者的角度或者是能滿足工作者的基本人性慾望。獲得基本滿足就會感到這企業是幸福的。

2. 幸福企業家的境界

　　企業家的人格特質會影響到一個企業的發展與走向，所以坊間許多成功企的書籍都會著墨在企業家本身的人生觀或人生態度。以下歸納幾位企業家的幾個特質，來了解他們怎麼造就幸福企業。

　　企業家有時候並不是爲了賺錢而努力不懈。成立企業之初當然是以獲得利益而爲，但幸福企業家常常在他們心中有一個理想想要「自我實現」，自我實現不只是在財務上達到目標，而是在管理企業上放入一個企業家認爲的理想。比如王品集團總裁幼年家境貧困，他的自我實現就是希望員工能夠和他一樣，努力工作可以讓自己脫離貧困，所以定下分紅制度，讓願意努力的員工能盡早實現願望。微軟比爾蓋茲當初創業有一個夢想，他想創造一個能爲人類更有能力的工具，創立 Window 系統，讓人們更容易使用電腦，讓世界變得很不一樣。郭台銘也認爲一位企業家應該每個階段都有不同的目的，他在第三階段就設定自己該有哪些理想去實現，這種實現除了個人的中心思想外，亦有造福群眾福祉目的。不是每一個企業家在創業之際就能獲得利益、獲得豐厚足以讓個人滿足而感到幸福，而創業者都很清楚這個過程，所以幸福企業家都有一個不怕挫折且積極的企圖心。他們被自己設定的目標而激勵，爲自己的理想而努力。日本松下幸之助說：他因爲健康因素而暫停工作也因此沒有薪水，所以他發明好用的燈泡讓自己創立事業，使自己不會因此中斷自己的薪水。雖是一個微小的願望，但卻創造了日本有名的電器公司。企業起步之初，創業維艱，但企業家的人格特質會支持他往前奮鬥努力不懈。

　　當企業家想要將自己所屬企業變大，變得獲得利潤更高，企業家思考如何讓企業達到目標。古人有云：「三個臭皮匠勝過一個諸葛亮。」若企業家將企業與員工視爲共同成就，那企業的潛力就不可同日而語。共同成就的意思是企業好，員工就好，企業主也會獲得較高的利潤與較高的成就感。所以將企業交付給員工共同努力是企業家一個重要的管理概念。若企業家認爲企業是個人的資產，不是與員工共享，員工也不會認爲需要做比

分內更多的事情來滿足自己的成就；因爲無論員工如何努力也不會改變，企業是老闆的跟自己一點都無關。所以幸福企業的企業主通常會有企業是與員工共有的，也會因此的態度創造更多活絡的管理制度，例如員工參與管理階層之重要決策工作、員工分紅制度等等。

企業家通常會有一個共同的特色，就是「耐挫折」。挫折是很多企業家都會面臨的，成功的企業家一定有耐挫折的性格。失敗爲成功之母，透過挫折來了解成功的過程，所以企業非常懂得挫折在自身的感受，所以將心比心。在建構幸福企業時，給企業一個耐受挫折的工作環境是必要的，同時儲蓄企業家的精神力，也同時培養企業體的耐受力。很多幸福企業家會透過各式戶外的活動來讓員工體驗，例如登山、挑戰極限等活動。目的都是讓整個企業體是有一種毅力，一種努力往前的衝勁。

幸福企業家的境界，其實跟個人的生命歷程很有關係。所以自我實現，共同成就，自我心靈的成長挑戰都是幸福企業家對幸福企業的企圖心，對幸福企業所營造的幸福境界，畢竟幸福是需要被滿足，滿足在某一個層面，而這個層面是幸福企業家心理的滿足才會實現在企業體上，企業體才會有幸福感。

3. 幸福組織

企業的組織型態受企業家的經營心態有關，綜觀被視爲幸福企業的企業都一定會是「學習性組織」（Learning Organization）。美國學者彼得・聖吉（Peter M. Senge）在《第五項修煉》（*The Fifth Discipline*）一書中提出此管理觀念，企業應建立學習型組織，其涵義爲面臨變遭劇烈的外在環境，組織應力求精簡、扁平化、彈性因應、終身學習、不斷自我組織再造，以維持競爭力。知識管理是建設學習型組織的最重要的手段之一。學習型

組織是使學習不斷在個人、團隊、組織中持續進行，並與生活及工作各層面相結合的組織，並運用系統思考解決問題，進而擴充個人知識與經驗，改變組織的行為運作，以增強組織適應環境的變遷及組織自我革新的能力。學習性組織應該有圖 10-3 的特點：具有智慧的領導者，具有創新思維的組織，組織的橫向聯結良好，組織良善的文化，充分授權給員工，訊息充分揭露與傳遞。從企業家到給予企業員工的工作環境，都讓員工有充分發揮的空間，學習到發揮所學，充分讓企業有很活絡的訊息傳遞，讓企業不斷地成長，員工的成長即是企業的成長。王品集團要求員工需要「登百岳，吃百種，遊百國」，給企業中階主管充分的管理權力，透過每月分紅制度鼓勵員工，讓員工發揮創意。3M 讓員工發揮創意，容許犯錯的企業文化下，創新發明出人人都使用的「便利貼」，用一種技術衍生千百種商品，聆聽顧客端的需求，從業務到技術部門的橫向溝通與充分的訊息傳遞都造就了 3M 企業在臺灣在地化的團隊，並獲得 2012 年台北市幸福企業三顆星企業。賈伯斯帶領的蘋果電腦團隊就是利用充分授權成立各型之小型創業團隊，他把每一個技術發展當成每一個小型企業組織，給予員工充分的權力創造自己的產品，在與主企業體進行橫向聯結而達到蘋果電腦可以創意無限的主要因素。英代爾以團隊組織作為組織文化，給予團隊組織彼此激勵的績效來增進整體團隊的績效，以善的循環讓團隊活絡，鼓勵員工必須在職進修，給予團隊在職教育訓練；訂立績效獎金與底薪制度，績效獎金包括個人績效與團隊績效，並給予中階主管給予績效的部分權限，底薪制度更是靈活，他們認為工作年資前 10 年是新聘員工最具專業，最具活力的工作年資由年資定底薪，隨著工作年資增加薪水增加，但 10年以後要看工作績效再來調整薪資。薪資是員工工作在乎的一環，攸關幸福與否，活化的薪資制度讓英代爾員工充滿活力。

圖 10-3　學習型組織的特點（作者自製）

　　學習型組織的特點也滿足了員工期待的幸福企業的模式，有很好的員工成就感，可以充分授權員工，有良好的組織氣氛與不斷學習進步的機會，這樣的企業組織一定可以創造幸福企業。

幸福企業評鑑

1. 國際幸福企業評鑑

　　道瓊永續發展指數（Dow Jones Sustainability Index, DJSI）是透過資本市場的力量，促使更多企業落實社會責任的正向驅動力。道瓊永續性指數是在 1999 年，由美國道瓊公司（Dow Jones）與瑞士蘇黎士永續資產管理公司（Sustainable Asset Management, SAM）共同合作推出，是第一個追蹤

全球企業的社會責任指數。2013/2014 年指數內的企業，共有 658 家出色企業被挑選出。

　　負責指數編製的瑞士蘇黎士永續資產管理公司，每年會邀請分布於 59 個行業、2,500 家企業，45 個國家參與問卷調查，並廣泛蒐集資料，以「該行業中表現最佳」（best-in-class）為標準，由該公司二十多位企業研究人員挑選最出色的企業，作為道瓊永續性指數的成分股。其研究結果由資誠會計師事務所（PriceWaterhouseCoopers, PwC）進行簽證。

　　道瓊永續發展指數除了排除一些如菸草、酒類、博弈等企業之外，更以下三個層面來評估企業：

⑴ 經濟層面：包含公司治理、風險及危機管理、公司制度、貪汙舞弊的防範。

⑵ 環境層面：評估該公司影響的生態效益、環境衝擊。

⑶ 社會層面：評估該公司對人力資本的重視、人才吸引及保留、企業公民的實踐。

　　而從各權重來看的話，「公司治理」、「風險及危機管理」、「生態效益」這 3 項，是所占權重最高的三個重要項目。故有學者認為道瓊永續性指數是可以拿來作為幸福企業評鑑的指標。而此指標偏向組織評鑑尤其是管理制度。從組織管理的角度就是學習性的組織加上社會責任加上經濟就是這一國際的幸福企業評比。

2. 國內幸福企業評鑑

　　國內自 1996 年起《天下雜誌》率先倡導「企業公民」（CSR）概念，在年度「標竿企業」評比中，加入「企業公民」（CSR）評分項目。2007 年開始，《天下雜誌》將「企業公民」（CSR）指標擴大、獨立成為「企業

公民獎」（CSR），評選出廣爲企業重視的「天下企業公民 TOP 50」，是帶動臺灣社會躍升的重要力量。他們認爲企業不應只是獲利的工具，更應是負責任的公民。這負責任的公民應該給予企業幸福。而其評比指標與國際道瓊永續性指數類似，以公司治理、企業承諾、社會參與、環境保護等四大構面進行評分，《天下雜誌》並每年進行統計與國際間各項類似指數進行比較，更貼近臺灣社會。且其評選方式由主辦單位主動邀請企業參與，分別每年選出爲大型企業 30 家，中堅企業 10 家與外商企業 10 家，以年營收額 100 億爲國內企業大型與中堅進行分野。雖爲民間機構舉辦之選拔，共舉辦 18 年，也非常具有公信力的一項評比。

　　台北市政府勞工局所舉辦的幸福企業選拔則分爲 5 個面向，從 2011 年開始 4 個面向到現今 5 個面向，隨著時代潮流可以看到對於幸福企業的概念更趨向於企業自主與創意。第一屆幸福企業選拔在待遇與培育指標部分比重占 40%，今年只占 25%，而新增其他項目，由企業自行舉證如何創新與特色。表 10-1 是台北市政府勞動局 2014 年第四屆幸福企業評選指標。

表 10-1　臺北市政府勞動局 2014 第四屆「幸福企業」評選指標

一、工作環境指標（20%）
a. 職業安全衛生管理措施
b. 工作空間設計與舒適度
c. 職場健康促進
d. 工作職場的無障礙設施或措施
二、待遇與培育指標（25%）
a. 工資、獎金給予情形與調整制度
b. 員工職涯升遷與執行情況
c. 員工招募規劃、條件與穩定就業程度
d. 多樣化的培訓制度

三、福利與獎勵指標（20%）
a. 撫育、撫卹措施
b. 年終獎金與利潤分享
c. 其他照護福利
d. 表揚與獎賞
四、友善職場指標（20%）
a. 性別工作平等環境
b. 身心障礙者與原住民進用
c. 員工諮商與關懷措施
d. 工作與生活平衡
五、其他特色（15%）
a. 辦理青年職場體驗計畫
b. 企業內部員工滿意度調查
c. 財務表現
d. 永續發展、過去實績、未來承諾及社會關懷
e. 特殊創意項目

　　道瓊永續發展指數，是以一個企業以經濟、環境與社會 3 個構面來被評比是否符合「社會企業」，所以評鑑的角度以世界宏觀看此企業對整個地球社會的貢獻。而台北市勞動局的「幸福企業」選拔，則是以一個企業對員工的照顧為主，所以評比項目多半是以企業對員工的照護為主。

　　在臺灣現今的經濟體下，台北市政府的評比項目較適合選拔國內之幸福企業。個人認為其他特色可將「道瓊永續發展指數」之社會企業責任之項目放入。另外，可加入員工之「幸福企業」自評，或者使用本書第二章中的幸福量表使員工感受之分數列入幸福企業之評比。畢竟，「幸福企業」不是口號，而是要讓工作者感受，而樂在其中的工作，使企業賺錢、股東受益、員工健康快樂，而達到整個社會受益。這是一個善的循環，值得所有企業追求的目標：「幸福企業，企業幸福。」

一分鐘觀念

　　幸福企業不是口號，是不論企業的內部環境或外部環境之利害相關者都會感到幸福，這企業就會是所謂的「幸福企業」。它有實質上的意義，雖說難以框架，但一些關鍵因素在本章均有提到。無論從內部環境工作者的角度看影響幸福企業的因子，或者從組織管理的角度（Well-Being and Global Success）在滿足這些因素下，幸福企業就自然誕生了。誕生的幸福企業可以透過本章節提到的幸福企業評鑑，來確立幸福企業的正確性。

重要名詞

- 幸福企業（Happiness Business）
- 道瓊永續發展指數（Dow Jones Sustainability Index, DJSI）
- 企業社會責任（Corporate Social Responsibility, CSR）
- 社會企業（Social Enterprise）

問題討論

1. 請說明什麼是幸福企業。
2. 工作者的十二願望是什麼？
3. 幸福企業的評比項目有哪些？

腦力激盪

　　您心目中的幸福企業是什麼？如果是你挑選工作職場，你會挑什麼樣的企業？如果職場暫時還不是幸福企業，你會怎麼讓你自己的工作職場感到幸福？

參考書目

1. 〈2011 年全球幸福政策十大新聞〉，2011 年 12 月 9 日。上網日期：2014 年 7 月 1 日，http://wellbeingpolicy.blogspot.tw/2011/12/2011.html#more。

2. 十鼓文化村網站（2014），上網日期：2014 年 7 月 1 日，http://www.ten-hsieh.com.tw/cultrue/village1.html。

3. 中華徵信所企業股份有限公司，2012 年 12 月 28 日。產業幸福指數調查，http://www.credit.com.tw/happiness/news.asp。

4. 內政部統計處（2014），內政統計通報 103 年第 3 週，www.moi.gov.tw/files/news_file/week10303.doc-。

5. 心理科技學，Signal Pattern 公司發展以心理學基礎之行動裝置與網路設備，以協助使用者提升幸福感並改善人際關係。參閱 Signal Pattern 公司網站 http://www.signalpatterns.com/。

6. 文建會文化白皮書（1998），上網日期：2014 年 7 月 1 日，http://web.cca.gov.tw/introl/1998YellowBook/index.htw。

7. 文建會文化白皮書（2004），http://web.cca.gov.tw/intro/4white_book/。

8. 王巧燕、林爵士、陳至坤、林孟緯（2012），〈閒置空間結合藝術美學發展文創產業之研究──以臺南仁德糖廠十鼓文化村為例〉，《現代桃花源學刊》，第三期，頁 1-26。

9. 王駿發（2011），〈橘色科技的發展與挑戰〉，《科學發展》，463 期，頁 64-71。

10. 王駿發（2011），〈橘色科技的發展與挑戰〉，《科學發展》，466 期，頁 6-9。

11. 〈世界重要國家數位內容產業發展策略〉，2009 年 4 月 19 日。上網日期：2014 年 7 月 1 日，檢自 http://blog.udn.com/maven111402/2865262#ixzz1a4WK9EYH。

12. 台塑企業（2004），長庚養生文化村官網 http://www.fpg.com.tw/html/fpg_cultural/medical/medical5.htm。

13. 刑占軍（2005），〈對主觀幸福感測量的反思〉，《本土心理學研究》，24 期，301-323 頁。

14. 成功大學（2013），〈幸福台灣，夢想起飛—— 智慧生活科技成果發表會〉，http://www.cna.com.tw/postwrite/cvpread.aspx?ID=81864。

15. 朱信翰（2010），〈幸福程度之影響因子分析：以台灣地區為例〉，*Available from Airiti AiritiLibrary database.*。

16. 自由時報（2010），〈全球首國！國民幸福指數　英擬正式調查〉，http://n.yam.com/tlt/international/201011/20101116785580.html。

17. 行政院主計總處（2013），國民幸福指數統計。2014 年 7 月 5 日，引自行政院主計總處國民幸福指數網頁 http://happy_index.dgbas.gov.tw/index.htm。

18. 行政院衛生署（2009），健康照護升值白金方案，台北：行政院衛生署。

19. 《你不知道的 3M》，彭凡萱，商週出版社出版，台北，2011 年 1 月二版。

20. 吳書榆譯，《幸福經濟學》，原著：Graham, C. ，*The pursuit of happiness: An economy of well-being.*，漫遊者文化，2014 年，臺北。

21. 吳明蒼（2013），〈高雄地區大學生休閒參與以及生活滿意對幸福感關係之探討〉，《運動休閒管理學報》。

22. 吳思華（2003），〈文化創意產業的基礎機制——人才培育與文化平台〉，《全球思考，台灣行動》文化創意產業研討會論文集，文建會，台北，頁 95-99。

23. 吳思華（2004），《文化創意的產業化思維（上）》，典藏今藝術，

136，頁 114-117。

24. 吳密察（2003），〈文化創意產業之規劃與推動〉，《研考雙月刊》，第 27 卷，第 4 期，頁 65。

25. 李明亮（2002），〈健康促進政策與展望「台灣健康促進新紀元」學術研討會〉，中華民國健康促進暨衛生教育學會。

26. 李芳齡譯（2013），《幸福的魔法：更快樂的 101 個選擇》，Ben-Shahar, T.（原著），*CHOOSE THE LIFE YOU WANT: 101 Ways to Create Your Own Road to Happiness*，天下雜誌，台北。

27. 李榮顯、張雅娟（2011），〈橘色設計與橘色科技　創意加值與實現〉，《科學發展》，466 期，頁 24-29。

28. 幸福企業／薛健平，〈經營追求義利合——聯合新聞網〉，http://udn.com/NEWS/FINANCE/FIN11/8520727.shtml#ixzz2vNO1BWuO。

29. 〈幸福城市大調查〉，天下雜誌，2013 年，頁 9-17。

30. 林莉芳（2006），〈感恩經驗與目標設定對幸福感效應之研究〉，《國立屏東教育大學教育心理與輔導學系碩士論文》。

31. 肯尼斯克利斯汀　著，連映程　譯，《這輩子，只能這樣嗎？》，早安財經文化有限公司出版，2012 年 6 月，台北。

32. 陳南（2012），《聽星雲大師談人生中國：中國友誼》。

33. 〈綠色科技專輯〉，《科學月刊》，368 期，2000 年，http://sci-month.blogspot.tw/。

34. 〈緬甸老撾鴉片種植面積激增〉，《美國之音》，2011 年 12 月 15 日，http://www.voacantonese.com/content/article-20111216south-eastasia-opium-135726088/936233.html。

35. 胡瑋珊譯，《快樂練習本》，Ben-Shahar, T.（原著）*Even Happier*，美商麥格羅‧希爾，2010 年，台北。

36. 〈2010 年台灣民眾健康與幸福調查報告〉，飛利浦，2010 年 12 月 14 日，http://www.philips.com.tw/about/company/index.page。

37. 財團法人資訊工業策進會（2013），幸福科技與幸福台灣高峰論壇，http://www.cna.com.tw/postwrite/Detail/128585.aspx。

38. 財團法人資訊工業策進會（2013），〈感動心科技‧幸福新經濟〉，資策會創研所第六屆創新服務週（IDEAS Week），http://news.sina.com.tw/article/20130715/10150092.html。

39. 梁小民（2013），〈微觀經濟學縱橫談〉，http://big5.china.com.cn/chinese/RS/144702.htm。

40. 陳志豪（2013），〈遠東科技大學學生休閒滿意度與幸福感之研究〉，《遠東通識學報》。

41. 陳佳伶譯（2006），《快樂經濟學：一門新興科學的誕生》，原著：Layard, R.（2006），*Happiness: Lessons from a new science.*，經濟新潮社，臺北。

42. 陳宗慶（2013），〈發展智慧城市　產官齊獻策〉，《中時電子報》，2013 年 8 月 22 日。

43. 陳俊銘譯（2012），《幸福是什麼？不丹總理吉美‧廷禮國家與個人幸福 26 講》，原著：Thinley, J. Y.，*Happiness: A shared global vision*，全佛文化，新北市。

44. 陳學明（1996），《文化工業》，揚智出版社，新北市。

45. 陸洛（1998），〈中國人幸福感之內涵、測量及相關因素探討〉，《國家科學委員會研究彙刊：人文及社會科學》，8 卷（1 期），頁 115-137。

46. 岳川博，《創建幸福企業》，北京大學出版社，2011 年 11 月，中國北京。

47. 曾文志（2006），〈復原力保護因子效果概化之統合分析〉，《諮商輔導學報》，14 期，頁 1-35。

48. 曾文志（2007），〈大學生對美好生活的常識概念與主觀幸福感之研究〉，《教育心理學》，38 卷（4 期），頁 417-441。

49. 黃志偉（2014），〈智慧城市展　大廠雲集〉，《中時電子報》，

2014 年 2 月 20 日。

50. 黃郁婷、李嘉惠、郭妙雪（2011），〈幸福嗎？台灣地區成年人幸福感及相關因素初探〉，《教育與家庭學刊》，2 期，頁 27-57。

51. 黃靖芸（2010），〈台灣醫療美容產業發展〉https://www.credit.com.tw/newweb/Market/weekly/index.cfm?sn=97

52. 施振榮，《微笑走出自己的路》，天下遠見出版股份有限公司，2012 年 8 月，台北。

53. 新浪網（2014 年 5 月 30），〈大清片支地方政　良田成粟地〉，http://history.sina.com.cn/bk/jds/2014-05-30/202292266.shtml

54. 楊國德（1999），《學習型組織的理論與應用》，師大書苑，台北。

55. 經濟部能源局（2013），《經濟部產業技術白皮書》，經濟部能源局，台北。

56. 葉智魁（2002），〈發展的迷思與危機——文化產業與契機〉，《哲學雜誌季刊》38，頁 4-25。

57. 〈道瓊永續發展指數對企業社會責任帶來的區動力〉，CIIB 投資事業管理智識平台，http://www.mfn.com.tw，2014 年 3 月 8 日查閱。

58. 齊若蘭譯（2009）《99 分：快樂就在不完美的那條路上》，Ben-Shahar, T.（原著），*The Pursuit of Perfect How to Stop Chasing Perfectionand Start Living a RICHER, HAPPIER Life.*，美商麥格羅・希爾，台北。

59. 潤福集團（2012），潤泰銀髮專用住宅，http://www.ruenfu.com.tw/introduction/introduction_b.php。

60. 蔡卓芬、馮克芸譯（2009），《尋找你的幸福城市》，原著：Florida, R.，*Who's your city? How the creative economy is making where to live the most important decision of your life.*，天下雜誌，臺北。

61. 蔡素妙（2004），〈地震受創家庭復原力之研究——以九二一為

例〉,《中華人文社會學報》,1 期,頁 122-145。

62. 衛生福利部(2014 年 2 月 14 日)主要死因趨勢圖,http://www.
mohw.gov.tw/cht/DOS/Statistic_P.aspx?f_list_no=312&fod_list_
no=4770&doc_no=43606

63. 鄭博真、王怡文(2012),〈大學生學習投入與幸福感之相關研
究〉,《屏東教育大學學報——教育類》,38 期,頁 127-164。

64. 盧希鵬(2012),《大排長龍更快樂:快樂經濟學的 50 堂課》,天
下雜誌,臺北。

65. 蕭文(2000),〈災變事件前的前置因素對心理復健的影響——復
原力的探討與建構〉,《測驗與輔導》,156 期,頁 3249-3254。

66. 戴勝益,《戴勝益十座大山十大決策》,經濟日報,2013 年 7 月,
新北市。

67. 鍾榮峰(2013),〈電腦應用展 體驗智慧生活〉,中央社,2013 年
7 月 24 日。

68. 譚家瑜譯(2012),《更快樂:哈佛最受歡迎的一堂課(修訂
版)》,Ben-Shahar, T.(原著),*Happier: Learn the Secrets to Daily Joy and Lasting Fulfillment.*,天下雜誌,台北。

69. 寶來證券投資處(2002 年 10 月 22 日),〈追求高品質生活
——淺談「促進幸福產業」〉,http://www.moneydj.com/kmdj/
report/Report-Viewer.aspx?a=c309632c-494f-4d1b-8de3-4bd06d-
f44450ixzz30b-05Cox8。

70. 陳素惠譯(2010),《正向心理學教練服務——助人實務的快樂
學》,Biswas-Diener, R., & Dean, B,心理出版社,台北。

71. Adorno, T., & Horkheimer, M. (2007), The culture industry: Enlightenment as mass deception., *Stardom and Celebrity: A Reader.* Thousand Oaks, CA: SAGE 34-43.

72. Amartya Sen, 2004a. *UN Human Development Report 2004: Chapter 1 Cultural Liberty and Human Development.*, UN Human De-

velopment Reports. United Nations Development Programme. (Available from the UNDP website).

73. Amartya Sen. 2004b. apabilities, Lists, and Public Reason: Continuing the Conversation,? *Feminist Economics* 10, no. 3: 77-80.

74. Ananta Kumar Giri. 2000. "Rethinking Human Well-being: A Dialogue with Amartya Sen." *Journal of International Development* 12 (7): 1003-1018.

75. Aoa, Z. H., Xua, Z. H., Lub, Z. M., Xua, H.Y., Zhanga, X.M., Doua, W. F. (2009). Niuchangchih (Antrodia camphorata) and its potential in treating liver diseases, *Journal of Ethnopharmacology, 121*, 194–212.

76. Barnard, C. P. (1994). Resiliency: A shift in our perception. *The American Journal of Family Therapy, 22*(2), 135-144.

77. 陳素惠譯（2010），《正向心理學教練服務──助人實務的快樂學》，Biswas-Diener, R., & Dean, B，心理出版社，台北。

78. Bo,L.,Fei, Lu., Xinjun, Wei., &Ruixiang, Zhao.(2008). Fucoidan: Structure and Bioactivity. *Molecules , 13*,1671-1695.

79. Bradburn, N.M. (1969). *The structure of psychological well-being*. Chicago: Aldine.

80. Chen, G.-H. (2010). Validating the Orientations to Happiness Scale in a Chinese Sample of University Students. [Article]. *Social Indicators Research, 99*(3), 431-442. doi: 10.1007/s11205-010-9590-y

81. Chen, L., Tsai, Y.-M., & Chen, M.-Y. (2010). Psychometric Analysis of the Orientations to Happiness Questionnaire in Taiwanese Undergraduate Students. [Article]. *Social Indicators Research, 98*(2), 239-249. doi: 10.1007/s11205-009-9473-2

82. CSR 天下企業公民網站 http://topic.cw.com.tw/csr/，2014.6.25 查閱，台灣行政院主計總處（2012）。國民幸福指數專刊。

83. Curtis, W. J., & Cicchetti,D. (2003). Moving research on resilience into the 21st century: Theoretical and methodological considerations in examining the biological contributors to resilience. *Development and Psychopathology, 15*, 773-810.

84. Diener, E., & Oishi, S. (2000). Money and happiness: income and subjective well-being across nations. In E. Diener, & M. Suh (eds.), Subjective well-being across cultures (pp. 185–218). Cambridge, MA: MIT Press.6.

85. Diener, E., Lucas, R. E., & Oishi, S. (2002).Well-being: The science of happiness and life satisfaction. In C. R. Snyder & S. J. Lopez (Eds.), *Handbook of positive psychology* (pp. 63-73). New York: Oxford University Press, Inc.

86. Diener, E., Scollon, C. N., & Lucas, R. E. (2003). The evolving concept of subjective well-being: The multifaceted nature of happiness. *Advances in Cell Aging and Gerontology, 15*, 187?19

87. Doan, T., & Totan, T. (2013). Psychometric properties of Turkish version of the Subjective Happiness Scale. *The Journal of Happiness and Well-Being 1*(1), 8.

88. Duffy, R., Allan, B., & Bott, E. (2012). Calling and Life Satisfaction Among Undergraduate Students: Investigating Mediators and Moderators. [Article]. *Journal of Happiness Studies, 13*(3), 469-479. doi: 10.1007/s10902-011-9274-6

89. Ferrer-i-Carbonell, Ada, & Gowdy, John M. (2007). Environmental degradation and happiness. *Ecological Economics, 60*(3), 509-516.

90. Gallup-Healthways (2012), Well-Being Index: Methodology Report for Indexes,US。取自 http://www.well-beingindex.com/default.asp

91. Garcia, J. D. J., Fuentes, N. C., Borrego, S. A., Gutierrez, M. D., & Tapia, A. (2007). Values and Happiness in Mexico: The case

of the metropolitan city of Monterrey. In L. Bruni, & P. L. Porta (eds.), Handbook of the Economics of Happiness (pp. 407-428). Northampton, MA: Edward Elgar.

92. Hesmondhalgh, D. (2006). Bourdieu, the media and cultural production. *Media, Culture & Society, 28*(2), 211-231.

93. Hills, P., & Argyle, M. (2002). The Oxford Happiness Questionnaire: a compact scale for the measurement of psychological well-being. [Article]. *Personality & Individual Differences, 33*(7), 1073.

94. Holbrook, M. B. (1993). Nostalgia and consumption preferences: Some emerging patterns of consumer tastes. *Journal of Consumer Research, 20*(2), 245-256.

95. Holbrook, M. B. (1995). An empirical approach to representing patterns of consumer tastes, nostalgia, and hierarchy in the market for cultural products. *Empirical Studies of the Arts, 13*(1), 55-71.

96. Holder, M., Coleman, B., & Singh, K. (2012). Temperament and Happiness in Children in India. [Article]. *Journal of Happiness Studies, 13*(2), 261-274. doi: 10.1007/s10902-011-9262-x

97. Hsu, Y.L., Kuo, P.L., Cho C.Y., Ni, W.C., Tzeng, T. F. etc (2007). Antrodia cinnamomea fruiting bodies extract suppresses the invasive potential of human liver cancer cell line PLC/PRF/5 through inhibition of nuclear factor B pathway. *Food and Chemical Toxicology, 45*, 1249–1257.

98. Inglehart, R. (1990). *Culture shift in advanced industrial society*. New York: Princeton University Press.

99. [*Internet Encyclopedia of Philosophy*] www.iep.utm.edu

100. Kahneman, D. (2003). 1 Objective Happiness. Well-being: Foundations of hedonic psychology, 1.

101. Lykken, D., & Tellegen, A. (1996). Happiness is a stochastic phe-

nomenon. *Psychological Science, 7*(3), 186-189.

102. Lyubomirsky, S. (2008). *The how of happiness: A new approach to getting the life you want.* NY: Penguin.

103. Lyubomirsky, S., Dickerhoof, R., Boehm, J. K., & Sheldon, K. M. (2011). Becoming happier takes both a will and a proper way: An experimental longitudinal intervention to boost well-being. *Emotion, 11*(2), 391-402. doi: 10.1037/a0022575.

104. Lyubomirsky, S., King, L., & Diener, E. (2005). The benefits of frequent positive affect: Does happiness lead to success? *Psychological Bulletin, 131*(6), 803?55. DOI: 10.1037/0033-2909.131.6.803.

105. MacKerron, George, & Mourato, Susana. (2013). Happiness is greater in natural environments. *Global Environmental Change.*

106. Mahady, G.B. (2002). Ginkgo Biloba for the Prevention and Treatment of Cardiovascular Disease: A Review of the Literature, *Journal of Cardiovascular Nursing, 16*,21-32.

107. Marks, Nic, Abdallah, Saamah, Simms, Andrew, & Thompson, Sam. (2006). The (un) Happy Planet Index: An index of human well-being and ecological impact. *New Economics Foundation, London.* http://www.happyplanetindex.org/publicdata/files/happyplanet-index-first-global.pdf.

108. Martha Nussbaum. 1988. Nature, Function, and Capability: Aristotle on Political Distribution. In *Oxford Studies in Ancient Philosophy.* Oxford University Press.

109. Maslow, A. H. (1964). *Religions, Values, and Peak Experiences.* New York: Vinking. ISBN 978-0-14-019487-6.

110. Myers, D. G., & Diener, E. (1995). Who is happy? *Psychological Science, 6*, 10-19.

111. OECD. (2011a). How Life?: Measuring Well-being. *OECD Publish-*

ing.

112. OECD. (2011b). Towards Green Growth, *OECD Publishing*, Paris.

113. Passchier-Vermeer, Willy, & Passchier, Wim F. (2000). Noise exposure and public health. *Environmental health perspectives, 108,* 123.

114. Peterson, C., Park, N., & Seligman, M. E. P. (2005). Orientations to happiness and life satisfaction: the full life versus the empty life. *Journal of Happiness Studies, 6*(1), 25-41. doi: 10.1007/s10902-004-1278-z

115. Piqueras, J. A., Kuhne, W., Vera-Villarroel, P., van Straten, A., & Cuijpers, P. (2011). Happiness and health behaviours in Chilean college students: A cross-sectional survey. [Article]. *BMC Public Health, 11*(Suppl 4), 443-452. doi: 10.1186/1471-2458-11-443

116. Ratelle, C. F., Simard, K., & Guay, F. d. r. (2013). University Students?Subjective Well-being: The Role of Autonomy Support from Parents, Friends, and the Romantic Partner. *Journal of Happiness Study, 14,* 893-910.

117. Reivich, K., & Shatte, A. (洪慧芳譯) (2004): 挫折復原力：在人生中找到平衡、自信與能量。台北：天下雜誌社。

118. Rogers, C. (1961). *On Becoming A Person: A Therapist's View of Psychotheraphy* . Boston: Houghton Mifflin.

119. Ruttar, S. S., Cicchetti, D, & Becket, B. (2000). The construct of resilience: A critical evaluation and guidelines for future work. *Child Development, 7*(3), 543-562.

120. Rutter, M. (1993). Resilience: Some conceptual consideration. *Journal of Adolescent Heath, 14,* 626-631.

121. Ruut Veenhoven. NOTIONS OF THE GOOD LIFE. *In: David, S.A., Boniwell, I & Ayers, A.C., (Eds.),The Oxford Handbook of Happi-*

ness, Chapter 12, p 161-173, 2013, Oxford University Press, Oxford, UK.

122. Ruut Veenhoven. THE FOUR QUALITIES OF LIFEOrdering concepts and measures of the good life. in: Della Fave, A (ed) he Exploration of happiness: Present and future perspectives?Springer, Dordrecht, Netherlands, Happiness Studies Book Series 2013, Chapter 11 p. 195-226.

123. Sabina Alkire. 2005. *Valuing Freedoms*. Oxford University Press.

124. Schalock, R. (Ed) (1990), Quality of life: Perspectives and issues, Washington, DC: American Association of Mental Retardation.

125. Schimmack, U., Diener, E., & Oishi, S. (2002). Life satisfaction is a momentary judgment and a stable personality characteristic: The use of chronically accessible and stable sources. *Journal of Personality, 70*, 346~84.

126. Schindler, R. M., & Holbrook, M. B. (2003). Nostalgia for early experience as a determinant of consumer preferences. *Psychology & Marketing, 20*(4), 275-302.

127. Seligman, M. E. P. (2002). *Authentic Happiness: Using the New Positive Psychology to Realize Your Potential for Lasting Fulfillment*. New York: Simon and Schuster.

128. Silva, Jérôme, de Keulenaer, Femke, & Johnstone, Nick. (2012). Environmental quality and life satisfaction: Evidence based on micro-data. *OECD Environment Working Papers, No. 44, OECD Publishing*.

129. stanford *encyclopedia of philosophy*

130. Tatarkiewicz, W. (1976). *Analysis of happiness*. The Hague, Netherlands: Martinus Nijhoff.

131. *The Good Childhood Repor*t. (2013). The Children Society.

132. Thinley, J. Y. (陳俊銘 譯)(2012). 幸福是什麼？台北：金佛出版社。

133. Ura, Karma. (2008). Explanation of GNH Index. *The Center for Bhutan Studies, Thimphu, Bhutan.*

134. Veenhoven, R. (1993). *Happiness in nations, subjective appreciation of life in 55 nations 1946~1990.* RISBO. Rotterdam: Erasmus University.

135. Veenhoven, R. (1994). Is happiness a trait? Test of the theory that a better societydoes not make people any happier. *Social Indicators Research, 32,* 101-160.

136. Veenhoven, R. (1995). The cross-national pattern of happiness: Test of predictions implied in three theories of happiness. *Social Indicators Research, 34,* 33~8.

137. Walsh, F. (1998). *Strengthening family resilience.* CA: SAGE.

138. Welsch, H. (2006). Environment and happiness: Valuation of air pollution using life satisfaction data. *Ecological Economics, 58*(4), 801-813.

139. WHO. (2002). World Health Report 2002: Reducing Risk, Promoting Health Life.

140. Wijesinghe, W.A.J.P. & Jeon, Y.J. (2012). Biological activities and potential industrial application of fucose rich sulfated polysaccharides and fucoidans isolated from brown seaweeds: A review. *Carbohydrate Polymers, 88,*13-20.

141. "Well-being and Global Success" World Economic Forum, http://www.weforum.org, April, 2012, Switzerland

國家圖書館出版品預行編目資料

幸福學概要／王駿發等作. ——初版. ——臺
北市：五南, 2014.09
　面；　公分
ISBN 978-957-11-7770-0（平裝）
1.生活指導　2.成功法
177.2　　　　　　　　　103015746

1X4W 通識

幸福學概論

主　　　編 — 王駿發

作　　　者 — 王駿發　王宗松　王巧燕　周嘉宜　林爵士
　　　　　　　張日高　張靜尹　陳志賢　郭代璜　馮靜安
　　　　　　　潘豐泉　盧耀華　蘇貞瑛　謝冠冕　謝鎮群

發 行 人 — 楊榮川

總 編 輯 — 王翠華

企劃主編 — 黃惠娟

責任編輯 — 蔡佳伶

封面設計 — 劉蘭亭

出 版 者 — 五南圖書出版股份有限公司

地　　　址：106台北市大安區和平東路二段339號4樓

電　　　話：(02)2705-5066　　傳　　　真：(02)2706-6100

網　　　址：http://www.wunan.com.tw

電子郵件：wunan@wunan.com.tw

劃撥帳號：01068953

戶　　　名：五南圖書出版股份有限公司

法律顧問　林勝安律師事務所　林勝安律師

出版日期　2014年9月初版一刷
　　　　　2015年8月初版二刷

定　　　價　新臺幣380元